Philosophische Denkrichtungen

Herausgegeben von Johannes Rohbeck

AF287873

THELEM

Dresdner Hefte für Philosophie

Herausgegeben von Thomas Rentsch
und Johannes Rohbeck

Heft 4

Jahrbuch für Didaktik der Philosophie und Ethik

Band 2

Philosophische Denkrichtungen

Herausgegeben von Johannes Rohbeck

Redaktion: Peter-Ulrich Philipsen

THELEM

Die Deutsche Bibliothek – CIP-Einheitsaufnahme

Philosophische Denkrichtungen / Johannes Rohbeck (Hg.). –
Dresden: Thelem bei w.e.b.-Univ.-Verl., 2001
(Dresdner Hefte für Philosophie; Heft 4;
Jahrbuch für Didaktik der Philosophie und Ethik; Bd. 2)
ISBN 3-933592-16-X

Das Umschlagbild enstammt
dem Artikel »Art d'écrire« der
Encyclopédie de Diderot et d'Alembert (1751-1780),
Planches, Band 23.

© 2001 w.e.b. Universitätsverlag und Buchhandel
Eckhard Richter & Co. OHG
Bergstr. 78, 01069 Dresden
Thelem ist ein Imprint von w.e.b.
Satz und Layout: Peter-Ulrich Philipsen
Umschlag: w.e.b.
Printed in Germany

Inhalt

Phänomenologie

Einleitung

Mit diesem Band liegt das zweite *Jahrbuch für Didaktik der Philosophie und Ethik* vor. Es knüpft an das erste *Jahrbuch* an, indem das Thema »Methoden des Philosophierens« fortgeführt wird. Doch ändert sich die Konzeption grundlegend. Während zuvor vorwiegend allgemeine Methoden wie Heuristik, Kritik oder argumentatives Gespräch behandelt wurden, geht es jetzt um die besonderen Methoden philosophischer »Denkrichtungen«. Den Auftakt zu diesem Projekt bildete ein Heft der *Zeitschrift für Didaktik der Philosophie und Ethik* (2/2000) mit dem Thema »Transformationen: Denkrichtungen der Philosophie und Methoden des Unterrichts«. Die an diesem Heft beteiligten Autoren haben ihre Ansätze für das vorliegende Buch wesentlich erweitert und vertieft[1], weitere Autoren mit völlig neuen Beiträgen sind hinzugekommen.[2] So sind hier die Richtungen analytische Philosophie, Hermeneutik und Dekonstruktion sowie die Phänomenologie vertreten. Eine Fortsetzung ist für das dritte *Jahrbuch* 2002 geplant mit den Strömungen Dialektik, Konstruktivismus, Pragmatismus, Diskurstheorie und Dekonstruktion.[3]

Aus dem Programm und aus den Durchführungen ist erkennbar, dass unter Methoden keine bloß formalen Verfahren, ebensowenig Unterrichtsmethoden im technischen Sinne verstanden werden. Im Gegenteil, die Methoden philosophischer Denkrichtungen sind inhaltlich gemeint, verbinden sich doch mit den genannten Strömungen ganz bestimmte Grundeinstellungen des Philosophierens. Das

---

1   Das gilt für die Beiträge von Volker Pfeifer, Lothar Ridder, Christian Gefert und Dittmar Werner.
2   Helmut Engels und Volker Steenblock.
3   Mit Beiträgen von Monika Sänger, Ekkehard Martens, Gisela Raupach-Strey, Silke Kledzik, Thomas Rentsch, Torsten Hiß, Johannes Rohbeck u.a.; vgl. die Ankündigung am Ende dieses Bandes.

belegen die Beispiele in diesem Band. Die analytische Philosophie,
die sich an der Logik und an den exakten Wissenschaften orientiert,
bezweckt ausdrücklich, den Sprachgebrauch und die Argumenta-
tionsweise zu reflektieren, um in das Denken, Sprechen und Kom-
munizieren möglichst viel Klarheit zu bringen. Dahinter steht bekanntlich ein aufklärerischer Impuls, weil mit einer undeutlichen
Sprache auch Herrschaft ausgeübt werden kann und weil ein rationaler Diskurs ein Bestandteil der Demokratie ist. Die Hermeneutik
wiederum, welche gegen die Dominanz der Naturwissenschaften das
Paradigma der intersubjektiven Verständigung aufbietet, eröffnet zugleich den alternativen Themenbereich historisch entstandener Kulturen. Diese Abgrenzung gegen eine naturwissenschaftlich-technisch
beherrschte Welt wird auch von der Phänomenologie geteilt; sie verfolgt die Absicht, die je eigene Wahrnehmung und subjektive Erfahrung freizulegen. Der methodisch geregelte Versuch, von theoretischen Vorverständnissen erst einmal abzusehen, hat von vornherein
eine kritische Stoßrichtung. Derartige Methoden hängen also mit bestimmten Inhalten und Zielen zusammen.

Natürlich sind diese Typisierungen nicht starr festgelegt. Es gibt
sowohl eine konservative Phänomenologie etwa Max Schelers als
auch eine Phänomenologie der Kritischen Theorie bei Günther Anders. Es besteht auch kein Zweifel darüber, dass die einzelnen Denkrichtungen ihre Grenzen haben und zur Kritik herausfordern. Daraus
resultieren wiederum vielfältige Kombinationen; man denke nur an
die Synthese von Dialektik und Phänomenologie bei Sartre. Philo-
sophiegeschichtlich gesehen, ist jede Denkrichtung aus mehreren
Strömungen hervorgegangen und insofern selber schon eine Hybri-
denbildung. Sogar bei einzelnen Philosophen lässt sich beobachten,
wie sie ganz unterschiedliche Methoden in ihrem Denken zu verei-
nigen suchen.[4] Wer wollte für sich nicht beanspruchen, Texte genau
zu interpretieren, klar verständliche Begriffe zu verwenden, rational
zu argumentieren, dabei eigene Erfahrungen zu berücksichtigen,
Kritik zu üben und Textvorlagen kreativ umzuschreiben? Im Grunde
handelt es sich um Verfahrensweisen, die im Alltagsleben wie auch

---

4   Im Anschluss an Ottfried Höffe zu Aristoteles vgl. Ekkehard Martens: »›Prakti-
    sche Philosophie‹ aus fachdidaktischer Perspektive – Schwerpunkt: Methodik«,
    in: *Philosophieunterricht in Nordrhein-Westfalen* 34 (2000), 21 ff.

in den Einzelwissenschaften längst praktiziert und in den philosophischen Theorien systematisiert werden.[5]

Es versteht sich daher von selbst, dass solche Methoden unverzichtbare Elemente des Philosophie- und Ethikunterrichts sollten. Genauer: In derart allgemeiner Form sind diese Methoden immer schon praktiziert worden. Auch die Didaktik der Philosophie und Ethik hat von Anfang an damit operiert. Wenn etwa in einem schülerorientierten Unterricht die Lebenswelt der Lernenden berücksichtigt wird, kann das als »phänomenlogisch« gelten. Und wenn Texte interpretiert, Aussagen geprüft und Behauptungen kritisiert werden, tragen diese Tätigkeiten sicherlich »hermeneutische«, »analytische« und »dialektische« Züge. Zugespitzt formuliert, verweist der alte Richtungsstreit »Text oder Dialog« auf eine Kontroverse zwischen Hermeneutik und Diskurstheorie.

Doch hier geht es um etwas anderes. Die Grundidee besteht darin, die Denkrichtungen der Philosophie in ganz spezifische Verfahren zu transformieren und in eigenständigen Übungen zu praktizieren.[6] Transformation bedeutet keine Abbildung des Faches, sondern die fachdidaktische Übertragung dieser Richtungen in philosophische Praktiken, die von Schülerinnen und Schülern erlernt und selbständig angewendet werden können. Dazu ist es erforderlich, die didaktischen Möglichkeiten der einzelnen Denkrichtungen auszuschöpfen und unterrichtspraktisch zu realisieren. Leitend für die Auswahl, Modifizierung und Ergänzung dieser Potentiale sind die philosophischen Kompetenzen, die den Lernenden dabei vermittelt werden sollen.

Wenn methodische Grundfertigkeiten vorliegen, können die Segmente in jede beliebige Unterrichtsreihe integriert werden. Umgekehrt lassen sich solche speziellen Übungen auch im Rahmen laufender Sequenzen durchführen. Der doppelte Vorteil besteht darin, dass der fachliche Horizont erweitert wird und dass zugleich die Schüler eine neuartige Tätigkeit erproben. Es wäre sinnlos, irgendeine Reihenfolge der zu übenden Methoden festzulegen. Ebenso

---

5   Diese Überlegungen verdanke ich Anregungen von Thomas Rentsch und Torsten Hiß.

6   Johannes Rohbeck, »Didaktische Potenziale philosophischer Denkrichtungen«, in: *Zeitschrift für Didaktik der Philosophie und Ethik* 22, Heft 2 (2000), 82 ff.

selbstverständlich ist es, dass möglichst viele Methoden zum Zuge kommen sollen.

Das ist nicht mit Einseitigkeit zu verwechseln. Zwei Extreme gilt es zu vermeiden: Einerseits besteht in der akademischen Philosophie die Neigung, den eigenen Ansatz für den »Ursprung« und für die einzig »wahre« Philosophie zu halten. Andererseits neigen Lehrer und Didaktiker der Philosophie eher dazu, keine bestimmte Richtung zu favorisieren – mit der an sich zutreffenden Begründung, der Unterricht müsse pluralistisch sein. Doch Pluralismus setzt Differenzierung voraus.

Nun zu den einzelnen Beiträgen in diesem Band: Volker Pfeifer entwickelt seinen Ansatz ethischen Argumentierens weiter, indem er das Problem der Normenkonflikte analysiert und dafür unterrichtspraktische Lösungen vorschlägt. Helmut Engels stellt das breite Spektrum sprachanalytischer Methoden vor und zeigt detailliert, wie Schülerinnen und Schüler diese Kompetenz erwerben können. Volker Steenblock untersucht die Rolle der Hermeneutik in philosophischen Bildungsprozessen; er betont dabei den Umfang hermeneutischer Verfahren – einschließlich der Dekonstruktion. Das bildet einen interessanten Kontrapunkt zum Beitrag von Lothar Ridder, der einen intentionalistischen Ansatz vertritt und daraus weit gefächerte Unterrichtsmethoden herleitet. Auch Christian Gefert legt Wert auf die Unterschiede zwischen Hermeneutik und Dekonstruktion und gelangt zu innovativen Verfahren szenischen Darstellens. Dittmar Werner thematisiert den Zusammenhang von Phänomenologie und Pädagogik, um vor diesem Hintergrund neuartige Unterrichtsvorschläge im Sinne phänomenologischer Übungen zu entwerfen. In arbeitsteiliger Kooperation sind auf diesem neuen Feld erste Ergebnisse entstanden, die für unsere Fachdidaktik erfolgversprechend sind.

Den Autoren dieses Bandes wurde die Rechtschreibung freigestellt. Ich danke Peter-Ulrich Philipsen für die sorgfältige Redaktion der Manuskripte und für die professionelle Erstellung der Druckvorlage. Eckhard Richter sei für die verlegerische Unterstützung gedankt.

Dresden, im März 2001   Johannes Rohbeck

Volker Pfeifer

Kohärentismus und ethisches Argumentieren

Kein Curriculum des Philosophie- oder Ethikunterrichts, in dem nicht die Fähigkeit zum Argumentieren, in dem nicht das Einüben in praktische Urteilskraft einen markanten Platz einnimmt. Hier stellen sich erste Fragen:

1. Erreichen wir mit unseren Bemühungen um rationales Argumentieren überhaupt die Kinder und Jugendlichen? Erfordern deren eigentliche Probleme gerade nicht stringente Argumentation, sondern diffizile Seelenarbeit, mühsames Ringen um Identität, mehr oder minder raffiniertes Unterlaufen elterlicher und schulischer Normen und eine Anpassung an die Konsumgemeinschaft der peer-group?

2. Spielt in unserer Mediengesellschaft das sprachlich verfasste Argumentieren noch eine dominante Rolle? In fast allen Botschaften des Fernsehens kommt dem Bild eine weitaus größere Bedeutung zu als der Sprache. Bilder üben einen schwer abschätzbaren unterschwelligen Einfluss aus. Sicherlich gibt es eine Grammatik jener im Fernsehen verabreichten Bildersequenzen. Aber diese Grammatik scheint weit weniger streng zu sein als die der Sprache. Zieht –so wäre zu fragen – der Übergang von einer eher textbezogenen zu einer überwiegend auf bewegte Bilder gestützten Sozialisation den Übergang von argumentativ-normorientierten zu eher unkritischen, leitbildorientierten Denk- und Handlungsformen nach sich?[1]

---

1   Vgl. dazu etwa: Neil Postman, *Wir amüsieren uns zu Tode*, Frankfurt/M. 1985, 83 ff.; Velim Flusser, *Medienkultur*, Frankfurt/M. 1997, 21-40.

3. Gewisse Zweifel an der Zukunft vernünftigen, begründeten Argumentierens könnten sich auch angesichts der neuen weltweiten Informationsnetze ergeben. Die Faszination, die allein von der massenhaften Verfügbarkeit grafisch ansprechend aufbereiteter Informationen im Internet ausgeht, ist kaum zu unterschätzen. Das grafische Raffinesse der Internetseiten – dafür gibt es ja spezielle Spezialspezialisten – und die Zahl der Querverweise sind einmal unterhaltsam und vermitteln darüber hinaus das Gefühl von Macht und Informationsbesitz, das die Notwendigkeit einer argumentativen Prüfung allzu leicht vergessen lässt. Der Benutzer bekommt tendenziell den Eindruck, alles Wichtige sei bereits vorhanden und formuliert, auf seine persönliche Durchdringung und Kritik des Dargebotenen komme es erst gar nicht mehr an.[2]. Gerade der letzte Bereich unterstreicht dann wiederum die Unverzichtbarkeit von Argumentierfähigkeit und praktischer Urteilskraft. Ja, sie werden so unverzichtbar wie kaum je zuvor. Sie werden zu veritablen Kulturtechniken unseres Zeitalters. Die diskursive Argumentation als ein Verfahren sozialer Handlungskoordination bzw. Kooperation scheint – so könnte man allgemein sagen – in unserer demokratisch verfassten, hochtechnologisierten Gesellschaft so kompliziert wie überlebensnotwendig geworden.

Ich möchte mich im Folgenden mit Dreierlei befassen: In einem ersten Teil werde ich einige für das Argumentieren relevante Strukturmerkmale ethischer Normenkonflikte untersuchen und Vorschläge zu deren Lösung machen. Zweitens soll anhand von John Rawls die Kohärenzmethode (*reflective equilibrium*) skizziert werden. In einem dritten Teil werde ich umrisshaft gewisse Möglichkeiten aufzeigen, die Kohärenzmethode beim ethischen Argumentieren anzuwenden.

---

2   Vgl. Hermann Giesecke, *Pädagogische Illusionen*, Stuttgart 1998, 277-281.

1. Ethische Normenkonflikte

1.1 Strukturmerkmale

Ethische Normenkonflikte, ihre methodisch und didaktisch adäquate unterrichtliche Behandlung – so meine These – bilden ein effizientes Medium zur Steigerung von Argumentierfähigkeit und praktischer Urteilskraft.

Was ist ein ethischer Normenkonflikt, was sind seine strukturellen Merkmale?

Historisch oder literarisch Interessierten steht ein Fülle von schon klassischen Beispielen zur Verfügung: von der *Antigone* des Sophokles über William Shakespeares *Julius Caesar* – der moralische Konflikt drückt sich in den Worten des Brutus aus: »Not that I loved Caesar less, but that I loved Rome more«[3], über Henrik Ibsens *Nora oder ein Puppenheim*, – Nora muss sich zwischen Pflichten gegenüber ihrem Mann, ihren Kindern und gegenüber sich selbst entscheiden – bis hin zu George Bernard Shaws *Major Barbara*, wo Barbara vor dem Problem steht, Armen und Bedürftigen mit Geldern aus fragwürdigen Rüstungsgeschäften zu helfen.

Ein vorzugsweise für ältere Schüler geeignetes Beispiel wäre der von Jean-Paul Sartre in *Ist der Existentialismus ein Humanismus?*[4] geschilderte moralische Konflikt: Sartre beschreibt den Gewissenskonflikt eines seiner Schüler, der im Zweiten Weltkrieg vor der Wahl steht, entweder seine Mutter zu verlassen, sich der Resistance anzuschließen und gegen die deutschen Besatzer zu kämpfen oder zu Hause bei seiner Mutter zu bleiben, die sehr an ihm hängt und dessen »Verschwinden« – und vielleicht sein Tod – sie in die Verzweiflung stürzen würde.

Das logische Skelett eines Normenkonflikts wird allgemein so dargestellt:

(1) Ich soll a tun = O(a)
(2) Ich soll b tun = O(b)
(3) Ich kann aber nicht a und b tun

---

3 William Shakespeare, *Julius Caesar*, 3. Akt, 2. Szene.
4 Jean-Paul Sartre, *Ist der Existentialismus ein Humanismus?*, Hamburg 1986, 30.

Die Gründe, warum a und b nicht gleichzeitig getan werden kann, kann einmal eine bewusste Entscheidung des Handelnden sein, entweder a oder b zu tun; oder schiere Kontingenz macht eine gleichzeitige Erfüllung unmöglich.

Normenkonflikte – so hat es den Anschein – stellen eine Gefahr für die Rationalität ethischen Argumentierens dar. Doch was heisst hier »rational«?

Ein Vergleich eines Normenkonflikts mit einem aussagenlogischen Widerspruch könnte hier hilfreich sein und die spezifische Qualität des ersteren etwas erhellen.

Das aristotelische Widerspruchsprinzip liefert das klassische Beispiel für einen aussagelogischen Widerspruch[5]: »Es ist unmöglich, demselben dasselbe in derselben Hinsicht zugleich zu-und abzusprechen«. Der Widerspruch besteht darin, dass behauptet wird, dass etwas zugleich der Fall als auch nicht der Fall ist. Dies ist jedoch ontologisch unmöglich: etwas kann nicht zugleich sein und nicht sein. In diesem Sinne widersprüchliche Aussagen können daher nicht beide wahr sein. Nur eine kann es sein, die andere muss falsch sein (Kontradiktionsprinzip).

Bei einem Normenkonflikt liegen die Dinge etwas anders. Eine Norm gebietet eine bestimmte Handlung, eine andere gebietet zugleich deren Unterlassung. Hier liegt also auch ein Widerspruch vor, allerdings kein aussagelogischer, sondern ein pragmatischer. Ein Normadressat kann nicht die Handlung H1 und die damit unvereinbare Handlung H2 zugleich befolgen. Egal wie er sich verhält, eine Norm wird auf jeden Fall verletzt. Behandelt man nun einen Normenkonflikt in Analogie zum aussagelogischen Widerspruch, so könnte nur eine Norm gelten, die andere Norm müsste ungültig sein. Dies widerspricht aber unseren moralischen Intuitionen. Selbst wenn der Schüler von Sartre sich für die Resistance und gegen seine Mutter entscheidet, so wird eine Norm wie »Ehre, liebe deine Mutter« nicht ungültig. Sie lässt sich nur kontingenterweise in seinem besonderen Fall nicht realisieren. Diese Unterscheidung scheint mir für Rolle und Stellenwert einer deontischen Logik grundlegend. Im Umgang mit Normen scheint eine andere Art von Rationalität adäquat

---

5   Aristoteles, *Metaphysik*, 1005 b, 1061 b ff.

zu sein als im Umgang mit bloß deskriptiven, streng logischen Sachverhalten.[6]

1.2 Lösungsstrategien

Ein argumentationslogisches Kernelement bei dem Versuch, zu einem plausiblen Urteil zu kommen, ist zweifelsohne das »Ab-wägen«. Ein Wort, dessen Metaphorik von den damit verbundenen logischen Problemen mehr ablenkt als sie fokussiert. Miteinander abwägen kann ich ja nur vergleichsweise homogene Größen. Wie sieht es aber mit völlig heterogenen, miteinander schwerlich kompatiblen Argumenten aus, wie mit unterschiedlichen Standpunkten, Perspektiven, Argumentationsbasen- bzw. -rahmen?[7]

Traditionsgemäß haben sich mit solchen und ähnlichen Problemen am intensivsten die Juristen auseinandergesetzt. In der Rechtstheorie wurden drei Prinzipien entwickelt, die zur Beseitigung von Normenkonflikten führen sollen:

a) »Lex superior derogat legi inferiori«: eine höhere Norm rangiert vor niederen Normen.

b) »Lex specialis derogat lex generali«: Spezialnormen gehen vor allgemeinen Normen.

c) »Lex posterior derogat legi priori«: jüngere Normen heben ältere auf.

Damit lässt sich einiges machen. Problematisch bleiben aber immer noch konfligierende Grundrechtsnormen. Hier kann es – so die herrschende Meinung – keine streng hierarchische Rangordnung geben. Bei einer Prinzipienkollision muss jeweils auf den Einzelfall abgestellt werden. [8]

---

6   Vgl. dazu grundsätzlich: Thomas Zoglauer, *Normenkonflikte – Zur Logik und Rationalität ethischen Argumentierens*, Stuttgart 1998.

7   Vgl. dazu Harald Wohlrapp, »Heterogenität als argumentationstheoretisches Problem«, in: Harm Paschen u.a. (Hg.), *Schulautonomie als Entscheidungsproblem*, Weinheim 1996, 43 ff.; Josef Kopperschmidt, »Das Problem der Gewichtung von heterogenen Argumenten«, in: ebd., 125 f.

8   Vgl. dazu Robert Alexy, *Theorie der Grundrechte*, Frankfurt/M. 1994, 76 ff.

Die Kollision von gleichrangigen Rechtsgütern versucht man dadurch zu lösen, »daß im Blick auf die Umstände des Falles eine be-
dingte Vorrangrelation zwischen den Prinzipien festgesetzt wird.«[9]
Eine Vorrangrelation wird so notiert:

$$(P\ 1\ P\ P\ 2)\ C$$

Dabei bezeichnet C die Vorrangbedingungen. Prinzip 1 hat Vorrang
(Priorität) vor Prinzip 2 aufgrund der Kontextbedingungen C. Diese
müssen im Fall von grundrechtlichen Abwägungen vom Gericht hinreichend begründet werden.

Solche Formeln suggerieren eine rationale Lösung von Normenkonflikten. In Wirklichkeit bleibt stets ein Rest Unsicherheit. Die
Konzentration auf den Kontext, den Einzelfall verbietet grundsätzlich eine »cartesianische« Lösung mit streng deduktiven Ableitun-
gen. Ermessensspielräume werden subjektiv wahrgenommen und le-
gitimerweise ausgefüllt.

Wenngleich juristischer Normenkonflikte nicht mit moralischen
identisch sind, so besteht doch eine gewisse Parallele. Auch hier
versucht man, sich zur Lösung von Normenkonflikten mit Vorzugs-
regeln zu helfen, die ihrerseits natürlich wieder einer Begründung
bedürfen.

Grundsätzlich können wir zwischen drei Strategien zur Lösung
von Normenkonflikten unterscheiden:
a) die Einführung von klaren Prioritätsregeln,
b) die utilitaristische Lösung,
c) die Einführung von Ausnahmeregeln: »Du sollst s tun, es sei
    denn, du befindest dich in der Ausnahmesituation x, y, z«.
Zu a) als Beispiele seien genannt:
–   »Im Konfliktfall ist die Wahrung der Würde des Menschen und
    das, was sie sichert, allen übrigen Werten voranzustellen.«[10]

---

9   Ebd., 81.
10 Vgl. Wilhelm Korff, *Kernenergie und Moraltheologie*, Frankfurt/M. 1979, 69.

– »Das sittliche Gut der freien Eigenverantwortlichkeit, der Freiheit des Gewissens, ist im Konfliktfall sämtlichen übrigen Gütern vorzuziehen.«[11]
– »Den Ansprüchen, die sich von der Gemeinschaft her ergeben, kommt gegenüber den Ansprüchen des Einzelnen im Konfliktfall der Vorrang zu.«[12]
– »Utilitaristische Prinzipien sind deontologischen Prinzipien nachgeordnet und kommen erst dann zur Geltung, wenn die Gewährleistung der Grundrechte gesichert ist.«[13]

Solche und ähnliche Präferenzregeln können den Schülern eine gewisse Orientierung oder zumindest einen Diskussionsrahmen liefern, in Beziehung dazu sie dann ihre Position formulieren und präzisieren können. Sie sind eher Suchhilfen, als probate Lösungsschlüssel.

Logische Voraussetzung solcher Regeln ist eine Hierarchisierung der relevanten Werte und Normen. Nur dann können wir bei zwei konfligierenden Normen entscheiden, welche den Vorrang hat. Diese rationalistische bzw. monistische Konzeption erinnert an Kant. Als Newtonianer kann er sich einen echten Normenkonflikt, eine echte Pflichtenkollision nicht vorstellen. Die durch den kategorischen Imperativ erhärteten und getesteten Pflichten gelten absolut. Das Wahrheitsgebot gilt ohne Ausnahme. Es kann gar keine Pflicht geben, die damit inkompatibel wäre und es so relativieren könnte.

Heute scheint eine solche Hierarchisierung zumindest sehr problematisch. Die moralischen Probleme sind häufig viel zu komplex als dass sie in ein starres Regelwerk gepresst werden könnten.

Zu b): Trotz aller Unterschiede, in einer Sache sind Kant und Mill einer Meinung: echte moralische Konflikte kann es nicht geben. Jeder Normenkonflikt kann durch einen Vergleich des einer Handlung jeweils zugeordneten Nutzens gelöst werden. »If utility is the ultimate source of moral obligations, utility may be invoked to decide between them when their demands are incompatible.«[14]

Das utilitaristische Konzept steht und fällt mit der Annahme, dass es sich bei der Nützlichkeit (utility) um einen homogenen Wert

---

11 Ebd., 36.
12 Ebd., 72.
13 Vgl. T. Zoglauer, *Normenkonflikte*, 183.
14 Zit. nach Christopher Gowans, *Moral Dilemmas*, Oxford 1987, 8.

handelt, auf den alle moralisch relevanten Überlegungen zurückzuführen sind.

Trotz dieser Schwächen erweist sich der utilitaristische Ansatz in vielen Fällen im Unterricht als ein didaktisch gewissermaßen ergiebiges Bezugsmodell: die Schüler können sich mit ihren Intuitionen und Argumenten daran abarbeiten und so ihre Urteilskraft stärken.

Zu c): Hier wird aus der absoluten Norm »Du sollst nicht lügen!« ein bedingtes Gebot:

»Du sollst stets die Wahrheit sagen, es sei denn, du schadest mit deiner Aussage anderen Menschen!« Unter Berücksichtigung der Ausnahmeklausel behält also die Norm ihre prinzipielle Gültigkeit.

Diese Lösung scheint in vielen Fällen intuitiv plausibel. Ein starrer Monismus weicht einem eher pluralistischen und realistischen Ansatz. Worauf im Gespräch mit den Schülern vieles ankommt, ist eine hinlänglich genaue Typologisierung der Ausnahmefälle anzustreben. Die Ausnahmeregeln müssten hinreichend klar formuliert und begründet sein. So kann einem uferlosen kasuistischen Beliebigkeitsdiskurs einigermaßen erfolgsversprechend gegengesteuert werden.

Eines scheint deutlich zu werden: echte Normenkonflikte sind rational schwer lösbar. Es bleibt häufig ein gewisses Konfliktpotential übrig, das durch keine noch so kluge Regel geglättet werden könnte.

Beim Versuch, den Normenkonflikt seines Schülers – Kampf in der Resistance gegen deutsche Besatzer; und auf der anderen Seite: die Beziehung und Verantwortung gegenüber der Mutter – zu lösen, hebt Sartre auf die je eigenen Gefühle ab. Er schreibt dazu: »Das, was im Grunde wichtig ist, ist das Gefühl; ich sollte das wählen, was mich wirklich in eine bestimmte Richtung drängt. Fühle ich, dass ich meine Mutter genügend liebe, um ihr alles andere zu opfern, so bleibe ich bei ihr. Wenn ich das Gegenteil fühle, dass meine Liebe für meine Mutter nicht genügend ist, so gehe ich«. Und er fährt fort: »Aber wie ist der Gradwert eines Gefühls zu bestimmen? Den Gradwert dieser Zuneigung kann ich erst bestimmen, wenn ich eine Tat vollbracht habe, die ihn bestätigt oder definiert. Da ich aber von diesem Gefühl verlange, meine Handlung zu rechtfertigen, so finde ich mich in einen circulus vitiosus hineingezogen.«[15]

Offensichtlich gibt es für Sartre in dieser Situation keinen zentralen Wert, auf den sich die konfligierenden Werte beziehen lassen. Wir sind in solchen Situationen auf uns verwiesen, müssen uns entscheiden, ohne in der Lage zu sein, unsere Entscheidung als begründete und insofern richtige ausweisen zu können. Diese Notwendigkeit, sich zu enscheiden, wird nicht selten als ein untrügliches Charakteristikum menschlicher Existenz begriffen. »The necessity of choosing between absolute claims is then an inescapable characteristic of the human condition. This gives ist value to freedom [...] as an end in itself.«[16] Aus der Unfähigkeit, für Konflikte rationale Lösungen zu finden, bezieht unsere Freiheit ihren Selbstwert.

Diese radikal-dezisionistische Position lässt sich Schülern in einer Reihe von zugespitzten Fällen durchaus vermitteln, wenngleich doch recht deutlich wird, dass es sich hier nicht um eine im strengen Sinne rationale Begründung handeln kann. Didaktisch daran bemerkenswert scheint etwas anderes: sie impliziert durch den Rekurs auf die eigenen Gefühle und Empfindungen eine genauere individuelle Selbstprüfung, ein wichtiges Moment moralischer Reflexivität. Eine authentische Selbstwahrnehmung der eigenen, vielfach unbewussten Regungen, Wünsche und Vorlieben bereitet jenes Terrain, auf dem dann in einem zweiten Schritt die praktische Urteilskraft tätig werden kann. Hier zeigt sich eine gewisse Analogie zum value-clarification-Ansatz (Wertklärungsmethode) .

Statt in sich hineinzuhören und seine Gefühle und Wünsche zu befragen, könnte jener Schüler Sartres darüber sich Gedanken machen, welche der Handlungsoptionen besser zu seinem Leben passt. Er könnte überlegen, was vor dem Hintergrund früherer Erfahrungen und Prinzipien oder mit Blick auf zukünftige Konzepte für ihn mehr »Sinn« macht. Möglicherweise hat er sich früher schon politisch engagiert und darin einen Weg zu mehr Gerechtigkeit und Humanität gesehen. Dies wäre ein wichtiger Teil seiner moralischen Identität. Aktuelle Entscheidungen und deren Grundsätze sollen zu ihr gewis-

---

15 Jean Paul Sartre, *Ist der Existentialismus ein Humanismus?*, 30.
16 Isaiah Berlin, *Four Essays on Liberty*, Oxford 1969, 169.

sermaßen »passen« und so ein mehr oder minder stimmiges – kohärentes – Gefüge von moralischen Regeln und Urteilen ergeben.

Mit Normenkonflikten in unterschiedlichen Konstellationen –
wenngleich häufig ohne die gerade angesprochene Spezialisierung
und Zuspitzung moralischer Dilemmata – hat es vor allem die sogenannte »Angewandte Ethik« zu tun. Die Biotechnologie oder auch
die Reproduktionsmedizin wären hier zu nennen. Bei der Analyse
und Beurteilung solcher komplex gelagerten Fälle lassen sich Möglichkeiten und Grenzen kohärenten Argumentierens zeigen.

2. Die Kohärenzmethode anhand von John Rawls' *reflective equilibrium*

Zunächst – und dies wird häufig übersehen – gilt es zu unterscheiden zwischen der Konsistenz, dem Kontextbezug und der Kohärenz
von moralischen Argumenten.

Konsistentes ethisches Argumentieren zeichnet sich vor allem
dadurch aus, dass es in einem logischen Sinne widerspruchsfrei ist.
Ein elementarer Prüfstein ist hier das Verallgemeinerungsprinzip –
ganz gleich ob kantianisch, regelutlitaristisch oder diskursethisch
dekliniert.

Die Kontextsensitivität bezieht sich wesentlich auf die Anwendung abstrakter Normen auf konkrete Situationen, ist also ein unver-
zichtbarer Bestandteil der Situationsanalyse. In konkreten Situationen werden wir mit moralischen Problemen konfrontiert. Diese sind
gleichsam in jene eingebettet und bedürfen einer differenzierten
Wahrnehmung. Der deskriptive Untersatz des praktischen Syllogismus, seine Formulierung und Plazierung, erfordert jenen Blick auf
konkrete, aber moralisch signifikante Situationsmerkmale. Sie auszumachen ist jeweils Sache des praktischen Urteilsvermögens. Um
ein Beispiel zu nennen: Um begründetermaßen entscheiden zu können, ob die Ablehnung einer Bluttransfusion durch einen Zeugen Je-
hovas zu respektieren ist, müssen wir einige Fakten kennen (Alter,
Selbständigkeit der Entscheidung, Aufklärung über Konsequenzen).
Dem moralischen Dissens liegt nicht selten ein unterschiedliches
Situationsverständnis der Kontrahenten zugrunde. Man ist sich nicht

darüber einig, um was für eine Situation es sich überhaupt handelt und in welchen Zusammenhang das moralische Problem, das die Kontrahenten umtreibt, überhaupt gehört und eingebettet ist. Zum kontextsensitiven ethischen Argumentieren gehört also auch eine Hermeneutik moralisch relevanter Lebenssituationen.

Bei einer kohärentistischen Lösung von Normenkonflikten werden Normen nicht auf andere Normen zurückgeführt, in ihnen fundiert, sondern bloß auf ihre Kohärenz innerhalb eines Normensystems überprüft. Diese neue Methode der Normenbegründung geht vor allem auf John Rawls zurück, der in seinem 1971 erschienenen epochalen Werk *A Theory of Justice*[17] die Methode des Überlegungsgleichgewichts (*reflective equilibrium*), wenn auch nur skizzenhaft und insofern mehrdeutig einführte.

Rawls geht es vor allem um eine methodisch abgesicherte Begründung seiner Gerechtigkeitsidee als Fairness. Am Anfang stehen alltägliche Gerechtigkeitsurteile oder überhaupt moralische Alltagsurteile. Rawls nennt diese feste (fixed) und wohlerwogenen (considered) Urteile, die sich auch aufgrund von bestimmten Lebenserfahrungen herausgebildet (settled) haben.

Aus den alltäglichen Urteilen gewinnt Rawls durch Abstraktion inhaltsärmere Prinzipien, die, weil abtrakter gefasst, mit einer breiteren Zustimmung rechnen können. Von zahlreichen konkreteren Überzeugungen bestätigt, würde dann ein solches allgemeines Prinzip eine gewisse Glaubwürdigkeit erhalten. Andererseits wären, von den Prinzipien ausgehend, die konkreten Urteile zu überprüfen, etwaige Unstimmigkeiten, Widersprüche, Unsicherheiten oder Verzerrungen zu eliminieren. Durch einen solchen Rückkoppelungsprozess ensteht ein kohärentes System von unterschiedlichen moralischen Urteilen bzw. Prinzipien.

>»Wir gehen hin und her, einmal ändern wir unsere [Grundsätze; V.P.], ein andermal geben wir unsere Urteile auf und passen sie den Grundsätzen an. [...] Diesen Zustand nenne ich Überlegungs-Gleichgewicht. Es ist ein Gleichgewicht, weil schließlich unsere Grundsätze und unsere Urteile übereinstimmen; und es ist ein Gleichgewicht der Überlegung, weil

---

17   John Rawls, Eine Theorie der Gerechtigkeit, Frankfurt/M. 1975.

wir wissen, welchen Grundsätzen unsere Urteile entsprechen, und aus welchen Voraussetzungen diese abgeleitet sind. Für den Augenblick ist alles in Ordnung. Doch das Gleichgewicht ist nicht notwendig stabil. Neue Erwägungen [...] können es umstürzen, ebenso Einzelfälle, die uns zur Änderung unserer Urteile veranlassen.«[18]

Rawls betont ausdrücklich, dass diese wechselweitige Anpassung von Grundsätzen und überlegten Urteilen nicht auf die Moralphilosophie beschränkt ist, sondern ein allgemeines wissenschaftliches Verfahren darstellt. Auch außerhalb der Moral findet jener Wechsel zwischen induktivem und deduktivem Schließen statt.

Rawls unterscheidet weiter zwischen einem engen und einem weiten Überlegungsgleichgewicht. Ein Überlegungsgleichgewicht ist eng (narrow), wenn sich die Reflexion lediglich auf die eigenen vorgängigen Überzeugungen bezieht. Ein Relexionsprozess hingegen, der auch andere, fremde moralische Konzeptionen berücksichtigt, führt zu einem weiten (wide) Überlegungsgleichgewicht. So hat Rawls seinerseits versucht, durch eine Auseinandersetzung mit verschiedenen moraltheoretischen Ansätzen (Hobbes – Locke – Rousseau – Kant) und konkurrierenden Traditionen (Utilitarismus, Intuitionismus, Perfektionismus) ein solches weites Überlegungsgleichgewicht zu gewinnen.[19]

Rawls' Theorie nimmt gewissermaßen die Mitte ein zwischen einem rein induktiven Verfahren der Abstrahierung allgemeiner Prinzipien aus Erfahrungen und einem deduktiven Verfahren, das erfahrungsunabhängig Prinzipien entwirft und generiert.[20] Ein wichti-

---

18 Ebd., 38.
19 Vgl. dazu vor allem Norman Daniels, *Justice and Justification*, New York 1996, 21-47; eine frühe streng analytische Interpretation des *reflective equilibrium* stammt von Norbert Hoerster, »John Rawls' Kohärenztheorie der Normenbegründung«, in: *Über John Rawls' Theorie der Gerechtigkeit*, hg. v. Otfried Höffe, Frankfurt/M. 1977, 57-77. Vgl. auch Thomas W. Pogge, *John Rawls*, München 1994, 156 ff.; Otfried Höffe, *Ethik und Politik*, Frankfurt/M. 1979, 180 ff.
20 Vgl. dazu: T.L. Beaucamp u. J.F. Childress, *Principles of Biomedical Ethics*, Oxford 1994,14-23: hier wird zwischen drei Modellen ethischer Begründung unterschieden: Deduktivismus, Induktivismus und Kohärentismus.

ges Kennzeichen dieses Rückkoppelungsverfahrens ist seine Offenheit für permanente Revision. Idealiter finden ständig Lern-und Veränderungsprozesse statt. Prinzipien sind grundsätzlich einer Kritik und Differenzierung durch Empirie ausgesetzt; und auf der anderen Seite können sich Einzelurteile im Lichte allgemeiner Grundsätze als unstimmig bzw. widersprüchlich erweisen.

Man kann die Methode des Überlegungsgleichgewichts auch auf dem Hintergrund von Piagets Äquilibrationsmodell der Erkenntnis sehen. Werden einerseits neue Erfahrungen in ein vorhandenes begriffliches Schema eingeordnet, so spricht Piaget von Assimilation. Mit Akkomodation bezeichnet er den umgekehrten Vorgang: das Begriffsschema wird an eine neue Erfahrungssituation angepasst. Diese Anpassungsprozesse streben in jedem Fall nach Äquilibration, nach einem kognitiven Gleichgewichtszustand zwischen Wahrnehmungen und Begriffen.[21]

Das holistische Begründungsmodell des Kohärentismus ist klar zu unterscheiden vom Fundamentalismus.[22] Nach dem Kohärentismus gilt ein moralisches Urteil begründet, wenn es mit einem System von Überzeugungen (beliefs) kohärent ist. »There is, on the coherentist's view, no subset of beliefs that counts as epistemically priviledged […]. Instead beliefs, moral or otherwise, enjoy whatever epistemic credentials they have thanks to the evidential/inferential relations they bear to other beliefs. The more and the better the relations, the greater the degree of coherence enjoyed by the set and the stronger the justification.«[23] Im Gegensatz zum Fundamentalismus gibt es also für den Kohärentisten keine selbstevidenten, infalliblen Überzeugungen, die als Fundamente unseres Wissens in Frage kämen. Worauf es ihm ankommt ist, seine Alltagsurteile mit moralischen Regeln und ethischen Prinzipien wie beim künstlerischen Schaffen einer Collage oder eines Mobile so lange aufeinander zu

---

21 Vgl. dazu Ernst von Glasersfeld, *Wissen, Sprache und Wirklichkeit*, Braunschweig 1992, 190 ff.

22 Nicht zu verwechseln mit dem weltanschaulichen oder politischen »Fundamentalismus«. Es handelt sich um eine Übersetzung des englischen »foundationalism«; vgl. Walter Sinnott-Armstrong, *Moral Knowledge?*, New York 1996, 136 ff. und Mark Timmons, »Foundationalism and the Structure of Ethical Justfication«, in: *Ethics* 97 (1987), 595-609.

23 W. Sinnot-Armstrong, *Moral Knowledge?*, 152.

beziehen und miteinander zu vermitteln, bis dann eine stimmige, austarierte Einheit, das Überlegungsgleichgewicht, entsteht.

Hier werden eine Reihe von kritischen Stimmen laut. Sind ethische Prinzipien durch die Forderung nach Kohärenz eindeutig genug bestimmt? Kann es nicht eine ganze Reihe verschiedener kohärenter Systeme geben mit eventuell völlig verschiedenen moralischen Überzeugungen? Wäre die Moral einer Gangsterbande gemessen an dem Grad interner Kohärenz mit einer christlichen Ethik gleichzustellen?

Eine skeptische und gewissermaßen auch relativistische Tendenz des Kohärentismus scheint hier unverkennbar. »A coherentist can and should admit that the mere fact that a set of beliefs is coherent provides one with no reason to think they are true [...].«[24] Die kohärentistische Argumentation liefert zwar keine substanzielle Fundierung bzw. Verifikation individueller Überzeugungen. Deren spezifische Rationalität ergibt sich allerdings aus ihrer intersubjektiven Geltung. Für den Kohärentisten gelten Normen weder bloß subjektiv noch rein objektiv. Ihnen kommt eine intersubjektive Geltung zu. Die Universalisierbarkeit ist ein wesentliches Merkmal unserer Handlungsnormen. Was für einen bestimmten Menschen gilt, muss auch für andere – conditionibus sic stantibus – gelten.

Dem Kohärentismus wird darüberhinaus ein inhärenter Konservativismus vorgeworfen. Er privilegiere, häufig unbewusst, jene Überzeugungen, die die Menschen mehr oder minder zufällig haben. Zweifelsohne sind wir beim ethischen Reflektieren zunächst in einem ganz elementaren Sinn auf uns, auf unsere subjektiven Überzeugungen verwiesen. »Yet this reliance on what we happen to believe has no seriously conservative implications, since those beliefs themselves, especially in the light of new evidence experience and reflection regularly provide, won't stand as fixed points but will instead shift in response to the new evidence (if they are to continue to count as justified).«[25] Der Kohärentismus ist also erfahrungsoffen,

---

24 Ebd., 171.
25 Ebd., 173; etwas komplizierter scheint der Fall der Amish-People zu sein. Die Amish-People fühlen sich moralisch verpflichtet, ein einfaches Landleben zu führen, weit ab von urbaner Zivilisation und in Harmonie mit der Natur. Haben sie mit ihrer Vorstellung vom »guten Leben« ein offensichtlich konservativ ge-

nicht statisch, sondern dynamisch. Jede neue Erfahrung vermag den delikaten Gleichgewichtszustand aufzuheben. Eine neue Äquilibrationsleistung wird gefordert.

Schließlich hat man dem Kohärentismus vorgeworfen, er verwickle sich in die zweite Option des Münchhausen-Trilemmas, den logischen Zirkel. Die Begründungskette des Kohärentisten verläuft im Gegensatz zu den Fundamentalisten nicht linear. Die Begründung einer Proposition hängt von anderen Propositionen ab, die sich ihrerseits in ein Netz weiterer stützender Überzeugungen verzweigen. Die Begründung läuft Gefahr, zirkulär zu werden. Man kann nicht definitiv ausschließen, dass die zu begründende Proposition p ihrerseits wieder für Begründungen herangezogen wird. »One's belief p is justified by one's belief q, which is justified by one's belief r, which is justified ultimately, at least in part, by one's belief p.«[26]

Bei genauerem Hinsehen zeigt sich jedoch schnell, dass es sich hier nicht um einen vitiösen (selbstwidersprechenden), sondern um einen virtuosen (selbstbestätigenden) Zirkel handelt.

3.   Was heisst kohärentes Argumentieren?

Das im Anschluss an Rawls skizzierte Kohärenzmodell als eine Methode ethischer Normenbegründung lässt sich nun auf den Prozess moralisch/ethischen Argumentierens transferieren und insofern didaktisch fruchtbar machen. Dabei sind allerdings ganz unterschiedliche Dimensionen und Aspekte zu beleuchten.

3.1 Stufen der Analyse

Auf *einer ersten Stufe* geht es für die moralisch Argumentierenden zunächst darum, sich ihrer intuitiv gefassten subjektiven Anfangsurteile bewusst zu werden. Man sollte sich als erstes über seine eige-

---

prägtes Überlegungsgleichgewicht erreicht, das man als rational qualifizieren könnte?

26 David O.Brink, *Moral Realism and the Foundations of Ethics*, New York 1989, 105.

nen moralischen Intuitionen zu dem vorgelegten Fall klar werden. Auch erste Begründungsversuche der geäusserten Positionen können hinzugefügt werden, spielen in diesem Zusammenhang aber noch keine entscheidende Rolle.

Um einem elementaren Kohärenzpostulat, nämlich dem Moment des durchgehenden Zusammenhangs (connectedness), zu genügen, sollten beim weiteren Argumentieren auf allgemeinerer Ebene diese ersten Alltagsurteile nie ganz aus dem Blickfeld verschwinden. Sie zu korrigieren, zu bestätigen, zu falsifizieren oder zu substanziieren ist ein wesentliches Ziel ethischen Argumentierens.

Der nächste Schritt, die Interessenanalyse, bringt die Interessen möglichst aller irgendwie in den Fall involvierten Parteien zur Sprache. Da wir hier eine möglichst umfassende Liste erstellen, berücksichtigen wir ein zweites, horizontales Element des Kohärenzmodells, das Moment der erschöpfenden Berücksichtigung aller Interessen (comprehensiveness).[27]

Auf einer dritten Ebene, der *Normenanalyse,* kommen gewisse »Leitprinzipien« ins Spiel: z.B. bezogen auf das Problemfeld der neuen Reproduktionstechnologien:
– Autonomie
– Verantwortlichkeit
– Achtung menschlichen Lebens
– Gleichheit
– Angemessene Nutzung von Ressourcen
– Nicht-Kommerzialisierung der Fortpflanzung
– Schutz der Kindesinteressen.[28]

---

27 W. Sinnot-Armstrong, *Moral Knowledge?,* 166.
28 Vgl. dazu Will Kymlicka, »Moralphilosophie und Staatstätigkeit. Das Beispiel der neuen Reproduktionstechnologien«, in: Matthias Kettner (Hg.), *Angewandte Ethik als Politikum,* Frankfurt/M. 2000, 206 f. Einen ähnlichen Versuch, praxisrelevantere Handlungsnormen, Prinzipien »mittlerer Reichweite«, aufzustellen, die flexibler und situationsgerechter anzuwenden wären als abstrakte moralische Prinzipien – z.B. Kants Kategorischer Imperativ – haben in der Medizinethik T.L. Beauchamp u. J.F. Childress (*Principles of Biomedical Ethics*) unternommen. Vgl. dazu Volker Pfeifer, »Analytische Philosophie und ethisches Argumentieren«, in: *Zeitschrift für Didaktik der Philosophie und Ethik* 22, Heft 2 (2000), 99. – Vgl. auch Birnbachers Unterscheidung zwischen »Idealer Ethik versus Praxisnormen«, in: Dieter Birnbacher, *Verantwortung für zukünftige Ge-*

Das Kohärenzpostulat würde hier lauten, zwischen den konkurrierenden Prinzipien ein bestmögliches Gleichgewicht herzustellen, indem jedes – dem konkreten Fall angemessen – berücksichtigt wird. Ein implizites Ausbalancieren von Werten, möglichst unparteilich, wie es das forensische Modell suggeriert, garantiert noch keine allgemein akzeptablen Lösungen. Es bleibt Raum für partikulare Gewichtungen. Was wir hier allerdings, kohärent argumentierend, erreichen können, ist ein gewisses Maß an analytischer Klarheit und Begründungsdichte. Indem Alltagsurteile, Regeln oder Prinzipien ins Spiel kommen, müssen sie hinreichend deutlich formuliert, analysiert, bewusst gemacht und auf ihre jeweilige Begründungsleistung hin befragt werden. Dadurch steigt auch die Plausibilität der jeweils erreichten Lösung.

Hinter bzw. über den einzelnen Leitprinzipien stehen noch abstraktere *moraltheoretische Modelle*:
– Utilitarismus
– Deontologie
– Kontraktualismus
– Naturrecht
– Fürsorgeethik (ethic of care).
Streng genommen handelt es sich hier um ethische Metatheorien, die sich weit abheben von dem intuitiv gefassten Alltagsurteilen der Nicht-Philosophen. Gerade für Schüler sind Sprache und Begrifflichkeit dieser Theorien in der Regel fremd. Sie können allerdings einen positiven Verfremdungseffekt erzielen helfen. Die eigenen spontanen und emotional gefärbten Urteile werden aus einer kritisch distanzierten Perspektive gesehen und überprüft. Idealiter wären die Moraltheoretiker also Partner eines Gesprächs, in dem wir auf der einen Seite unsere alltäglichen moralischen Urteile kritisch durchforsten und auf ihre Stichhaltigkeit überprüfen, andererseits jedoch auch feststellen sollen, ob diese Theorien zu unseren Intuitionen »passen«.[29]

---

nerationen, Stuttgart 1988, 16 ff.; »Praxisnormen verhalten sich zu idealen Normen wie einfache Gesetze zu Verfassungsnormen«, 18.

29 Zum didaktischen Nutzen einer Auseinandersetzung mit moraltheoretischen Systemen vgl. auch Martha Nussbaum, *Vom Nutzen der Moraltheorie für das Leben*, Wien 1997, 66 ff., 273 f.

Allgemein widersetzt sich das Kohärenzpostulat einem auch heute noch, nach der »praktischen Wende« in der angewandten Ethik immer noch verbreiteten deduktiven Modell. Eine allgemeine Theorie wird aufgebaut, und deren Anwendungen dann »herunterdeduziert« ohne Rückkoppelung an Intuitionen.[30] Ein solches theoriezentriertes cartesianisches Philosophieren, eine Art rationalistisches Glasperlenspiel, ist für die Schüler in einem logischen Sinne gewissermaßen beeindruckend, seine Plausibilität ist jedoch nicht all zu hoch zu veranschlagen. Schüler sehen ziemlich klar, dass man mit derlei glatten Lösungen den komplizierten Einzelfällen nicht gerecht werden kann.

Eine weitere Facette kohärenten Argumentierens bestünde darin, mögliche *moraltheoretische Mischformen* auszumachen und entsprechend anzuwenden.

Die mancherorts noch immer wieder vertretene Auffassung, dass sich Kantische und utilitaristische Ethik ausschließen, wäre durch eine kohärentistische Sicht zu ersetzen. Darin gilt es zwischen Elementen zu unterscheiden, die die beiden Moraltheorien gemeinsam haben, und jenen, die sich ergänzen.[31] Eine Mischform etwas von Kant und dem Utilitarismus müsste allgemein die kontraintuitiven Resultate – Rigorismus/Gerechtigkeitslücke – dieser beiden Moraltheorien vermeiden und gleichzeitig ihre Stärken – Universalisierung/Folgenorientierung – erhalten. Eine ähnlich komplementär angelegte Mischform scheint zwischen Fürsorge- und Gerechtigkeitsethik möglich. Zur Feststellung von Kohärenz gehört freilich auch die Wahrnehmung heterogener bzw. konkurrierender Elemente. Kantische Ethik und Utilitarismus unterscheiden sich vor allem in einem je spezifischen Begriff des Moralischen. Bei Kant geht es vor allem um den Entwurf idealer sozialer Beziehungen; der Utilitarismus zielt allgemein ab auf das Erreichen bestimmter außermoralischer Güter und Weltzustände.

An Beispielen aus der Bioethik lässt sich hinreichend deutlich zeigen, dass hinter den moraltheoretischen Zugriffen noch bestimm-

---

30 Vgl. dazu neuerdings Carmen Kaminsky, *Embryonen, Ethik und Verantwortung*, Tübingen 1998, bes. 229 f., 293 f.
31 Vgl. dazu Otfried Höffe, *Moral als Preis der Moderne*, Frankfurt/M. 1993, 213 f.

te *außermoralische Theorien* stehen. Sie haben in der Regel die Aufgabe, erstere zu fundieren. So wird bei der Bestimmung des moralischen Status der Leibesfrucht das Lebensrecht angelegt entweder in einem absolut geltenden Natur- oder Vernunftrecht, das dem Menschen vorgegeben und erkennbar ist[32], oder aber dieses Lebensrecht wird realistisch-pragmatisch bloß als soziales Instrument zum Schutz des elementaren Interesses, das personale Wesen an ihrem Überleben haben, verstanden.[33] Unterschiedlich konzipierte Personentheorien führen zu einem entsprechend verschieden normierten Status des Embryo.

Ein Kohärenz-Test kann nun in zweierlei Richtung verlaufen: einmal vertikal, wir überprüfen, ob die impliziten anthropologischen Vorannahmen mit der Moraltheorie bis hin zum intuitiven aber wohlüberlegten Ersturteil kohärent sind. Andererseits können wir horizontal Gemeinsamkeiten und vor allem Unterschiede der Personentheorien analysieren. Wichtig wäre an dieser Stelle die Frage, ob und inwieweit neue wissenschaftliche Forschungen das jeweilige Konzept bestätigen oder korrigieren bzw. modifizieren. Um nicht einem naturalistischen Fehlschluss aufzusitzen, ist es schwerlich möglich, aus z.B. neurologischen Daten über anthropologische Folgerungen gewisse normative Positionen auf streng deduktivem Wege zu gewinnen. Wohl aber liefern solche Forschungen einen empirischen Orientierungsrahmen, an dem wir unsere für eine Personentheorie relevanten Vorannahmen abgleichen können, vielleicht sogar müssen.

Kohärentem moralischem Argumentieren geht es in erster Linie um eine größtmögliche Vernetzung unserer Überzeugungen und Theorien. Darin liegt sein *holistischer Grundzug*. Je dichter das Netz von sich wechselseitig stützenden Alltagsurteilen, Prinzipien oder Theorien, desto stabiler und plausibler die Argumentation.

»Wie gut eine bestimmte Überzeugung gerechtfertigt ist, bestimmt sich [...] in erster Linie anhand ihrer relationalen Ko-

---

32 Vgl. z.B. Ludger Honnefelder, »Natur und Status menschlicher Embryos«, in: Mechthild Dreyer u.a. (Hg.), *Natur und Person im ethischen Disput*, Freiburg 1998, 259 ff.

33 Vgl. Norbert Hoerster, *Abtreibung im säkularen Staat*, Frankfurt/M. 1991, vor allem 10 f.

härenz, d.h. ihrer Einbettung in unser Meinungssystem durch
möglichst viele gegenseitige inferenzielle Verbindungen mit
dem übrigen System. Das erklärt, wieso eine gute Begründung
einer Meinung im allgemeinen nicht in einer einzelnen Her-
leitung oder ›Deduktion‹ besteht, sondern einen weitaus be-
schwerlicheren Weg über eine Analyse zahlreicher Erklä-
rungszusammenhänge zu gehen hat. […] Unsere Weltsicht ist
vergleichbar mit der Vorlage für ein Puzzle. Ob wir dabei die
richtige Vorlage ausgewählt haben, ergibt sich daraus, ob die
Puzzlesteinchen, die wir schon haben und die, die wir noch
finden, in dieser Vorlage unterzubringen sind. Je mehr Stein-
chen wir tatsächlich einfügen können, um so mehr spricht das
für unsere Vorlage. Wenn diese Steine noch zu ganz unterschiedlichen Gebieten der Vorlage gehören, um so besser
[…].«[34]

3.2 Fallanalysen

Zum Einüben von moralischem Argumentieren, das dem Kohärenzpostulat zu folgen versucht, dienen in erster Linie Fallanalysen aus
unterschiedlichen Praxisfeldern.[35] Konstruierte Fälle – *fiktive Beispiele oder Gedankenexperimente* – haben jedoch nicht selten das
gleiche Gewicht wie reale. Sie sind ein grundlegendes Medium moralischer Erfahrung bzw. moralischen Lernens. Das Prinzip des
»Exemplarischen« – ein in der Didaktik des Ethikunterrichts noch

---

34 Thomas Barthelborth, *Begründungsstrategien. Ein Weg durch die analytische
    Erkenntnistheorie*, Berlin 1996, 202, 241. – Vgl. dazu auch besonders illustra-
    tiv: Michael Walzer, *Kritik und Gemeinsinn*, Frankfurt/M. 1993, 29: »Die mo-
    ralische Welt hat eine bewohnte Qualität, so wie bei einem seit mehreren Ge-
    nerationen von einer einzigen Familie bewohnten Heim finden sich hier und da
    nachträgliche Anbauten, und der gesamte verfügbare Raum ist mit erinne-
    rungsgeladenen Gegenständen und Gebilden gefüllt. Das gesamt Gebäude – als
    ein Ganzes betrachtet – fügt sich weniger einem abstrakten Modell als vielmehr
    einer dichten Beschreibung.« – Vgl. dazu auch Clifford Geertz, *Dichte Be-
    schreibung. Beiträge zum Verstehen kultureller Systeme*, Frankfurt/M. 1983.

35 Vgl. dazu grundsätzlich Volker Pfeifer, *Ethisches Argumentieren anhand von
    aktuellen Fällen*, Bühl 1997.

kaum bearbeitetes Thema – scheint sich in diesem Kontext sinnvoll verorten zu lassen.

Wir »spielen« gewissermaßen mit Handlungssituationen und deren moralisch relevanten Merkmalen, erfinden neue Konstellationen, andere Randbedingungen und schaffen dadurch Disäquilibrationen, die neues kognitives Gleichgewicht fordern.

Ein wichtiges methodisches Instrument ist dabei der *Vergleich*. Durch ihn lassen sich die für ein Urteil konstitutiven Situationsmerkmale oder Handlungssegmente herausarbeiten. Relevanz und Anwendungsmodus bestimmter Normen und Prinzipien werden so in der Regel sehr viel deutlicher. Jenes komplizierte Zusammenwirken von Emipirie und Norm, das weit über ein bloßes Subsumptionsverhältnis hinausgeht, kann ebenfalls aufleuchten. Normen werden in der Anwendung spezifiziert, Theorien oder Prinzipien durch den konkreten Fall nicht selten modifiziert.

In der angelsächsischen Literatur haben traditionsgemäß fiktive Beispiele, in denen Normenkonflikte und je unterschiedlichen Lösungsversuche in pointierter Form dokumentiert und analysiert werden konnten, einen breiten Raum eingenommen. So ging es um die Frage, ob einer von fünf in einer Höhle eingeschlossenen Höhlenforscher getötet werden darf, um den anderen ein Überleben zu ermöglichen; oder ob ein Mensch getötet werden darf, um mit seinen passenden Organen – Herz, Leber, Lunge, Niere – vier lebensgefährlich Erkrankten das Leben zu retten; schließlich ob man eine außer Kontrolle geratene Straßenbahn dadurch zum Stoppen bringen darf, dass man einen besonders dicken Mann opfert und dadurch fünf andere Personen vor einem sicheren Tod bewahrt.[36] An solchen, gewissermaßen didaktisch reduzierten Beispielen lassen sich auf einer vorwiegend kognitiven Ebene kontraintuitive Resultate utilitaristischen Argumentierens aufzeigen. Ihr holzschnittartiger, vielleicht manchmal auch etwas spröder Charakter fordert geradezu auf, gewisse si-

---

36 Vgl. Thomas Zoglauer, »Die Methode des Überlegungsgleichgewichts in der moralischen Urteilsbildung«, in: Jürgen Mittelstraß, *Die Zukunft des Wissens*, Konstanz 1999, 977-985 mit der dafür einschlägigen Literatur. Einer der am meisten und lebhaftesten diskutierten Fälle ist das sogenannte «Geiger-Beispiel» von Judith J. Thomson, »Eine Verteidigung der Abtreibung«, in: Anton Leist (Hg.), *Um Leben und Tod*, Frankfurt/M. 1990, 107 ff.

tuativen »Leerstellen« zu füllen, zu variieren oder die dabei konstruierten neuen Fallvarianten miteinander zu vergleichen, um sie in ein plausibles Überlegungsgleichgewicht zu bringen.

Aktuelle Beispiele aus der modernen Reproduktionstechnologie (Probleme des Klonens oder der Präimplantationsdiagnostik) sind sehr viel wirklichkeitsnäher, dafür aber komplexer und können häufig nur mit einem fächerverbindenden Ansatz, zusammen mit Naturwissenschaftlern, sinnvoll analysiert werden.[37] In solchen Fällen prallen subjektive Sehweisen anscheinend unversöhnlich aufeinander. Völlig konträre Argumentationsrahmen lassen einen Konsens schier unmöglich erscheinen. Nehmen wir nur als Beispiel die unterschiedliche Sehweise eines Rollstuhlfahrers und eines Mediziners in der Frage, ob das frühe Aussortieren erbkranker Embryos ethisch zu begründen ist. Der eine sieht sein Lebensrecht grundsätzlich in Frage gestellt; der andere sieht in dem Versuch, durch das Ausmerzen von Erbkrankheiten den Menschen Leid zu ersparen, nichts Unmenschliches. Ist zwischen diesen beiden moralischen Wahrnehmungen eine Annäherung denkbar? Lassen sie sich in ein Überlegungsgleichgewicht bringen, sind sie in ein kohärentes Puzzle einzufügen?

Geht es möglicherweise nicht beiden in ihrem Handeln, einmal ungeachtet des unterschiedlichen Betroffenheitsgrads und der unterschiedlichen Interessenlage, um ein allgemeines ethisches Gebot, nämlich niemandem zu schaden (neminem laedere)? Könnte dieser gemeinsame Aspekt moralischen Handelns eine Brücke zwischen ihnen errichten?

Aktuelle Fälle mit ihren vielfältigen, ineinander verschlungenen moralischen, rechtlichen oder wissenschaftlichen Fragen erschweren nicht selten das Geschäft des analysierenden Vergleichens. Um nur ein Beispiel zu nennen: Gemäß § 218 darf ein Baby noch kurz vor

---

37 Vgl. Johann S. Ach u.a. (Hg.), *Hello Dolly? – Über das Klonen*, Frankfurt/M. 1998; Volker Pfeifer, »Analytische Philosophie und ethisches Argumentieren«, 100 f. – Jürgen Müller-Jung, »Neuer Adam frisch aus der Retorte – Das Designer-Baby aus Minneapolis«, in: *Frankfurter Allgemeine Zeitung* v. 6.10.2000, 41. – Vgl. auch Ulrich Bahnsen, »›Wunderbare Kräfte‹ Mark Hughes hat ein Retortenbaby erzeugt – es soll dem kranken Bruder Knochenmark spenden«, in: *Die Zeit*, Nr.39, 21.9.2000, 41-42.

seiner Geburt abgetrieben werden, wenn die Mutter ein schwer kran-
kes Kind für unzumutbar hält. Außerhalb des Mutterleibs, in vitro,
genießen Embryonen dank es Embryonenschutzgesetzes höchste
Protektion. Wie lässt sich diese wirre Logik rechtfertigen? Ist der
Embryo, so die engagierten Embryonenschützer, außerhalb des Mutterleibs skrupellosen Mediziners und Forschern besonders ausgelie-
fert? Lassen sich diese unterschiedlichen Praktiken durch ein über-
geordnetes Argument doch noch ausbalancieren? Könnte dieses
Gleichgewicht etwa durch das Dammbruch-Argument (slippery
slope) ermöglicht, zumindest angebahnt werden? Droht eine allgemeine Verrohung im Umgang mit Embryonen, wenn die PDI (Präimplantationsdiagnostik) zugelassen wird? Gewöhnt man sich daran,
werdendes menschliches Leben für Zwecke Dritter zu opfern oder
gar zu erzeugen? Und stünden dann die Vorteile für einzelne Paare
in keinem vertretbaren Verhältnis zu den angenommenen gesellschaftlichen Folgen, die allgemeine moralische Sensibilität betref-
fend? Könnte eben dieses Argument die Befürworter der PDI nicht
auch in ihrem Bemühen um Verhinderung von Missbrauch einer
neuen Technologie unterstützen und sensibilisieren? Wäre so eine
gemeinsame Argumentierebene geschaffen, auf der das Netz kohärenter Bezüge geknüpft werden könnte?

3.3. Argumentationsschritte

Um die Möglichkeiten eines Überlegungsgleichgewichts jeweils von
Fall zu Fall auszuloten empfehle ich abschießend folgende *Argu-
mentierschritte*[38]:
A. Konfliktanalyse:
–   Wie beurteile ich den Fall intuitiv?
–   Analyse der äußeren Umstände, Lage der Betroffenen,
–   ihre Interessen, Hoffnungen, Ängste,
–   Analyse der relevanten moralischen Normen
–   und ethischen Prinzipien (z.B. deontologische

---

38 Vgl. T. Zoglauer, »Die Methode des Überlegungsgleichgewichts in der morali-
      schen Urteilsbildung«, 983 f., dessen Ausführungen ich hier weitgehend folge.

– oder utilitaristische Grundsätze,
– Entscheidung
B. Varianz der Randbedingungen (lokales Überlegungsgleichgewicht):
– Überprüfung des im 1. Schritt gewonnenen Urteils,
– Veränderung der Randbedingungen.
– Käme man zu derselben Entscheidung, wenn die Situation sich mehr oder minder ändert?
– Inwiefern hängt das moralische Urteil von diesen Randbedingungen ab?
C. Analogie-Test: (erweitertes Überlegungsgleichgewicht):
– Betrachtung ähnlicher, analoger Fälle,
– Berücksichtigung neuer Aspekte, Normen oder Prinzipien,
– Überprüfung der Kohärenz unserer ursprünglichen Überzeugungen,
– Was in einem Falle richtig ist, muss auch in anderen ähnlich gelagerten Fällen richtig sein (Grundsatz der Verallgemeinerung),
– Modifikation oder Revision früherer Meinungen oder Überzeugungen.

Auch die Methode des Überlegungsgleichgewichts garantiert in ethischen Fragen keine klaren und schnellen Lösungen. Es kann nicht das Ziel der Kohärenzmethode sein, ein universell gültiges System von Normen zu begründen. Verschiedene Konfliktlösungen können gleichermaßen kohärent sein. Utilitaristische Kohärenz-Netze können möglicherweise ebenso dicht und stabil sein wie ein deontologischer Ansatz in der Tradition Kants. Was wir allerdings anstreben und annäherungsweise auch erreichen können, ist ein möglichst kohärentes ethisches Argumentationssystem aufzubauen. Dies kann vor allem dadurch erreicht werden, dass wir möglichst viele Fallbeispiele analysieren und dabei zahlreiche, moralische, rechtliche, wissenschaftliche und allgemein lebensweltliche Aspekte berücksichtigen – eben kohärent argumentieren.

Helmut Engels

Sprachanalytische Methoden im Philosophieunterricht: Mittel der Kritik, Hilfe beim Verstehen und Erkennen, Schutz vor den Fallstricken der Sprache

Gewöhnlich reden Schüler ungern über Sprache: Diese ist für sie ein Instrument, das sie benutzen, über das sie aber nicht reflektieren wollen. Erst nach einer Gewöhnung an den obliquen Blick der Philosophie finden sie Gefallen am Nachdenken über etwas, das im Alltag zum Selbstverständlichen gehört. Den Unmut der Schüler bei der Sprachuntersuchung muss man zunächst in Kauf nehmen, er kann, wenn man Glück hat, einer Faszination weichen.

Die Verfahren, die im Folgenden vorgestellt werden, bestehen in der Anwendung von sprachbezogenen Fragen, von differenzierenden metasprachlichen Begriffen und von Kenntnissen über Sprache als *langue* und *parole*. Sprachuntersuchung wird hier nicht als Selbstzweck gesehen – obwohl nichts gegen eine Tätigkeit spräche, die Selbstzweck ist –, sondern als Mittel. Sie dient

- dem Verstehen mündlicher und schriftlicher Rede und der Verbesserung der Fähigkeit, sich verständlich mitzuteilen,
- der Aufdeckung und Vermeidung von Fehlern und Irrtümern, die durch die Sprache selbst bedingt sind,
- der Abwehr unrechtmäßiger Beeinflussung durch Mittel der Sprache und
- als heuristisches Verfahren zur Gewinnung neuer Erkenntnisse.[1]

---

1 Der im Titel verwendete Begriff »sprachanalytisch« wird in einem weiten Sinne genommen, insofern es hier nicht nur um Zergliederung und Auflösung in

Die Darstellung der folgenden Verfahren ist nicht für eine Lerngruppe gedacht, die sich über ein Halbjahr ausschließlich mit dem Thema Sprache beschäftigt. Vielmehr ist an einen Unterricht gedacht, der die Sprachuntersuchung zusätzlich zu den jeweiligen Gegenständen durchführt und einübt, so dass im Laufe mehrerer Semester eine gewisse Sprachkompetenz oder zumindest eine Sensibilität für Sprache erworben werden kann.

Einige Passagen sind so konzipiert, dass sie den Schülern so, wie sie hier formuliert sind, als methodisches Regelwerk an die Hand gegeben werden können. Eine Lektüre von Texten sprachanalytischer Autoren ist nicht notwendig[2], wohl aber muss der Lehrer in Form von Kurzvorträgen, in einer beispielhaften Anwendung der Methoden oder auch in einem fragend-entwickelnden Verfahren die Hinführung zu den Möglichkeiten der Sprachuntersuchung leisten.

Der sprachanalytisch ausgerichtete Fachmann wird das Dargestellte für unzureichend halten, Lehrer oder Lehrerinnen durchschnittlicher Philosophiekurse werden erfahrungsgemäß eher von einer Überforderung der Schüler sprechen.

1. Die Bestimmungsbedürftigkeit von Wörtern

Eine sich immer wieder im Philosophieunterricht zeigende Schwierigkeit beim Verstehen von Texten und auch mündlicher Rede ist die Vieldeutigkeit der Sprache. Den Schülern ist dieses Phänomen zwar bekannt, sie schenken ihm aber zu wenig Beachtung.

Die Erscheinungsformen der Vieldeutigkeit sind vielfältig. Es gibt regionale, soziale und fachliche Unterschiede, die Alltagsver-

---

Bestandteile geht, sondern auch um das Sichtbarmachen dessen, was vor Augen liegt. – Zur Zielsetzung der sprachanalytischen Philosophie vgl. Hans-Ulrich Hoche, *Einführung in das sprachanalytische Philosophieren*, Darmstadt 1990 (vor allem 39 ff.: Kap. 3: »Charakterisierung der Sprachanalytischen Philosophie in Auseinandersetzung mit gängigen Fehldeutungen«).

2   Wenn genügend Zeit vorhanden ist, spricht natürlich nichts gegen eine solche Lektüre. Wie sie aussehen kann, zeigt vorbildlich Werner Strube an Texten von Carnap, Wittgenstein und Austin: Werner Strube, »Analytische Sprachphilosophie im Unterricht«, in: *Philosophie. Anregungen für die Unterrichtspraxis*, Heft 4 (1981), 3-28.

wendung von Begriffen ist oft eine andere als die in einem wissenschaftlichen Zusammenhang, und gelegentlich lässt sich eine bewusst eigenwillige Verwendung von Wörtern durch Autoren beobachten.

Eine wichtige Ursache der Polysemie ist die Geschichtlichkeit der Sprache. Hier gibt es Bedeutungverengungen, Erweiterungen, Verschiebungen, Pejorisierungen, Aufwertungen, Volksetymologien, ja Sinnumkehrungen. Nicht nur der Inhalt von Begriffen unterliegt Veränderungen, sondern auch ihre emotive und präskriptive Bedeutung. Werden im Unterricht klassische Texte gelesen, die dem aktuellen Stand der Sprache nicht entsprechen, bietet die geschichtliche Bedeutungsveränderung ein Haupthindernis im Verstehen. Eine synchrone Sprachbetrachtung zeigt allerdings, dass die Bedeutung von Wörtern auch bei Autoren, die zur selben Zeit leben, recht unterschiedlich sein kann. Und im Gespräch zeigt sich immer wieder, dass Begriffe nicht einheitlich gebraucht werden; dabei handelt es sich in den meisten Fällen zwar nur um geringfügige Unterschiede wie Akzentverschiebungen, Erweiterungen und Verengungen, doch diese genügen, um Missverständnisse hervorzurufen.[3] Die sprachliche Vieldeutigkeit auch philosophischer Texte ist vielen Schülern ein Ärgernis, denn sie können sich nicht darauf verlassen, dass die einmal gelernte Definition eines Begriffs in einem anderen Zusammenhang noch Gültigkeit besitzt. Es ist lästig, immer wieder fragen zu müssen, was denn nun ein vertrauter Begriff in einem neuen Kontext bedeutet. Der Lehrer muss den Unmut der Schüler ernstnehmen, er sollte ihn sogar vertiefen, in der Hoffnung, dass er schließlich dem Vergnügen weicht, das Funktionieren von Sprache zu durchschauen.

Die folgenden Verfahren, die man als methodische Erstausstattung bezeichnen kann, haben diese Funktionen: Sie ermöglichen es den Schülern sich klarzumachen, wie sie selbst einen Begriff verstehen und gebrauchen – dies ist für das Gespräch und für das Verfassen von Texten wichtig –, und sie geben Möglichkeiten an die Hand,

---

3   Vgl. Willard Van Orman Quine, *Wort und Gegenstand*, Stuttgart 1980; vor allem Kap. 4: »Die Launen des Bezeichnens«, 222–274.

herauszufinden, wie von anderen Begriffe gebraucht werden.[4] Vor
der Begriffsklärung muss der Schüler sich überlegen, welches oder
welche der genannten Verfahren er anwendet; oft ist eine Kombination unterschiedlicher Zugangsweisen nötig. Eine allgemeine Regel
für die Auswahl kann nicht gegeben werden.

Für die Intensität der Beschäftigung mit einem Begriff sind
Adressat, Situation und thematischer Zusammenhang zu beachten.
Selbst in einem wissenschaftlichen Kontext muss nicht jeder Begriff
erklärt werden.

1. Das bekannteste, aber keineswegs immer notwendige Verfahren der Begriffsbestimmung ist die *intensionale Definition*. Sie bezieht sich auf die Inhalt eines Begriffs. In der klassischen Form der
Definition werden die wesentlichen Merkmale eines Begriffs durch
Angabe des nächsthöheren Obergriffs und der spezifischen Differenz genannt: »Das Quadrat ist ein Rechteck mit gleich langen Seiten.« Man unterscheidet Nominaldefinitionen von Realdefinitionen.
Nominaldefinitionen legen den Sprachgebrauch fest (unabhängig
davon, ob es die gemeinte Sache gibt), Realdefinitionen aber definieren Begriffe, deren Extension schon gegeben ist. Außerdem gibt
es die sogenannte Feststellungsdefinition, die den herrschenden
Sprachgebrauch erfasst. Insofern sie mit einer Formulierung beginnt
wie »In der Umgangssprache versteht man unter XYZ …«, kann sie
wahr oder falsch sein.

2. Ebenfalls auf die Intension bezieht sich die oft praktikablere
Charakteristik eines Begriffs: Sie nennt nicht alle wesentlichen
Merkmale, sondern nur die, die für den Zusammenhang der jeweiligen Kommunikationssituation von Bedeutung sind. Etwa: »Zum
Handeln gehört das Setzen von Zwecken« oder »Eine Aussage ist
immer entweder wahr oder falsch«. Was sonst noch zum Handeln
oder zu Aussagen gehört, wird hier ausgeblendet. Weitere Beispiele:
»Zur Tapferkeit gehört das Bewusstsein der Gefahr« und »Muße ist
durch Selbstzweck-Sein gekennzeichnet«.

3. Statt den Inhalt eines Begriffes zu bestimmen, kann man auch
den Umfang, die Extension, angeben. Gemeint ist all das, was der
Begriff »umfängt«, genauer: all das, was sich ihm zuordnen oder

---

4   Eine vorbildliche Einführung in die Begriffsanalyse bietet: John Wilson, *Be-
     griffsanalyse*, Stuttgart 1984.

unter ihn subsumieren lässt. Bei der *extensionalen Definition* werden, wenn sie vollständig sein soll, alle Unterbegriffe oder Elemente aufgezählt: »Zu den Kategorien gehören nach Kant nur Quantität, Qualität, Relation und Modalität«, »Als Skandinavier werden Dänen, Schweden, Norweger und Finnen bezeichnet«.

4. Eine abgeschwächte Form zu der Möglichkeit, den Umfang eines Begriffs zu bestimmen, ist die, charakteristische *Beispiele* – Unterarten oder konkret Einzelnes – anzuführen: »Begriffe sind z.B. *Haus, Gerechtigkeit, singen* und *tugendsam*«. Mit Hilfe der exemplarischen Begriffsbestimmung können auch schwierige Begriffe verstanden werden, verstanden im Sinne einer klaren, nicht aber einer deutlichen Erkenntnis.

Zur Verdeutlichung des Gemeinten empfiehlt es sich oft, neben Beispielen *Gegenbeispiele* zu nennen: »Aussagen sind Sätze wie ›Hans schwimmt‹, ›Margret ist schön‹ und ›Newton war Astronom‹, *keine* Aussagen sind dagegen Sätze wie ›Hat es gestern geregnet?‹, ›Gib mir bitte das Buch!‹ und ›Hätte ich doch das Examen!‹‹«

5. Zur Vermeidung von Denkfehlern unerlässlich ist die Unterscheidung zwischen den sogenannten absoluten Begriffen und den *Relationsbegriffen*, wobei letztere noch die Bestimmung der Anzahl der »Stellen« erfordern, die in der Relation verbunden sind.

Als absolute Begriffe bezeichnet man solche, die sich auf Dinge beziehen, die man losgelöst von anderen betrachten kann, wie *Haus, Baum, Pferd* und *Stein*. Begriffe aber, die eine Beziehung beinhalten oder etwas betreffen, zu dem notwendigerweise eine Beziehung gehört, heißen *relative Begriffe, Relationsbegriffe* oder auch *Relatoren*.

Relationsbegriffe, die eine Beziehung *zwischen* »Dingen« bezeichnen, sind beispielsweise: *lieben, größer als, abhängig, relevant, ähnlich* und *deuten*. Die hier gemeinten Beziehungen verknüpfen mindestens zwei »Dinge« miteinander: »*Harry* liebt *Bärbel*.« Der Begriff *lieben* ist also *zwei*stellig.

Ein *drei*stelliger Relationsbegriff ist »Autorität«: Er setzt einen *Träger* (z.B. den Professor, der Autorität hat), ein *Subjekt* (den Studenten, für den der Professor Autorität hat) und ein *Gebiet*, für das der Träger der Autorität zuständig ist (z.B. Sinologie), in Beziehung.

(Es ist denkbar, dass der Student für den Professor ebenfalls eine Autorität ist, allerdings auf einem anderen Gebiet.)[5]

Relationsbegriffe führen leicht zu Missverständnissen. So ist der Begriff der *Gleichheit* immer wieder Fehldeutungen ausgesetzt. Der Satz »Alle Menschen sind gleich« ist für sich genommen unsinnig, da die Menschen doch verschieden sind nach Geschlecht, Körpergröße, Alter, Haarfarbe, Fähigkeiten, Absichten usw. Man muss also fragen: »Worin oder in welcher Beziehung sind alle Menschen gleich?« Ähnliches gilt für den Relationsbegriff *Freiheit*, bei dem zu fragen ist, wovon oder wozu jemand frei sei.

6. Vor allem für die Verständigung hilfreich ist die *Begriffserörterung* im ganz engen Sinne, nämlich im Sinne einer »locatio«, einer Ortsbestimmung: Genannt werden der Oberbegriff, nebengeordnete Begriffe, untergeordnete Begriffe und Beispiele. Der zu erörternde Begriff wird also wie eine Leerstelle eingekreist. Ein nur partiell ausgeführtes Beispiel für eine locatio wäre: »Philosophie gehört zu den Bemühungen des Menschen um Erkenntnis wie z.B. der Mythos, die Theologie, die Kosmologie und die Geschichte; Einzeldisziplinen sind z.B. Ethik, Logik, Metaphysik, Ästhetik und Erkenntnistheorie.« Es ist jedenfalls einfacher, die Disziplinen zu definieren als den Begriff *Philosophie* selbst.

7. Auf die Gemeinsamkeit von Begriffen bzw. von Begriff und bildhafter Vorstellung kommt es beim *Vergleich* an. Beispiele: »Nach Plato sind *Ideen* für das Erkennen das, was das Licht für das Sehen ist«, »Die *Philosophen* sind eher Anatome als Ärzte« und »*Ambivalent* nennt man etwas, das man als Medaille mit zwei Seiten bezeichnet«.

8. Im Gegensatz zum Vergleich sieht man bei der *Begriffsunterscheidung*, der »distinctio«, gerade auf die nicht übereinstimmenden Merkmale meist nebengeordneter Begriffe und kann so das Besondere klarer erfassen. Man denke an *Furcht* und *Angst*, an *Anschauung* und *Begriff* oder an *Legalität* und *Moralität*.

9. Zur Klärung von Begriffen kann auch gehören, ihre *emotive Bedeutung* zu bestimmen.

---

5   Vgl. Joseph M. Bochenski, *Was ist Autorität?*, Freiburg i.Br. 1974.

Diese liegt in der Tendenz, bestimmte Emotionen auszudrücken und hervorzurufen. Wir empfinden die Verwendung eines entsprechenden Begriffes als lobend oder abfällig. Die emotive Bedeutung eines Wortes kann sich wandeln und je nach Kontext unterschiedlich sein.

Von Bedeutung ist die emotive Rolle von Begriffen insbesondere bei den Euphemismen, die durch ihre positiv-emotionale Sinnkomponente der Verharmlosung, der Beschönigung oder sogar der Verschleierung dienen. Beispiele für Euphemismen: *Entsorgungspark, Freisetzung von Arbeitern und Angestellten, Null-Wachstum, Lean-Management, finaler Rettungsschuss, Kollateralschäden* oder auch der in der Jugendsprache beheimatete Begriff *korrekter Abzug* für Raub.

Auch das Schlechtmachen des Gegners gehört zur emotiven Bedeutung von Begriffen. Im Bereich der Philosophie werden die Begriffe *Rationalist, Positivist, Materialist, Utilitarist* und *Metaphysiker* zuweilen mit negativem Unterton verwendet. Im Alltag gelten die Begriffe *Frauenversteher, Warmduscher* oder *Mausklicker* als Ausdruck der Verachtung. Ein besonders infamer Ausdruck ist der Begriff *Gutmensch*.

10. Eine Hilfe bei der Begriffsbestimmung von sogenannten Abstrakta wie *Wahrheit, Gerechtigkeit, Weisheit* und *Lüge* besteht darin, zunächst die *Grundbegriffe* zu bestimmen, von denen sie abgeleitet sind, also die entsprechenden Adjektive und Verben, hier also *wahr, gerecht, weise* und *lügen*. Zur Vereinfachung der Formulierung ist es zweckmäßig, in die Begriffsbestimmung Wenn-Sätze einzubauen, z.B. »Man nennt einen Satz wahr, wenn …« oder »Ein Mensch lügt, wenn er …«.

11. Ein Mittel der Begriffsklärung ist das *Gedankenexperiment*. Man denkt sich irreale Beispiele aus und überprüft an ihnen die bisherige Auffassung von der Bedeutung des fraglichen Begriffs. »Nehmen wir an, wir entdeckten unter der Erde Hunderte von Kilometern unter der Erdoberfläche Wesen, die mehr oder weniger wie Menschen aussehen, intelligent sind, aber keine Gefühle besitzen,

keine Kunst hervorbringen und niemals scherzen. Würden wir sie für Menschen halten?«[6]

12. Als Vorbereitung für die Begriffsbestimmung kann die *Wortfelduntersuchung* dienen, in der verwandte und korrespondierende Begriffe zusammengestellt werden, die durch Unterscheidungen und Gemeinsamkeiten einander erläutern. So gehören zu dem Wortfeld von *Ich* die Begriffe *ichbezogen, selbst, selbstlos, selbstsüchtig, ego, Egoismus, Eigenliebe, du, alter, Altruismus, Subjekt* und *subjektiv.*

13. Dienlich für das rechte Verstehen eines Begriffs ist zuweilen die *etymologische Untersuchung*; nützlich ist sie vor allem bei Fremdwörtern und beim Vorliegen älterer Texte, deren Sprachgebrauch nicht mehr dem gegenwärtigen entspricht. Gewöhnlich wird *Autonomie* zu Recht als *Selbstbestimmung* verstanden; die präzisere Bedeutung dieses Begriffs ergibt sich allerdings aus seinen etymologischen Bestandteilen *autos* und *nomos: Autonomie* heißt wörtlich *Selbstgesetzgebung.*

Bei dem Rückgang auf das Etymon darf man nicht vergessen, dass die ursprüngliche Bedeutung eines Begriffs verloren gehen kann und sich zuweilen in sein Gegenteil verkehrt. Der *Kontrahent* ist ursprünglich der *Vertragspartner*, eine falsche Etymologie hat aus ihm aber einen *Gegner* gemacht.

14. Wenn eine Textlektüre zeigt, dass der Autor einen bestimmten Begriff möglicherweise in einer anderen Bedeutung verwendet, als dies üblich ist, so empfiehlt es sich, den Begriffsnamen faktisch oder auch nur mental *unleserlich* zu machen, so als habe man einen fragmentarischen Text, und man frage sich, welches Wort vom Kontext her am besten in die Lücke passt. Das Ergebnis kann aufschlussreich sein.

15. Für die Verständigung genügt es oft, den fraglichen Begriff durch ein eher übliches *Synonym* zu ersetzen. Allerdings ist hier Vorsicht geboten, da Begriffe eher selten uneingeschränkt synonym sind, sich vielmehr in Nuancen, vor allem in der Konnotation unterscheiden. So sind *wirkungsvoll* und *effektiv* zwar bedeutungsgleich, doch klingt *effektiv* technischer, kompetenter als das eher schwer-

---

6   J. Wilson, *Begriffsanalyse*, 35 f.

fällige *wirkungsvoll*. Trotz leichter Nuancen dient es aber der Verständigung, *Empathie* durch *Einfühlungsvermögen, Witz* durch *Esprit* und *gemein* durch *üblich* oder *gewöhnlich* zu ersetzen.

16. Der Gebrauch eines allgemeinen *Wörterbuchs* oder eines *Fachlexikons* ist keineswegs überflüssig; denn trotz der Kontextdetermination von Begriffen ist die lexikalische Bedeutung von Nutzen, da sie, wenn auch zuweilen in vager Weise, einen sozial verbindlichen Kern enthält. Sie bietet auch für das Verstehen eines unüblichen Sprachgebrauchs einen Anhaltspunkt.

Zusätzlich zu der Anwendung eines oder mehrerer Verfahren der Begriffsbestimmung sind noch folgende Fragen sinnvoll:
- Wird der in Frage stehende Begriff in einem *engen* oder in einem *weiten* Sinne verstanden?
- Ist der Begriff *alltagssprachlich* oder im Sinne einer *wissenschaftlichen* Terminologie gemeint?
- Wird der Begriff im *eigentlichen*, direkt-begrifflichen Sinne oder *uneigentlich*, also metaphorisch oder metonymisch verwendet? Aber: auch wenn ein Begriff nicht wörtlich zu nehmen ist, kann seine uneigentliche Verwendung nur verstanden werden, wenn die wörtliche Bedeutung bekannt ist.[7]

Fragt man nun, welche Kriterien es für die Richtigkeit einer Begriffsbestimmung gibt, so bleibt oft kaum mehr als die Sprachkompetenz des Sprechers.[8]

Um den Schülern die Mühe der Begriffsanalyse erträglicher zu machen, muss man ihnen vor Augen führen, dass über den jeweils gegebenen Anlass hinaus die Begriffsanalyse von Wert ist, da sie auch etwas – relativ – Bleibendes und damit Verlässliches bieten kann. Denn sieht man von den Fällen krasser Äquivokationen ab, so haben trotz ihrer Arbitrarität Begriffe gewöhnlich einen semantischen Kern, dessen Bestimmung über die Einzelverwendung hinausreicht. Zwar darf man nicht von *der* Bedeutung eines Wortes sprechen, aber es ist »ebenso falsch anzunehmen, die meisten Begriffe seien völlig offen und könnten mehr oder weniger beliebig verwen-

---

7 Vgl. Edmund Runggaldier, *Analytische Sprachphilosophie*, Stuttgart, Berlin, Köln 1990, 39 ff.
8 Vgl. Hans-Ulrich Hoche u.Werner Strube, *Analytische Philosophie*, Freiburg, München 1985, 105-113.

det werden. Wir wissen, dass jeder Begriff einen gewissen Bedeu-
tungsbereich abdeckt, der annähernd bestimmt werden kann, selbst
wenn seine Grenzen nicht in allen Fällen festliegen«.[9]

2. Äquivokationen

Von der Notwendigkeit der Begriffsklärung kann man Schüler am
besten dadurch überzeugen, dass man ihnen anhand konkreter Beispiele die oft verblüffende Reichweite der Vieldeutigkeit vor Augen
führt.

An dem Begriffspaar *positiv* und *negativ* lässt sich gut klarma-
chen, dass sogar Allerweltswörter, die jedes Schulkind kennt, wegen
ihrer Mehrdeutigkeit ihre Tücken haben. Diese Begriffe bedeuten im
landläufigen Sinne so viel wie *gut, wertvoll, nützlich* bzw. *schlecht,
wertlos, schädlich.* Daher kommt es oft zu Missverständnissen,
wenn von *positivem Recht* die Rede ist. Für die Schüler ist dieses
zunächst ein Recht, dem man seine Zustimmung geben kann – es ist
ja positiv –, und sie nehmen geradezu widerwillig zur Kenntnis, dass
mit diesem Begriff lediglich das gesetzte, das erlassene Recht gemeint ist, das bisweilen höchst negativ im Sinne eines Unrechts sein
kann. Das Gegenteil zum positiven Recht ist nicht das negative, wie
sie zunächst einmal annehmen, sondern das Vernunft- oder Naturrecht, das als *überpositiv* bezeichnet wird. Aus der Medizin könnten
die Schüler immerhin wissen, dass ein positiver Befund etwas Ne-
gatives darstellt, während ein negativer Befund mit Erleichterung
aufgenommen wird. Wertneutral werden *positiv* und *negativ* in der
Logik gebraucht, als Bezeichnung für Bejahung und Verneinung.
Die negative Bestimmung eines Begriffs sagt lediglich, welche
Momente nicht vorliegen – wenn etwa *Freiheit* als *Nicht*-Vorhan-
densein von Zwängen bestimmt wird –, während die positive Bestimmung die zutreffenden Merkmale nennt; *Freiheit*, positiv gesehen, kann man als Autonomie oder Spontaneität bestimmen.

Nicht nur Allerweltswörter, sondern auch Fachtermini sind vor
der Mehrdeutigkeit nicht sicher. Dies lässt sich gut zeigen an den

---

9   J. Wilson, *Begriffsanalyse*, 29 f.

Begriffen *Hyperbel*, *Parabel* und *Ellipse*, die, wie der Mehrzahl der Schüler bekannt sein müsste, in Mathematik und Literaturwissenschaft jeweils andere Bedeutungen besitzen.

Damit den Schülern klar wird, worauf sich Vieldeutigkeit letztlich zurückführen lässt, ist es erforderlich, ihnen den grundsätzlichen Unterschied von Wort und gemeinter Sache zu verdeutlichen: Das Wort ist ein Zeichen, die Sache ist das Bezeichnete. Die Beziehung zwischen ihnen ist nicht naturgegeben, sie steht nicht für alle Zeiten fest. Ein und dieselbe Sache kann daher mit verschiedenen Wörtern bezeichnet werden. So bedeuten *Haus, maison, house, huis, ev und casa* etwa dasselbe. Das Wort *Begriff* verwischt gerade diesen Unterschied; denn wenn wir fragen: »Welchen Begriff hast du gerade benutzt?«, dann fragen wir nach einem Wort. Eine Vorstellung ist dagegen gemeint, wenn es heißt: »Davon kannst du dir keinen Begriff machen.« Also bedeutet *Begriff* nicht nur ein Wort, sondern vor allem auch eine Allgemeinvorstellung, z.B. das Identische, das mit *Haus, maison* usw. gemeint ist. Es wäre zweckmäßig, Wörter, die für Begriffe im Sinne von Allgemeinvorstellungen gebraucht werden, generell als *Begriffsnamen* zu bezeichnen, wie Grzesik das tut.[10]

Die Erscheinung, dass Identisches mit unterschiedlichen Wörtern benannt werden kann, ist den Schülern vom Fremdsprachenunterricht her vertraut. Sie kennen meist die zugehörige Bezeichnung *Synonymie* und wissen auch, dass die entsprechenden Wörter *Synonyme* heißen. Das Auseinanderfallen von Wort und Bedeutung ist den Schülern also vertraut. So gut wie gar nicht bekannt ist dagegen die Bezeichnung für die Erscheinung, dass ein Wort mehrere Bedeutungen hat. Nach einer Einführung mit Hilfe des Teekesselchenspiels und bekannter Beispiele wie *Ball*, *Hahn* und *Strauß* oder weniger bekannter wie *Geist*, *Induktion* und *Welt* kann man den Schülern diktieren: »Im Unterschied zur Synonymie sprechen wir von *Homonymie*, wenn ein und dasselbe Wort mehrere Bedeutungen hat. Die entsprechenden Wörter werden als *Homonyme* bezeichnet.« Da die Schüler den Begriff – genauer: den Begriffsnamen – *Homonymie* leicht vergessen oder mit S*ynonymie* verwechseln, empfiehlt es sich,

---

10 Jürgen Grzesik, *Begriffe lernen und lehren*, Stuttgart 1988, 71 f.

auch die griffigeren lateinischen Termini *Äquivokation* und *äquivok* zu nennen und einzuprägen zu lassen.[11]

Gelegenheiten zur Anwendung dieser Termini gibt es genug, da philosophische Texte und Theorien nur zu oft Ausdrücke enthalten, die in den Einzelwissenschaften, im Alltag oder in anderen Epochen eine differierende Bedeutung haben. Zu den mehrdeutigen Wörtern, deren unterschiedliche Bedeutungen im Unterricht eigens herausgearbeitet werden müssen, gehören neben vielen anderen die Begriffe *Idee, Idealismus, Materie, Materialismus, Natur, Wesen, Umwelt, Kategorie, transzendental* und *Dialektik*.

Ein markantes Beispiel ist das Adjektiv *subjektiv*. Was als *subjektiv* bezeichnet wird, ist für sie mit dem Makel des Zufälligen, Willkürlichen, des durch bloße Meinungen Gefärbten versehen: eine subjektive Darstellung ist eben nicht objektiv, nicht sachlich, nicht angemessen. Dagegen bedeutet *subjektiv* im Kontext der Philosophie oft genug wertneutral lediglich soviel wie *auf ein Subjekt bezogen, zu einem Subjekt gehörig*. So ist *subjektive Gerechtigkeit* nicht die Gerechtigkeit, die von meiner zufälligen Interpretation abhängt, sondern Gerechtigkeit als Tugend, als Gesinnung eines Menschen. Und auch *subjektives Recht* meint nichts Willkürliches, sondern das Recht des einzelnen im Sinne eines Anspruchs, während das objektive Recht als Inbegriff von Gesetzen dieses Anrecht bestimmt.

2.1 Familienähnlichkeit

Eine besondere Art von Äquivokation liegt bei der Familienähnlichkeit vor. Hier bezeichnet ein und dasselbe Wort zwar Unterschiedliches, dieses sich Unterscheidende hat aber gemeinsame Merkmale, die allerdings nicht auf alle Beispiele zutreffen, die mit dem Wort gemeint sind. Wittgenstein macht die Familienähnlichkeit am Beispiel des Spieles deutlich.[12] Wenn mit Großbuchstaben Gegen-

---

11 Vgl. Helmut Engels, »Wie man der Mehrdeutigkeit der Sprache im Philosophieunterricht begegnen kann«, in: Zeitschrift für Didaktik der Philosophie 14, Heft 2 (1992), 110-115.

12 Ludwig Wittgenstein, *Philosophische Untersuchungen*, Frankfurt/M. 1971, §§ 66-71.

standsklassen und mit den Kleinbuchstaben Merkmale bezeichnet werden, lässt sich die Familienähnlichkeit schematisch so darstellen: Z: abcd, Y: bcde, X: cdef, W: defg, V: efgh. Gemeinsame Merkmale haben Z und X sowie X und V, aber zwischen Z und V gibt es nichts Gemeinsames, gleichwohl werden sie mit demselben Wort bezeichnet.[13] Welche Gemeinsamkeit besteht etwa zwischen einem Football-Spiel und dem Spiel eines Kindes, das Sand durch die Finger rieseln lässt?

Viele philosophisch relevante Wörter besitzen eine solche Familienähnlichkeit, wie etwa *gut, wahr* oder auch der Begriff *Philosophie* selbst. Diese gilt es aufzudecken, wo Missverständnisse möglich sind.

2.2 Äquivokation und Logik

Im Zusammenhang mit der Logik spielt die Kenntnis des Phänomens der Äquivokation eine besondere Rolle, einmal zum Aufdecken von Fehlern, zum anderen zum Vermeiden von Missverständnissen.

a) Ein hin und wieder auftretender Fehler beim Schließen ist das fallacium aequivocationis, genauer die quaternio terminorum, die Vervierfachung der Begriffe.[14] Ein Syllogismus enthält gewöhnlich drei Termini: »Sokrates ist ein Mensch. Alle Menschen sind sterblich. Also: Sokrates ist sterblich.« Die Termini sind *Sokrates, Mensch* und *sterblich.*

In dem folgenden Syllogismus finden sich aber vier Begriffe: »Odysseus ist ein Fuchs. Füchse haben vier Beine. Also: Odysseus hat vier Beine.« Zu vier Begriffen kommt es, da »Fuchs« zwei Bedeutungen hat, nämlich die wörtliche und die metaphorische. Der Schluss ist also trotz der korrekten Form ungültig. Bei diesem unrealistischen Beispiel springt die Quaternio ins Auge. Wenn aber jemand in einer Abhandlung das Wort »Wunder« zunächst im Sinne des Unerklärlichen, Geheimnisvollen und Erstaunlichen, an späterer Stelle aber im Sinne einer Aufhebung von Naturgesetzen verwendet,

---

13 Vgl. W. Strube, »Analytische Sprachphilosophie«, 14 ff.
14 Vgl. Willard Van Orman Quine, *Grundzüge der Logik*, Frankfurt/M. 1988, 74.

dann könnte die Entdeckung des Fehlers schon Schwierigkeiten bereiten.

Zwar kommt die quaternio terminorum in expliziten Syllogismen selten bis nie vor, es geschieht aber häufiger, dass ein Begriff im Laufe einer Erörterung seine Bedeutung verändert und so der logischen Forderung »A sei A« widerspricht.

b) Der Sprachgebrauch der Logik unterscheidet sich deutlich von dem der Normalsprache.

– Während »oder« gewöhnlich soviel heißt wie »entweder – oder«, also ausschließend gemeint ist, bedeutet »oder« in der Logik stets »und/oder«, also etwa »Eins von beiden, vielleicht beides«.[15]

– Das »und« der Aussagenlogik hat lediglich Relevanz für den Wahrheitswert des Gesamtsatzes, das »und« der Normalsprache kann aber auch eine temporale oder kausale Bedeutung haben. Wenn es heißt »Hans und Margret haben geheiratet und bekamen ein Kind« und »Hans und Margret bekamen ein Kind und haben geheiratet«, so hat das »und« zwischen den Teilsätzen in der Normalsprache eine je unterschiedliche Bedeutung, während die Reihenfolge der Satzteile in der Aussagenlogik keine Rolle spielt.

– Das unbestimmte Zahlwort »einige« bedeutet in der Normalsprache etwa soviel wie »mehr als drei, aber nicht alle«. In der Logik dagegen ist die Bedeutung streng festgelegt auf »mindestens eines«, was »alle« keineswegs ausschließt.

– Äquivok werden auch Wörter und Vorsilben verwendet, die eine Verneinung kennzeichnen. In der Umgangssprache drückt die Verneinung gewöhnlich ein konträres Verhältnis aus, in der Logik aber ein kontradiktorisches. »Das ist *nicht* schlecht« bedeutet üblicherweise »Das ist wirklich gut«, d.h. gemeint ist der äußerste Gegensatz. Rein logisch betrachtet aber beinhaltet »nicht schlecht« neben dem konträren Gegensatz auch alles Mittlere, also das, was neutral, also weder gut noch schlecht ist. In der Sprache des Alltags bedeutet »*un*günstig« das polare Gegenteil zu »günstig«, die Logik würde aber auch das einschließen, was weder zu- noch abträglich ist.

Auch Antworten auf Fragen sind in der Umgangssprache nicht logisch: Wenn beispielsweise gefragt wird »Warst du gestern nicht

---

15 Vgl. Günther Patzig, *Sprache und Logik*, Göttingen 1970, 17 f.

auf dem Fest?« und geantwortet wird: »Nein, ich war nicht da«, so weiß jeder, dass das Nein keineswegs die Frage verneint.

Achtgeben auf eine mögliche Äquivokation muss also, wer sich auf Logik einlässt, achtgeben muss aber auch der logisch Versierte, da er dazu neigt, einen streng terminologischen Wortgebrauch vorauszusetzen, wo eine anders oder schwächer geregelte Wortverwendung vorliegt: Er muss darauf achten, was jeweils gemeint ist, und darf nicht die Messlatte der Logik anlegen. *Unkosten* sind eben auch *Kosten* und bedeuten nicht, dass etwas kostenlos zu haben ist. Und wenn der Logiker – bezogen auf das oben genannte Beispiel – logisch richtig antwortet: »Ja, ich war nicht auf dem Fest«, dann stiftet er nur Verwirrung.

2.3 Äquivokation durch Wechsel der Sprachebenen

In der Objektsprache spreche ich von Objekten, Gegenständen im weitesten Sinne, und auf der Ebene der Metasprache beziehe ich mich auf die Sprache selbst, auf Begriffe oder Sätze. In dem Satz »Köln liegt am Rhein« ist mit *Köln* ein bestimmtes Objekt gemeint. Wir haben einen objektsprachlichen Satz. Dagegen ist in dem Satz: »*Köln* ist von *Colonia* abgeleitet« nicht von einem Objekt, sondern von einem Wort die Rede. Um die metasprachliche Ebene zu kennzeichnen und so Missverständnisse zu vermeiden, hat sich die Konvention gebildet, Anführungszeichen oder zuweilen auch Kursivschreibung zu benutzen.

Dass bei Schülern in diesem Zusammenhang manchmal etwas durcheinandergeht, ist nicht verwunderlich. Denn im Alltag wird hier oft nicht unterschieden, und der Gebrauch von Anführungszeichen zur Kennzeichnung der metasprachlichen Rede ist relativ neu. »Im Mittelalter und auch noch in der Moderne wurde dieses Mittel nicht verwendet, so dass es häufig zu unnötigen Schwierigkeiten und Missverständnissen kam. Der Ausdruck ohne Anführungszeichen steht aufgrund dieser Konvention nie für sich selbst, sondern immer für etwas anderes; der zwischen Anführungszeichen gesetzte Ausdruck hingegen für sich selbst.«[16]

Man kann im Unterricht die Sprachebenen zum Thema machen und ausdrücklich Objektsprache und Metasprache unterscheiden. Schüler sind hier aber oft etwas irritiert. Einfacher ist es, mit den Begriffen *gebrauchen* oder *verwenden* auf der einen Seite und *erwähnen* oder *anführen* auf der anderen Seite zu arbeiten (im Englischen lautet der Gegensatz *to use* und *to mention*). Ich gebrauche oder verwende ein Wort, wenn ich mich damit auf Sachen beziehe. Ich erwähne ein Wort oder führe es an, wenn ich auf das Wort selbst schaue und über das Wort selbst etwas sage. In diesem Fall muss ich zur Vermeidung von Missverständnissen Anführungszeichen benutzen oder das Wort durch Kursivschreibung hervorheben.[17]

Entsprechendes gilt für die Unterscheidung von Realbeziehungen und Begriffsverhältnissen im Sinne der Logik. Der Begriffsname muss eigens angeführt werden, wenn nicht von den subsumierbaren Dingen, sondern von den Begriffen selbst die Rede ist. In einem Test zur Begriffslehre schreibt ein Schüler:

> »Der Begriff Dackel hat alle Eigenschaften eines Hundes und noch seine eigenen. Der Dackel ist somit dem Hund untergeordnet, und der Hund ist dem Dackel übergeordnet, weil er viel weniger differenziert ist.«

Beim Lesen spürt man, dass hier einiges durcheinandergeht, aber erst die Unterscheidung der Ebenen – hier reale Verhältnisse, dort die Metaebene der Logik – kann Klarheit verschaffen. Der Verfasser des oben zitierte Satzes meint offenbar:

> »Der Begriff *Dackel* hat alle Eigenschaften von *Hund* und noch seine eigenen. *Dackel* ist somit *Hund* untergeordnet, und *Hund* ist *Dackel* übergeordnet, weil dieser Begriff viel weniger differenziert ist.«

---

16   E. Runggaldier, *Analytische Sprachphilosophie*, 64.

17   Ein Teil des Vergnügens beim Lösen anspruchsvoller Kreuzworträtsel (*Die Zeit*, *FAZ*) liegt darin, das Spiel mit der Doppeldeutigkeit, die durch absichtliches Verschleiern der Sprachebenen erzeugt wird, zu durchschauen.

Als *Faustregel* kann man den Schülern mitgeben: Überall da, wo zur Verdeutlichung die Begriffe *Wort, Begriff, Ausdruck, Formulierung* oder *Satz* vorangestellt werden können, müssen Anführungszeichen gesetzt oder andere Möglichkeiten der Hervorhebung verwendet werden.

2.4 Verfahren zur Aufdeckung von Äquivokationen

Vieldeutigkeit ist eine Erscheinung, mit der man ständig rechnen muss. Schüler sollten es sich daher zur Regel machen zu fragen: »Was ist an dieser bestimmten Stelle genau mit dem Begriff X gemeint?« Förderlich ist, wenn der Fachmann exemplarisch selbst Erläuterungen vorträgt, wo besonders schwerwiegende Beispiele von Äquivokation vorliegen. Besser aber ist es, den Schülern Verfahren an die Hand zu geben, mit denen sie vermutete Äquivokationen aufdecken können. Einige seien genannt:

1. Oft lohnt es sich, zu einem Begriff den entsprechenden Gegenbegriff, das Antonym, ausfindig zu machen. Es kann sich zeigen, dass es mehrere Gegenbegriffe gibt, woraus man auf die Mehrdeutigkeit des Ausgangsbegriffes schließen kann. Dies ist etwa der Fall bei dem Adjektiv *gut*, dessen Gegenbegriffe *schlecht* und *böse* lauten.

2. Das Spektrum der unterschiedlichen Bedeutungen eines Begriffs kommt ans Licht durch die Bildung von ganz gewöhnlichen Sätzen, in denen dasselbe Begriffswort vorkommt. Vom Gesamtsinn des Satzes her wird die jeweilige Bedeutung erschlossen. »Es ist nicht *wahr*, was Jörg sagt«, »Dass Bernd das Abitur geschafft hat, ist ein *wahres* Wunder«, »Das ist *wahre* Liebe«, »Sein Beruf ist für ihn nicht das *Wahre*«, »Sag die *Wahrheit*!«, »Dies ist die Stunde der *Wahrheit*«: In diesen Sätzen treten *wahr* und *Wahrheit* in je unterschiedlicher Bedeutung auf. Deutlich wird dies durch die Verwendung von Synonymen oder Formulierungen, die propositional gleichbedeutend sind. So kann man statt *wahre Liebe* auch *echte Liebe* sagen, und *Das ist die Stunde der Wahrheit* bedeutet soviel wie *Das ist die Stunde, in der sich zeigt, wie es sich wirklich verhält*.

3. Ein effektives Verfahren zur Ermittlung von Homonymien ist die Übersetzung eines Begriffs in eine Fremdsprache. *Himmel* heißt

im Englischen sowohl *heaven* als auch *sky*, *Glück* sowohl *luck* als auch *happiness*. Die bei Schülern oft zu Verwirrung führende Doppeldeutigkeit von *Bürger* wird sichtbar durch die Übertragung ins Französische, wo die Begriffe *bourgeois* und *citoyen* keinen Zweifel daran aufkommen lassen, dass hier ein gravierender Unterschied vorliegt. Eine breite Palette von Übersetzungsmöglichkeiten bietet *Bedeutung*, dessen englische Entsprechungen lauten: *signification*, *meaning*, *sense*, *acceptation*, *importance*, *consequence*, *weight*; die Rückübersetzung erbringt das Spektrum der Bedeutungen von *Bedeutung*.

3. Das uneigentliche Sprechen

Hilfreich für den angemessenen Umgang mit der Mehrdeutigkeit des Sprechens ist auch das Wissen, wie Mehrdeutigkeit – über das schon Gesagte hinaus – zustandekommt. Erzeugt wird sie u.a. durch die jeder natürlichen Sprache eigene Möglichkeit des uneigentlichen Sprechens, durch die Möglichkeit also, etwas nicht wörtlich zu meinen. Im konkreten Vollzug der Sprache erhält ein Ausdruck eine neue Bedeutung. Diese muss durch einen Deutungsakt – der auch fehlgehen kann – eigens erschlossen werden. Die neue Bedeutung kann durch Verblassen der Ursprungsbedeutung in den Wortschatz einer Sprache eingehen. Zum uneigentlichen Sprechen gehören in erster Linie das metaphorische und das metonymische Sprechen.

3.1 Metaphorik

Zunächst soll von der *elementaren Metaphorik* die Rede sein. Was ist gemeint? Wenn vom Licht der Vernunft, vom blinden Zusammenwirken der Einzelkräfte und vom Leben als einer Schiffsreise die Rede ist und wenn die Welt als Buch, der Mensch als Maschine und das Gehirn als Computer bezeichnet werden, so handelt es sich um Metaphern.

Metaphern kommen dadurch zustande, dass ein Begriff auf einen anderen Bereich übertragen wird. Metaphern sind, so heißt es, gekürzte Vergleiche, gekürzt nämlich um die Vergleichspartikel

»so« – »wie«. Diese Bestimmung ist zwar nicht ausreichend, aber für den ersten Zugang zu diesem Phänomen durchaus brauchbar.

Die metaphorische Formulierung »Dieser Mann ist ein Bär« ist dadurch möglich, dass zwischen Mann und Bär eine Ähnlichkeit besteht, etwa die Körpergestalt, das Kraftvolle, aber vielleicht auch das Brummige und Tapsige. Dieses Gemeinsame, eine Schnittmenge von Merkmalen, wird als das »tertium comparationis«, »das Dritte des Vergleichs« bezeichnet. Es beinhaltet den Vergleichspunkt, besser – da es sich meist um mehrere Merkmale handelt – den Vergleichs*bereich*.

Weniger geläufig, aber in dem Begriff *tertium comparationis* enthalten, sind die Begriffe *primum comparationis* – damit wäre der Mann gemeint – und *secundum comparationis*, womit der Bär zu bezeichnen wäre. Statt dieser beiden Begriffe werden meist die Begriffspaare *Sache* und *Bild*, *Sachebene* und *Bildebene* oder *Sachsphäre* und *Bildsphäre* benutzt. Hin und wieder findet sich auch das Begriffspaar *Bildempfänger* und *Bildspender*. In dem genannten Beispiel ist *Mann* der Bildempfänger und *Bär* der Bildspender.[18]

Metaphern sind in sprachlichen Äußerungen fast allgegenwärtig. Meist sind es unbemerkt verwendete, als solche kaum noch erkennbare, nämlich »verblasste« Metaphern, die zum Redealltag gehören; man denke an die zum Bereich des Erkennens gehörigen Begriffe *Vorstellung*, *Grund*, *Aspekt*, *schließen*, *begreifen*, *erfassen*, *klar* und *einleuchtend*. Von ihnen zu unterscheiden sind die bewusst verwendeten Metaphern: Hier ist es dem Sprecher und – meist – auch dem Hörer bewusst, dass ein Ausdruck nicht wörtlich zu nehmen, sondern »übertragen« gemeint ist.

Eine wichtige Funktion metaphorischer Rede besteht darin, dort Formulierungsmöglickeiten zu bieten, wo es an Begriffen für das Erfassen eines Gegenstandes oder Gegenstandsbereichs fehlt. Sie hat daher eine besondere Bedeutung bei einem wissenschaftlichen oder philosophischen Paradigmenwechsel. Metaphern haben eine erschließende Funktion und eröffnen gegebenenfalls einen Forschungsbereich. Dieser Bedeutung von Metaphern nachzugehen, ist

---

18 Vgl. Gerhard Kurz u. Theodor Pelster, *Metapher*, Düsseldorf 1976, 70 ff.

eine lohnende Aufgabe für wissenschafts- und philosophiegeschichtliche Untersuchungen.[19]

In diesem Zusammenhang lässt sich die Ergiebigkeit von Metaphern dadurch ausloten, dass man im Rahmen der jeweils vorgegebenen metaphorischen Redeweise weitere, in ihr implizierte Metaphern freilegt. Die Berechtigung der Auffassung, das Experiment sei eine *Frage* an die Natur, kann dadurch untersucht werden, dass weiter gefragt wird, »welche Sprache denn die Natur spreche; ob sie schweigen könne, obwohl gefragt; ob und wie sie zum Sprechen gezwungen werden könne; ob sie die Wahrheit sage; ob ihre Antworten verständlich seien«.[20]

Neben ihrer heuristischen, also positiv zu wertenden Bedeutung bietet die metaphorischen Rede als Form uneigentlichen Sprechens Anlass zu Missverständnissen, Fehldeutungen und Verführungen des Denkens durch die Sprache. Soll dies im Unterricht zur Sprache kommen, muss man den Schülern Folgendes bewusst machen:

– Metaphorische Rede ist uneigentliche Rede, sie kann aber auch gegen die Intention des Sprechers wörtlich genommen und damit missverstanden werden. So musste Darwin Mühe darauf verwenden, das Missverständnis abzuwenden, die Ausdrücke »Kampf ums Dasein« und »natürliche Zuchtwahl« seien wörtlich zu verstehen.[21]

– Metaphern haben die Tendenz, zu verblassen und schließlich zu Begriffen zu werden, die wörtlich zu nehmen sind. Wer denkt etwa bei den Begriffen *Rücksicht*, *Umsicht*, *Vorsicht* und *Hinsicht* noch an die ursprüngliche Bedeutung und ihre metaphorische Verwendung? Allerdings enthalten Begriffe, die aus Metaphern entstanden sind, oft noch Bildreste, die eine Wirkung auf das Verständnis einer Sache und ihrer Bewertung ausüben können. Wird ein Ministerpräsident als *Landesvater* bezeichnet, so schwingen auch dann,

---

19 Tobias Voss, »Evolutionsmetaphern. Vorschläge zu einer Lektüre Darwins im Philosophieunterricht«, in: *Zeitschrift für Didaktik der Philosophie* 7, Heft 4 (1984), 241-248.

20 Georg Schöffel, »In Metaphern verstrickt«, in: *Zeitschrift für Didaktik der Philosophie* 10, Heft 3 (1988), 143-149.

21 T. Voss, »Evolutionsmetaphern. Vorschläge zu einer Lektüre Darwins im Philosophieunterricht«.

wenn der Sprecher nur eine synonyme Variation des Ausdrucks beabsichtigt, positive Momente wie Fürsorglichkeit und Güte mit.

– Das Verstehen einer Metapher setzt ein Doppeltes voraus: Zunächst muss die wörtliche Bedeutung des metaphorisch gebrauchten Ausdrucks verstanden werden. Dazu bedarf es der Sachkenntnisse. Wird der Mensch als *Wolf* bezeichnet, so muss man wissen, in welcher Zeit dies gesagt wird und welche Vorstellungen vom Wolf beim Sprecher vorauszusetzen sind. Im 17. Jahrhundert waren die mit *Wolf* verbundenen Konnotationen andere als heute, in denen die Verhaltensforschung viele Vorurteile beseitigt hat. Wenn Hobbes sagt: »Homo homini lupus«, dann muss zum Verständnis der Metapher zunächst dessen Vorstellung vom Wolf untersucht werden.

Sodann muss erfasst werden, welche Merkmale des als Metapher gebrauchten Begriffs dem primären Gegenstand zugesprochen werden. Jede Metapher enthält mehr, als vom Sprecher gemeint ist, es darf also nicht zuviel übertragen werden. Es ist aber auch möglich, dass die Metapher nur verkürzt gedeutet wird. Zum richtigen Verstehen einer Metapher gehört also in Abhängigkeit vom Kontext ein Treffen der rechten Mitte zwischen einem Zuviel und Zuwenig.

– Keineswegs alle, aber die meisten Metaphern zeichnen sich durch Anschaulichkeit aus. Dadurch besitzen sie Einprägsamkeit, Eingängigkeit und eine starke Überzeugungskraft. Sie suggerieren daher manchmal eine Problemlösung, wo nur eine eindrucksvolle Formulierung vorliegt, und sie verführen dazu, dass auch dann an ihnen festgehalten wird, wenn ihre sinnvolle Verwendung schon zweifelhaft geworden ist. So wird über Jahrhunderte an der Metapher *Spiegel* für den menschlichen Geist festgehalten und das Erkennen als *Widerspiegelung* der Wirklichkeit aufgefasst, obwohl früh gesehen wurde, dass die Spiegelmetapher der Kreativität und Spontaneität des Geistes nicht gerecht wird.[22]

– Metaphern können besser und schlechter sein. Sie können eine Sache unter neuen Aspekten erscheinen lassen, so dass bisher nicht gesehene Züge sichtbar werden, sie können aber auch die Sache in einem falschen Licht zeigen und so dazu beitragen, dass die Erkenntnis der Sache verfehlt wird. Der Ausdruck *psychophysischer*

---

22 Vgl. Friedrich Kainz, *Über die Sprachverführung des Denkens*, Berlin 1972, 131 ff.

Parallelismus geht von dem aus der Geometrie stammenden genau definierten Begriff *parallel* aus. Als Metapher ist der Begriff *parallel* überall da sinnvoll, wo die Gleichordnung oder der Gleichlauf ähnlicher Gegebenheiten oder Phänomene beschrieben werden soll. Er verfehlt die Sache aber, wo kategorial Unterschiedliches vorliegt, wie dies bei dem Psychischen und dem Physischen der Fall ist.[23] Fragwürdige Metaphern sind auch: *Abdruck eines Siegels im Wachs* für Erinnerung, *tabula rasa* für den anfänglichen Zustand des Geistes, *Holograph* als Bezeichnung für das Gehirn, *Uhr* als Bild der Welt und *nackter Affe* als Charakterisierung des Menschen. Alles andere als harmlos sind die Staatsmetaphern *Organismus*, *Körper*, *Familie*, *Schiff*, *Boot* und *Maschine*.[24]

Die Fragwürdigkeit von Metaphern kann nur dadurch sichtbar werden, dass a) der volle Gehalt des als Metapher verwendeten Begriffs untersucht wird, b) der Primärgegenstand analysiert wird und c) das vom Sprecher wahrscheinlich gemeinte »tertium comparationis« mit der Sache selbst verglichen wird.

Folgende Fragen kann man den Schülern für die Analyse von Metaphern an die Hand geben:

1. Wird der vorliegende Begriff wörtlich oder metaphorisch gebraucht? Ergibt sich aus dem Wörtlich-Nehmen eines Begriffs eine Ungereimtheit, die bei der Deutung als Metapher verschwindet?

2. Wenn der Begriff wörtlich gebraucht wird: Enthält er vielleicht noch Bildreste, die eine Wirkung auf die Konnotationen haben?

3. Wenn es sich um eine Metapher handelt: Wie ist der Begriff selbst, der als Metapher verwendet wird, genau zu verstehen? Spielt die Zeit, in der der Begriff metaphorisch verwendet wurde, für seine Bedeutung eine Rolle?

4. Welche Merkmale hat die Sache, auf die die Metapher angewendet wird?

5. Welche Merkmale bilden das tertium comparationis, also die »Schnittmenge« zwischen Sache und Metapher? Wieweit ist die Berücksichtigung des Kontextes notwendig für die Bestimmung der Vergleichspunkte?

---

23 Ebd., 125 ff.
24 Vgl. Gerhard Kurz, *Metapher, Allegorie, Symbol*, Göttingen 1993, 25 ff.

6. Haben die Merkmale, die nicht übertragen werden, gleichwohl eine Wirkung auf Hörer oder Leser?

7. Ist die Metapher der Sache angemessen: Macht sie sichtbar, was sonst leicht übersehen würde, oder führt sie auf eine falsche Fährte?

8. Lässt sich sinnvoll mit der Metapher weiterarbeiten, indem man aus ihr weitere Metaphern entwickelt und ihre Anwendung ausprobiert?

Während oben von einzelnen Begriffen die Rede war, die als Metaphern verwendet werden, soll noch von der *komplexen Metaphorik* gesprochen werden, wie sie bei Bild, Symbol, Gleichnis, Parabel, Fabel und Personifikation vorliegt. In all diesen Fällen liegt auch eine nicht wörtlich zu nehmende Rede vor, hier muss vom Leser oder Hörer die vom Sprecher intendierte Übertragung nachvollzogen werden. Es gilt hier weitgehend das oben zur Einzelmetapher Gesagte. Ein wesentlicher Unterschied zum Gebrauch von Einzelmetaphern liegt darin, dass die Suchrichtung beim Prozess des Verstehens eine andere ist. Während bei der elementaren Metapher vor allem das tertium comparationis erschlossen werden muss, ist bei der komplexen metaphorischen Rede das primum comparationis zu erfragen, also die Sache, auf die sich das Bild bezieht. Beim Gleichnis vom verlorenen Sohn ist zu fragen: Wer ist mit dem Sohn gemeint, wer mit dem Vater, wer ist der neidische Bruder, was bedeutet die Fremde, was das Haus?

Schüler haben oft Schwierigkeiten bei der Entschlüsselung komplexer metaphorischer Rede. Es fehlt ihnen vor allem das Bewusstsein – oder das Gespür – dafür, wie weit man bei der Entschlüsselung des uneigentlich Gesagten gehen *muss* oder wie weit man gehen *darf*. Manche Schüler geben sich mit dem erstbesten Einfall zufrieden, andere aber sehen auch da noch Übertragungsbedarf oder Übertragungsnotwendigkeit, wo es sich nur um Beiwerk, um Hilfskonstruktionen oder um das handelt, was man das Hinkende des Vergleichs nennen könnte.

Oft sind Schüler geradezu verärgert, wenn sie akzeptieren müssen, dass bei der metaphorischen Rede nicht alles glatt aufgeht: Sie meinen, man müsse eine Art mathematischer Gleichung aufstellen können, und halten ein Bild, bei dem dies nicht geht, für missglückt. Aber es gehört grundsätzlich zum metaphorischen Sprechen, dass es ein Plus an Information geben kann, ein Plus gegenüber dem, was eigentlich gemeint ist.

Bei der Besprechung komplexer Bilder wie etwa dem Höhlengleichnis Platos empfiehlt es sich daher, die Elemente des Bildes dem, was mit ihnen jeweils gemeint ist, in zwei Rubriken gegenüberzustellen und die Auflistung der Bildelemente daraufhin zu untersuchen, welche überhaupt übertragen werden müssen und welche nur eine Hilfsfunktion haben.

Um den Schülern bewusst zu machen, was sich – meist unbewusst – abspielt, wenn wir einen bildhaften Text entschlüsseln, und wie wir vorgehen müssen, um der bildhaften Rede gerecht zu werden, d.h. sie voll auszuschöpfen, ohne sie überzustrapazieren, ist es sinnvoll, an einem geeigneten Beispiel die Einzelschritte nachvollziehen zu lassen. Wie dies geschehen kann, soll an einem Text des Chinesen Menzius (371 bis 289) dargestellt werden.

> »Ein Mann aus Sung war traurig darüber, daß sein Korn nicht [schnell genug] wachsen wollte, und so zog er es, Sprößling für Sprößling, in die Höhe. Ganz zerschlagen kam er nach Hause und sagte: »Heute bin ich aber müde. Ich habe dem Korn beim Wachsen geholfen!« Sein Sohn rannte hinaus aufs Feld, und da sah er, daß alle Sprößlinge verwelkt dalagen.«[25]

Diese kleine Geschichte lässt sich vom geübten Leser intuitiv, also ohne große Überlegung, verstehen; dieses schnelle Verstehen setzt aber eine Reihe gar nicht so einfacher geistiger Operationen voraus, die weitgehend unbewusst ablaufen. Im Folgenden werden schematisch und im Zeitraffer die Fragen und Antworten einer Unterrichtsstunde wiedergegeben, die sich mit der Menzius-Geschichte befasste.

Erster Schritt: Ist die Geschichte wörtlich, also nur literal zu verstehen, oder hat sie eine tiefere Bedeutung? Antwort: Sie kann nur bildlich gemeint sein, ist also im übertragenen Sinne zu verstehen. Der Grund für diese Behauptung: Es ist kaum denkbar, dass eine Geschichte nach über zweitausend Jahren erzählt wird, wenn sie nur das unverständliche, nicht einmal ein Lächeln hervorrufende Ver-

---

25 Aus: Wolfgang Bauer, »Ackerbau im Paradies. Glücksvorstellungen im Alten und im Neuen China«, in: *Was ist Glück? Ein Symposion*, München 1976, 179.

halten eines Dummkopfes beinhaltet. Außerdem ist ganz unwahrscheinlich, dass es diesen Fall überhaupt einmal gegeben hat: Auch der dümmste Bauer kommt nicht auf solche Gedanken. Also hat der Erzähler sich etwas dabei gedacht, was man erst durch Nachdenken herausbekommen kann.

Zweiter Schritt: Wenn die Geschichte bildlich gemeint ist, wo liegt dann der Kern und was ist unwesentlich? (Um diese Frage beantworten zu können, muss man die Geschichte schon, zumindest im groben Sinne, verstanden haben. Es liegt also ein durchaus übliches hermeneutisches Problem vor.) Antwort: Der Kern besteht offenbar in dem befremdlichen Verhalten des Mannes und den entsprechenden Folgen. In den Blick zu nehmen ist, dass ein Mann an Pflanzen zieht, damit sie schneller wachsen, und dass er damit gerade das Gegenteil dessen erreicht, was er will: Er bringt sie sogar zum Verdorren. Unwesentlich und daher auszublenden sind: Alter und Aussehen des Mannes, die Heimkehr, die Hütte oder das Haus, der Sohn und das Hinauslaufen des Sohnes auf das Feld.

Dritter Schritt: Wie muss man vorgehen, um herauszubekommen, was mit dem befremdlichen Geschehen gemeint ist? Antwort: Man kann unmittelbar Überlegungen zu den Bereichen anstellen, auf die die Geschichte zu übertragen ist. Günstiger dürfte es aber sein, zunächst eine wesentlich abstraktere Formulierung für das Geschehen zu finden. Die Formulierung »menschliches Fehlverhalten« wäre nicht falsch, aber zu allgemein. Angemessen dagegen: Mit dem Mann ist ein handelnder Mensch überhaupt gemeint, das Korn bedeutet alles, was eine eigene Zeit braucht, um sich zu entwickeln. Das Hochziehen der Pflanzen bedeutet den gewaltsamen, von Ungeduld bestimmten Versuch, die gewünschte Entwicklung zu beschleunigen. Und das Verdorrtsein der Pflanzen bedeutet die Zerstörung, die Vernichtung dessen, was sich entwickeln soll.

Mit diesem Resultat könnte man sich zufrieden geben. Aber: was hier erarbeitet wurde, ist nur eine Abstraktion, nur die Schnittmenge zwischen dem Bild und der Sache, also das, worin Bild und Sache äquivalent sind. Zu suchen ist demnach noch der Bildempfänger.

Vierter Schritt: Auf welche Vorgänge, Geschehnisse, auf welche Bereiche trifft zu, dass der gewaltsame Versuch, eine Entwicklung zu beschleunigen, zur Zerstörung führt? Es muss also das primum comparationis gefunden werden. Genannt werden kann zunächst der gesamte Bereich der Natur: Hier kann man nur Schaden anrichten, wenn man gewaltsam vorgeht. Aber auch andere Bereiche müssen hinzugezogen werden: erstens der enge Bereich der Erziehung – hier ist die Parallele zwischen den Pflanzen und den Zöglingen besonders deutlich –, zweitens der Bereich der Beziehung zwischen den Menschen überhaupt: Wer Liebe, Freundschaft, Vertrauen erzwingen will und nicht die Geduld aufbringt, darauf zu warten, dass hier etwas eigengesetzlich »wachsen« muss, der zerstört oder beeinträchtigt, was er doch eigentlich schaffen möchte. Drittens: Geduld muss man aber auch bei der Entwicklung von Fertigkeiten haben, sei es Klavierspielen oder die Beherrschung einer Fremdsprache; wer dies nicht bedenkt, verliert bald Lust und Mut; er gibt auf, und ein mögliches Talent bleibt unentfaltet. Der Mensch muss also auch Geduld mit sich selbst haben, wenn er etwas erreichen will.

Mit dieser Erschließung der dem Text entsprechenden Sachbereiche vom tertium comparations her und dem Vollzug der Übertragung ist die Deutung des kleinen Textes an ein Ende gekommen.

Die Schritte der Erschließung in Kurzfassung: 1. Überprüfung, ob es sich bei der Geschichte um die Darstellung eines möglichen konkreten Verhaltens, das wörtlich zu verstehen ist, oder aber um einen bildlich zu verstehenden Text handelt. 2. Erfassen dessen, was genau übertragen werden muss, was also für die Aussage des Textes relevant ist. 3. Verallgemeinerung des relevanten Geschehens; es muss eine Art Oberbegriff gefunden werden, der alle wesentlichen Momente beinhaltet. 4. Da das gefundene Allgemeine nur das tertium comparationis enthält, müssen die Bereiche ausfindig gemacht werden, auf die das allgemein Formulierte zutrifft. Damit die Tragweite der Textaussage und ihre Berechtigung überprüft werden können, müssen dann auch entsprechende konkrete Situationen durchgespielt werden.

Für die Weckung von Methodenbewusstsein dürfte eine solche Erarbeitung, die schrittweise vorgeht, nur zu Beginn der Beschäftigung mit Metaphorik notwendig sein.

3.2 Metonymik

Wenig bekannt ist den Schülern das Phänomen der Metonymie, der »Namensvertauschung« oder »Umbenennung«.[26] Hier findet innerhalb eines Sachbereichs eine Art Verschiebung des Wortgebrauchs statt, insofern beispielsweise das Wort für das Gefäß dem Inhalt (»Das *Stadion* tobte«), das Wort für das Material dem aus diesem Material bestehenden Gegenstand (»Er zog das *Eisen*«) oder das Wort für ein Kollektivabstraktum dem Konkretum zugesprochen wird (»Die *Jugend* revoltierte gegen die Alten«). Günther Patzig nennt diese Art der Mehrdeutigkeit »systematische Äquivokation«.[27] Da hier von Systematik nicht die Rede sein kann, dürfte der Ausdruck »Äquivokation der Beziehung« treffender sein, der sich in einer alten Logik findet, wo es in Anlehnung an Aristoteles heißt:

> »Überaus leicht irreführend sind viele *Äquivokationen der Beziehung*, bei welchen wesentlich verschiedene Beziehungen zu einem und demselben Hauptvorstellungsinhalt zwar mitgemeint, aber nicht sprachlich angedeutet sind. Z.B. *Gesund* ist zunächst der Leib; in Beziehung auf ihn nennen wir die Speise, die Luft, den Spaziergang gesund, welche gesund *erhalten*, die Arznei, die gesund *macht*, die Gesichtsfarbe, welche Gesundheit *anzeigt*.«[28]

Analoges gilt für das Adjektiv *kritisch*, insofern ein kritischer Mensch auf andere Weise kritisch ist als eine kritische Bemerkung, ein kritischer Zustand, ein kritischer Apparat, eine kritische Ausgabe oder – wie in der Physik – eine kritische Masse.

Da die Metonymie eine Form uneigentlichen Sprechens innerhalb eines Sachbereichs ist und daher von vornherein eine enge Beziehung zwischen den Wortbedeutungen besteht, führt das metonymische Sprechen leicht zu Fehldeutungen. Ein Exkurs ist im Unterricht bei passender Gelegenheit sinnvoll. Dabei muss nicht nur der Begriff der Metonymie geklärt werden, sondern es sollten auch ver-

---

26 Vgl. Gero von Wilpert, *Sachwörterbuch der Literatur,* Stuttgart 1958, 369 (»Metonymie«).
27 G. Patzig, *Sprache und Logik*, 29.
28 Alois Höfler, *Grundlehren der Logik*, Leipzig, Wien 1907, 6 f.

schiedene Arten der Beziehung zwischen der ursprünglichen Bedeutung eines Wortes und dem uneigentlichen Gebrauch verdeutlicht werden. Es gibt drei Gruppen, die Aufmerksamkeit verdienen.

1. Oft werden ein Prozess und das Resultat des Prozesses mit demselben Wort bezeichnet. Zwar bedeutet *Produktion* als Verbalabstraktum den Vorgang des Produzierens, aber auch das Ergebnis wird als Produktion bezeichnet; so kann man von der Produktion eines Jahres sprechen und meint damit das in einem Jahr Produzierte. Entsprechendes gilt für die Begriffe »Schluss« (es kann das Schließen und das Erschlossene gemeint sein), »Denken« (das »Denken der Antike« bezeichnet auch das, *was* gedacht wurde) und für »Bau«, »Arbeit«, »Bildung«, »Vorstellung« und »Wahrnehmung«.

2. Mit demselben Wort bezeichnet man sowohl eine Sache als auch die – im weitesten Sinne – Darstellung der Sache. Es handelt sich hier um eine Metonymie, die zwischen Objekt- und Metaebene stattfindet.

Es verwundert den Lehrer zunächst, wenn Schüler, aufgefordert zu definieren, was ein Mythos ist, sagen, Mythen seien Götter oder Helden. Zwar bedeutet *Mythos* eigentlich die *Erzählung* von Göttern, Helden und ähnlichem, aber Formulierungen wie »der Mythos Marilyn Monroe« oder »James Dean wurde zum Mythos« veranlassen die Schüler, dasjenige, *wovon* Mythen handeln, ebenfalls als Mythen zu bezeichnen. Ähnliches gilt für den Begriff *Legende*. Weitere Beispiele: *Geschichte* als *res gestae* und *historia rerum gestarum*, *Logik* als Lehre vom richtigen Denken und als Struktur und Eigendynamik einer Sache und »Ästhetik« als Wissenschaft vom Wahrnehmen, vom Schönen oder von der Kunst und als eine bestimmte Beschaffenheit eines Gegenstandes, z.B. eines Gebäudes.

3. Eine Metonymie liegt auch vor, wenn der Träger einer Eigenschaft oder Fähigkeit mit dem betreffenden Abstraktum selbst bezeichnet wird. So kann man eine Frau, die schön ist, als Schönheit oder etwas Sehenswertes als Sehenswürdigkeit bezeichnen. Diese Art metonymischen Sprechens dient einer Aufwertung.

Ähnlich verfährt man mit dem Begriff *Wahrheit*, wenn man ihn – durchaus dem üblichen Sprachgebrauch folgend – auf Aussagen oder Aussagensysteme anwendet. »Sag die Wahrheit«, so heißt es, gemeint aber sind Aussagen, die wahr sind. Eine Übersetzung ins

Lateinische zeigt, dass *Wahrheit* in der Tat doppeldeutig ist. »Die Wahrheit sagen« heißt übersetzt »verum dicere«, also sagen, was wahr ist.

Man muss im Unterricht nicht alle Arten der Metonymie besprechen. Zu untersuchen ist aber, welche Funktionen sie haben kann. Die Metonymie dient der Bequemlichkeit, indem sie Gemeintes verkürzt ausdrückt; hier gibt es harmlose und durchaus gefährliche Varianten. Dass man jemanden, der auf tragische Weise existiert, eine tragische Existenz nennt, mag angehen, wenn jedoch Philosophen das Seiende als »das Sein« bezeichnen – trotz der ontologischen Differenz –, dann liegt offenbar eine sprachliche Schluderei vor, wo man ein eigentliches Sprechen erwarten sollte. Die Metonymie dient ferner der Intensivierung der Rede bis zum Pathos. Ausdruck eines emphatischen Sprechens ist der Gebrauch der Metonymie bei Hans Jonas, in dessen Texten sich Formulierungen finden wie »die Macht ist verantwortlich«, »die bloße Selbstsucht der Macht« und »das Gewissen der Macht«.[29] Gemeint kann hier nur sein, dass der Mächtige, also der Träger der Macht, verantwortlich ist und dass man dem Mächtigen Selbstsucht und Gewissen zusprechen kann.

Der Verschleierung dient die Metonymie, indem einerseits als anonym dargestellt wird, was auf konkrete Personen zurückgeführt werden sollte, andererseits dort personalisiert oder gar heroisiert wird, wo gerade nicht nur einzelne Personen am Werk sind. Wenn es etwa heißt »Die Wirtschaft (die Industrie, die Politik, die Wissenschaft, die Technik) verschärfte die Krise«, dann fragt sich doch, wer genau die Verantwortlichen sind, während ein Satz wie »Napoleon schuf den Code civil« an das berühmte Brecht-Gedicht »Fragen eines lesenden Arbeiters« erinnert, in dem es heißt: »Der junge Alexander eroberte Indien./ Er allein? Cäsar schlug die Gallier./ Hatte er nicht wenigstens einen Koch bei sich?«[30]

Es dient der Klarheit des Denkens und Erkennens sowie der Verständlichkeit der Rede, wenn überall da, wo es auf den präzisen Ausdruck ankommt, statt des Metonyms der wörtlich zu verstehende Ausdruck gewählt wird.

---

29 Hans Jonas, *Das Prinzip Verantwortung*, Frankfurt/M. 1984, 174 f.
30 Bertolt Brecht, *Hundert Gedichte*, Berlin 1962, 103.

Die ebenfalls zur uneigentlichen Rede gehörenden sprachlichen Mittel Ironie, rhetorische Frage, Scheintautologie (»Jungen sind Jungen.«), Übertreibung und Understatement machen gewöhnlich keine Schwierigkeiten.

Als praktikabel für das Sprechen über die uneigentliche Rede hat sich als Begriffspaar *expliziter Sinn* und *impliziter Sinn* bewährt, das den Unterschied zwischen dem unmittelbar Gesagten und dem mit ihm Gemeinten bezeichnet.

4. Analyse von Sprechakten

Die Vieldeutigkeit sprachlicher Äußerungen hat neben dem bisher schon Gesagten eine weitere Quelle. Sie gründet auch darin, dass Sprechen und Schreiben immer auch eine Art Handeln bedeutet, und dies in einem mehrfachen Sinne. Die Frage »Was bedeutet diese Äußerung?« muss sich nicht immer auf die Semantik beziehen, sie kann auch die Akte meinen, die in eins mit der Äußerung oder durch sie vollzogen werden. Die Bestimmung der Art des im Sprechen oder Schreiben vollzogenen Tuns gehört zum Verstehen, sie stellt eine eigene, zuweilen recht anspruchsvolle Interpretationsleistung dar.[31]

Im Folgenden sollen nicht ausgeformte Sprechakttheorien, ihre scharfsinnigen Untersuchungen, Streitpunkte, Spitzfindigkeiten und ihre bedenkenswerten Ergebnisse dargestellt werden, vielmehr geht es um elementare Kenntnisse und Methoden, die für die Sprechaktanalyse unverzichtbar sind. Hier genügt es für die Vermittlung von Methodenkompetenz vollauf, im Unterricht mit Hilfe konkreter Beispiele grundlegende Kategorien zu besprechen und ihre Anwendung zu üben.

---

31 Eine vorzügliche Einführung in die Sprechakttheorien bietet: Eike von Savigny, *Die Philosophie der normalen Sprache*, Frankfurt/M. 1974, 127-166. Erhellend ist auch: Wolfgang Stegmüller, *Hauptströmungen der Gegenwartsphilosophie*, Bd. 2, Stuttgart 1975, 64 ff.: »Theorie der Sprechakte: J.L. Austin und J.R. Searle«.

4.1 Einführung und Terminologie

Es empfiehlt sich, bei der Einführung in das Thema Sprechakte von einem aus dem Unterricht geläufigen Satz auszugehen, etwa von dem Satz »Der Mensch ist das vernünftige Lebewesen« und ihn in den Blick zu nehmen. Es wird sich dabei herausstellen, dass der Leser oder Hörer zunächst primär auf das achtet, *was* gesagt wird, auf den Inhalt. Es kann aber auch gefragt werden, welche Rolle dieser Satz in einer bestimmten Situation oder einem bestimmten Text spielt. Oder anders: was tut derjenige, der den Satz äußert, abgesehen davon, dass er spricht oder schreibt?

Den Schülern leuchtet ein: Je nach Zusammenhang kann man die Äußerung des genannten Satzes als Definition, als Begründung, als Antwort oder als Einwand auffassen; ihre Bedeutung – im nichtsemantischen Sinne – kann also recht unterschiedlich sein. Wird nun nach der Wirkung gefragt, die durch die Äußerung des Satzes und die ihr zugedachte Rolle auf den Hörer oder Leser ausgeübt wird, so können die Antworten lauten: Je nach Zusammenhang überzeugt, überrascht, irritiert die Äußerung oder macht nachdenklich.

Da der Sprecher in den meisten Fällen nicht beifügt, wie er seine Äußerung verstanden haben will und welche Wirkung er beabsichtigt, muss der Adressat selbst herausfinden, welche Handlungen vollzogen werden.

Folgende Termini sollten den Schülern bei der Einführung vermittelt werden.

Der Inhalt einer Äußerung, das, *was* gesagt wird und auch anders formuliert werden könnte, wird als *Proposition* bezeichnet.

Die bloße Äußerung, sei sie schriftlich oder mündlich, nennt man *Lokution* oder *lokutionärer Sprechakt.*

Das aber, was jemand tut, *indem* er sich äußert – er definiert, begründet, antwortet oder formuliert einen Einwand –, wird als *Illokution* oder *illokutionärer Sprechakt* bezeichnet. Die Verben, mit denen man illokutionäre Sprechakte bezeichnet, heißen *performative Verben.* Wenn ein Sprecher selbst die Illokution benennt, die er vollziehen möchte, so spricht man von einer *explizit performativen Äußerung.*

Als *Perlokution* oder *perlokutionärer Sprechakt* wird der Akt bezeichnet, durch den eine Wirkung auf den Angesprochenen herbeigeführt wird, indem bestimmte Gedanken, Gefühle, Einstellungen und Handlungen ausgelöst werden: Der Sprecher schüchtert ein, weckt Begeisterung, überredet, ruft Empörung hervor, beschwichtigt, ermuntert, stachelt auf, regt zum selbständigen Denken an u.a.

Der illokutionäre Akt setzt den lokutionären Akt voraus und der perlokutionäre den illokutionären.[32]

4.2 Erarbeitung performativer Ausdrücke

Wenn der Lehrer einige performative Verben als Beispiele vorgibt, fällt es den Schülern gewöhnlich nicht schwer, einen Katalog solcher Verben aufzustellen, da sie ihnen – in einer allerdings unreflektierten Weise – durchaus vertraut sind. Ein Hinweis auf die Nachrichten im Radio oder die indirekte Wiedergabe von Politikeräußerungen in der Presse hilft ihnen, sich zu erinnern. Die folgenden Beispiele können Anstöße zu weiteren Entdeckungen geben.

Alltägliches Sprechen lässt sich mit Verben wie *behaupten, entgegnen, widersprechen, zustimmen, verneinen, fragen, danken, bitten, sich entschuldigen, zugeben* oder *fordern* beschreiben.

Philosophen beziehen sich oft auf Texte, auf eigene und die anderer Philosophen, und vollziehen dabei Akte unterschiedlicher Art: Sie *zitieren, referieren, verweisen, wiederholen, interpretieren, erklären, erläutern, kritisieren, problematisieren* und *fassen zusammen*.

Texte der Philosophie zeichnen sich außerdem dadurch aus, dass hier *argumentiert, begründet, bewiesen, definiert, analysiert, konkretisiert, abstrahiert, verallgemeinert, abgeleitet, gefolgert, geschlossen, falsifiziert, verifiziert, bewertet* und *geurteilt* wird.

Nicht immer kann man den Sprechakt mit einem bloßen Verb bezeichnen, oft sind komplexere Ausdrücke notwendig, zum Beispiel: *eine Analogie sichtbar machen, einen Syllogismus aufstellen,*

---

32   Vgl. E. Runggaldier, *Analytische Sprachphilosophie*, 46.

eine Bedingung (einen Zweck, eine Folge, eine Ursache …) angeben, einen Vorschlag machen, einen Einwand vortragen.

Es ist sinnvoll, Sequenzen von Sprechakten, die zusammengehören, als übergreifende Sprechakte zu charakterisieren, z.B.: – *mit Hilfe eines Gedankenexperiments die Reichweite eines moralischen Gebots überprüfen,* – *einen Mythos erzählen, um das Verständnis eines schwierigen Sachverhalts zu erleichtern,* – *eine Verhaltensweise phänomenologisch beschreiben,* – *an Beispielen die Methoden der Sprachanalyse verdeutlichen.*

Eine gemeinsam erstellte Liste mit performativen Ausdrücken ist den Schülern eine Hilfe für das Entdecken von Sprechakten und das Finden angemessener Benennungen. Ungeübten Schülern fällt gewöhnlich nicht mehr ein als »Der Autor sagt …« oder »Der Autor behauptet …« (schlimmer noch: »Der Autor meint …«).

4.3 Bestimmung von Sprechakten

Wenn die Schüler über das hier notwendige Vokabular verfügen, macht es ihnen gewöhnlich keine große Mühe, die Sprechakte sprachlicher Äußerungen zu bestimmen.

In vielen Fällen zeigen Indikatoren an, wie eine Äußerung zu verstehen ist. Solche Indikatoren sind: unterordnende Konjunktionen (*weil, wenn, obwohl, so dass, während* u.a.), nebenordnende Konjunktionen (*aber, denn, folglich, deshalb, dazu* u.a.), Adverbien (*vielleicht, schwerlich, keineswegs, nur, dadurch, allerdings* u.a.), Verbmodus (Indikativ, Konjunktiv) und die Wortstellung (*Geregnet hat es gestern – Hat es gestern geregnet*).

Bei gesprochener Rede spielen außerdem paraverbale Elemente wie Lautstärke oder Tonhöhe sowie extraverbale Mittel wie Mimik, Gestik oder Körperhaltung eine Rolle für die Bestimmung der Sprechakte.

Zu beachten ist, dass die Form einer Äußerung nur bedingt eine zuverlässige Aussage über ihre illokutionäre Rolle ermöglicht. So können Fragesätze als Aussagen oder sogar Aufforderungen und Aussagesätze als barsche Befehle gemeint sein.

4.4. Der Sinn der Beschäftigung mit Sprechakten

Den Schülern muss bei passender Gelegenheit – also anlässlich eines Missverständnisses, bei der kritischen Untersuchung eines Textes oder vor der Anfertigung einer schriftlichen Aufgabe – deutlich gemacht werden, wozu es gut ist, über Sprechakte zu reden und ihre Bestimmung einzuüben. Hier können folgende Gründe angeführt werden:

– Bestimmte Missverständnisse, die sich beim Umgang der Schüler mit Texten, aber auch in Unterrichtsgesprächen immer wieder beobachten lassen, werden durch die Beschäftigung mit Sprechakten vermieden oder zumindest reduziert. Schüler bemerken oft nicht, dass der Autor in einer Textpassage lediglich die Auffassung *anderer* referiert, aber nicht seine *eigene* Auffassung äußert. Auch verwechseln sie zuweilen eine bloße Vermutung mit einer These, eine Bewertung mit einer Behauptung, die Äußerung einer Hoffnung mit einer Prognose oder eine Hypothese mit einer sicheren Prämisse.

– Wichtig ist die Vermeidung solcher Missverständnisse im Gespräch und bei der Erörterung eines Textes, da die mögliche Reaktion auf eine Formulierung anders ausfallen muss, je nach dem, ob es sich um eine scherzhafte Nebenbemerkung, eine apodiktisch vorgebrachte Behauptung, eine Vermutung, um einen nebensächlichen Exkurs, um das Erwägen einer Möglichkeit oder um ein bloßes Beispiel handelt, das durch bessere ersetzt werden könnte. Eine differenzierte Wahrnehmung von Illokutionen ist Voraussetzung für eine differenzierte und damit angemessenere Reaktion auf das Gesagte.

– Die Bestimmung der Sprechakte ermöglicht somit auch eine über den bloßen Inhalt hinausgehende umfassendere Textkritik. Wer die Sprechakte beachtet, erkennt leichter, dass Behauptungen aufgestellt, aber keine Begründungen gegeben werden, dass Prämissen bei einer Beweisführung fehlen, dass zwar Beispiele vorgetragenen werden, aber vage bleibt, was sie verdeutlichen sollen, und dass rhetorische Fragen Schwächen in der Argumentation verdecken sollen. Bei der Untersuchung von Sprechakten kann auffallen und befremden, wenn ein philosophischer Texte keine Begründungen enthält, wenn generelle Aussagen auf der Grundlage dürftiger Informationen gemacht werden und wenn die Zustimmung des Lesers statt durch eine stringente Argumentation mit Hilfe rhetorischer Figuren erreicht werden soll.

– Wenn den Schülern eine Art Grundwortschatz für die Benennung von Sprechakten zur Verfügung steht, fällt es ihnen auch leichter, mündlich oder schriftlich ihr eigenes Tun durch explizit performative Äußerungen dem Hörer oder Leser zu verdeutlichen. Wichtig ist dies beim Verfassen von Essays oder Facharbeiten: Der Leser kann sich, wenn der Verfasser selbst sagt, was er jeweils zu tun gedenkt, unmittelbar eine Vorstellung davon machen, was ihn erwartet.

– Unverzichtbar ist der Gebrauch performativer Verben, wenn die Schüler die Aufgabe erhalten, den Inhalt eines Textes wiederzugeben, ihn zu erläutern und eine Stellungnahme zu formulieren. Hier muss Klarheit darüber geschaffen werden, welche Äußerung wem zuzuordnen ist, dem Autor des vorgelegten Textes oder dem Verfasser des Aufsatzes.

Durch die Aufgabe, bei der Wiedergabe des Textes auch die Sprechakte zu bestimmen, ist der Schüler nicht nur gezwungen, sich den vorliegenden Text genau anzuschauen, sondern entgeht auch der Gefahr, dort textfremde Überlegungen vorzutragen, wo er referieren soll, was er vorfindet.

Da ferner bei der Inhaltswiedergabe das Subjekt der Sätze, deren Prädikate performative Verben enthalten, der Autor des zu bearbeitenden Textes ist, entsteht eine Distanz zum Referierten, die dem Schüler die deutliche Trennung von Referat und eigenen Überlegungen erleichtert.

Durch die Bestimmung der Sprechakte fällt es leichter, den vorliegenden Text zu kommentieren und zu beurteilen, da so die Gedankenbewegung des Textes und seine Argumentationsstruktur sowie die Absicht des Autors sichtbar werden. Damit können Stärken und Schwächen des Textes eher erfasst werden als bei einer bloß inhaltlichen Wiedergabe.

Vielleicht tröstet es die Schüler über ihre Mühe hinweg, wenn man ihnen sagt, dass die Bestimmung der Sprechakte eine genuine Interpretationsleistung darstellt, die bei der Bewertung ihrer Arbeit eigens zu beachten ist.

– Die Fähigkeit, bei der Auseinandersetzung mit den Texten anderer performative Verben zu gebrauchen, erleichtert nicht nur das

Sprechen über Texte, sie gehört vielmehr allgemein zum Handwerkszeug wissenschaftlichen Umgangs mit Texten. Der Erwerb dieser Fähigkeit ist also notwendiger Bestandteil von Wissenschaftspropädeutik.

4.5 Anweisungen für die Erschließung von Sprechakten

Zum Vorgehen bei der Sprechaktanalyse kann man den Schülern folgende Ratschläge geben, am besten in Form eines Merkblattes (dabei müsste darauf hingewiesen werden, dass ohne genauere Bestimmung mit »Sprechakt« der illokutionäre Akt gemeint ist):

1. Schauen Sie nach, ob der Sprecher selbst performative Ausdrücke benutzt! Dies kommt zuweilen vor.
2. Überprüfen Sie, ob der Text Indikatoren enthält, die auf bestimmte Sprechakte hinweisen (über- und nebenordnende Konjunktionen, Adverbien, Besonderheiten der Wortstellung usw.)!
3. Erschließen Sie die illokutionäre Rolle von Äußerungen, die keine Indikatoren enthalten, aus dem Kontext oder der Sprechsituation. Fragen Sie sich: »Wie kann der Autor seine Äußerung nur gemeint haben?« Lassen Sie sich durch die Form der Äußerung nicht verwirren! Beispielsweise können Sätze, die der Form nach Fragesätze sind, entgegen dem Anschein auch Aussagen oder Aufforderungen bedeuten.
4. Unterscheiden Sie zwischen elementaren und satzübergreifenden Sprechakten!
5. Wählen Sie zur Benennung von Sprechakten aus der Reihe zutreffender Ausdrücke den genauesten, also statt des blassen *antworten* da, wo dies angebracht ist, *zugeben*, *verneinen*, *bestätigen* oder *einwenden*.
6. Verben wie *vermuten*, *meinen*, *hoffen*, *denken*, *glauben* und *zweifeln* bezeichnen etwas »Innerliches«. Sie bedürfen daher einer Umformulierung, um die entsprechende Illokution auszudrücken: »Der Autor äußert eine Vermutung, er vertritt die Meinung, gibt der Hoffnung Ausdruck, formuliert den Gedanken usw.«
7. Die ausdrückliche Bestimmung der perlokutionären Sprechakte ist nur dann erforderlich, wenn die Absicht des Autors, auf Leser

oder Hörer einzuwirken, in besonderem Maße deutlich oder sogar, wie bei dem Versuch einer Manipulation des Angesprochenen, problematisch ist. Beispiele für Perlokutionen: Der Verfasser weckt Empörung, ruft Begeisterung hervor, irritiert, überredet, überwältigt, suggeriert, bestärkt eine Voreingenommenheit. Man kann auch vom Angesprochenen her formulieren, z.B.: Der Leser wird verunsichert, überzeugt, erhält einen Denkanstoß, fühlt sich in seiner Auffassung bestätigt, ihm werden die Augen geöffnet.

Diese Ratschläge müssen ergänzt werden, wenn die Schüler die Aufgabe bekommen, bei der *schriftlichen* Wiedergabe des Inhalts eines ihnen vorliegenden Textes auch die Sprechakte zu bestimmen und in die Wiedergabe zu integrieren. Also:

8. Es genügt nicht, lediglich Sprechakte zu benennen, vielmehr müssen auch die entsprechenden Inhalte, die Propositionen, mitformuliert werden. Wenn man liest: »Anschließend trägt Kant ein Beispiel vor, das er dann erläutert«, so möchte man doch wissen, welches Beispiel Kant vorträgt und wie er es erläutert.

9. Es müssen keineswegs alle im Text enthaltenen, sondern nur die wesentlichen Sprechakte genannt werden, insbesondere diejenigen, die mehrere Sätze übergreifen. Werden Inhalte ohne performative Einleitung wiedergegeben, sollten sie im Konjunktiv der indirekten Rede formuliert werden. Wörtlich Wiedergegebenes muss in Anführungszeichen gesetzt werden.

10. Die Darstellung der Perlokution findet ihren Platz am besten nach dem Ende der Textwiedergabe, da die beabsichtigte Wirkung selten aus nur einer Äußerung hervorgeht.

Der folgende Text stellt einen Abschnitt der paraphrasierenden Wiedergabe eines Lichtenberg-Textes einschließlich der Nennung der erschlossenen Sprechakte dar. Er soll verdeutlichen, wie ein solcher Sekundärtext formuliert werden kann.

»In dem vorliegenden Text *gibt* Lichtenberg seine Beobachtungen *wieder*, die den Unterschied zwischen dem ›großen Genie‹ und dem ›gemeinen Haufen‹ bzw. dem ›gewöhnlichen Kopf‹ betreffen. Zuerst *charakterisiert* der Autor den ›gewöhnlichen Kopf‹: Dieser sei stets der ›herrschenden Meinung und der herrschenden Mode konform‹, er halte den je-

weiligen Zustand ›für den einzig möglichen‹ und verhalte sich
in allem passiv. *Als Ursache* für diese Haltung *gibt* Lichtenberg Einfallslosigkeit *an*: Der ›gewöhnliche Kopf‹ komme
nicht auf die Idee, dass alles ›von der Form der Meublen bis
zur feinsten Hypothese hinauf‹ auf Konvention beruhe und
damit auch von ihm abhänge. Lichtenberg *veranschaulicht
das Gesagte*, indem er *als Beispiel* die Schuhmode *anführt*,
der der ›gewöhnliche Kopf‹ auch dann folge, wenn sie unbe-
quem und unzweckmäßig sei.«[33]

Während eine Klassifikation von Sprechakten und die Theorien vom
Gelingen und Misslingen von Sprechakten zwar reizvoll, aber für
die Methodenkompetenz der Schüler nicht notwendig sind, ist es für
die Bestimmung der Perlokution oder der versuchten Perlokution
unerlässlich, die Sprachanalyse auch auf den Einsatz sprachlicher
Mittel wie Metaphern, Bilder, rhetorische Fragen, Euphemismen,
emotional wirkende Begriffe, Ironie, Klang und Sprachrhythmus
auszudehnen.

5.   Verführung des Denkens durch die Sprache

Auch wenn oben immer wieder sichtbar wurde, dass Sprache in die
Irre führen kann, soll an vier markanten Beispielen die Verführung
eigens in den Blick genommen werden.

5.1 Begriffs- und Wortrealismus

Die Verführung durch die Sprache geschieht beim Begriffs- und
beim Wortrealismus nicht unmittelbar, sondern durch eine bestimmte Auffassung von der Sprache.[34] Dieser Auffassung liegt die Vorstellung zugrunde, dass die Sprache die Wirklichkeit genau wider-
spiegelt. Daraus ergibt sich als irrige Annahme:

---

33 Vgl. Helmut Engels, »Geben Sie den Inhalt des Textes wieder und ...!«, in:
     Zeitschrift für Didaktik der Philosophie 12, Heft 1 (1990), 22.
34 Vgl. F. Kainz, *Sprachverführung*, 43-54.

Erstens: Überall, wo es ein Wort gibt, existiert auch die entsprechende Sache. Dies beinhaltet, dass Wörter nicht nur Bedeutungen haben, sondern zugleich Aussagen sind, positive Aussagen nämlich über die Existenz einer Sache. Wenn es das Wort *Seele* gibt, dann muss es auch etwas geben, das diesem Wort entspricht.

Zweitens: Es gibt eine so enge Beziehung zwischen Wort und Sache, dass man einerseits eine gegebene Sache nur mit dem *richtigen* Wort bezeichnen darf, nämlich mit dem verbum proprium, dem *eigentlichen* Wort, und dass andererseits Wörter jeweils ihre eigentliche Bedeutung haben, die es zu erfassen gilt, bevor man sie anwendet.

Übersehen wird im ersten Fall, dass es leere Begriffe gibt, also solche, zu denen es keine Entsprechung außerhalb der Sprache gibt. Leere Begriffe finden sich nicht nur im Bereich des Fiktionalen – *Hobbit*, *Pokémon* und *Ent* –, sondern auch für Begriffe der Wissenschaften und der Philosophie. Angesichts großartiger Begriffe der philosophischen Tradition neigen nicht nur Schüler zu der Auffassung, dass Begriffen etwas entsprechen müsse: »Wenn die Wörter lang und kompliziert genug sind, werden sie schon bei Fachleuten und Laien den Eindruck erwecken, als ob *von etwas* die Rede sei […].«[35] Die Unterscheidung zwischen »erfüllten« und »leeren« Begriffen kann einer Wortgläubigkeit entgegenwirken.

Im zweiten Fall wird übersehen, dass die Bedeutung von Wörtern arbiträr ist, d.h. dass sie nicht naturgegeben ist, sondern auf einer Art Konvention beruht: Wörter könnten auch eine andere Bedeutung haben als die vom Sprachgebrauch nahegelegte. Der Gebrauch von Wörtern ist zwar nicht beliebig, seine Verbindlichkeit beruht aber nur auf einer Üblichkeit.

Wenn Politiker ihren Konkurrenten vorwerfen, sie hätten die *wahre* oder *eigentliche* Bedeutung oder das *Wesen* wichtiger politischer Begriffe wie *Freiheit*, *Gerechtigkeit*, *Demokratie* oder *Mitbestimmung* nicht erfasst, so liegt dahinter die »unrichtige Vorstellung, dass es gleichsam ›hinter‹ den sprachlichen Ausdrücken bestimmte Entitäten oder Wesenheiten geben müsse, die es zu erfassen gilt, um dann ein für allemal über die wahre Bedeutung dieser Ausdrücke

---

35 Ermanno Bencivenga, *Spiele mit der Philosophie*, Berlin 1992, 32.

Bescheid zu wissen«.[36] Schülern muss immer wieder bewusst gemacht werden, dass Sprache – recht verstanden – arbiträr ist; nur so
werden sie gegen solche Vorstellungen immunisiert.

5.2 Substantivierung

Dass eine Wortklasse zu den Verführern des Denkens zählt, mag befremden, lässt sich aber für das Substantiv nachweisen.[37] In den in-
doeuropäischen Sprachen werden mit dem Substantiv, das auch
Ding- oder Hauptwort genannt wird, zunächst konkrete Gegenstände, Personen und Lebewesen überhaupt bezeichnet. Das mit dem
Substantiv Bezeichnete ist also etwas, das in sich steht, also Substanzcharakter und damit eine gewisse Beständigkeit hat oder das zu
einer spontanen, eigenmächtigen Wirkung fähig ist. Allerdings
bleibt die Anwendung des Substantivs nicht auf das Genannte beschränkt. Wenn ein Mensch *hustet*, dann kann man auch sagen, dass
der Husten behandelt werden muss. Im Dienste der Sprachökonomie
kann das Substantiv also in einer abkürzenden Sprechweise auch auf
etwas bezogen werden, das keinen Substanzcharakter hat, etwa auf
Eigenschaften, Fähigkeiten, Vorgänge, Vollzüge, Funktionen, Tätigkeiten, Handlungen und Relationen. Nun kann es aber geschehen,
dass in solchen Fällen die ursprüngliche Funktion des Substantivs
sich so in den Vordergrund drängt, dass es zur Verdinglichung, zur
Substanzialisierung, also zur Hypostasierung, oder sogar zu einer
Personifizierung kommt. Die Kinderfrage »Wo ist der Wind, wenn
er nicht weht?« kann das hier Gemeinte verdeutlichen. Wind ist
nichts anderes als das Wehen der Luft selbst, das Substantiv *Wind*
suggeriert aber eine Vorstellung, die das Kind jene Frage stellen
lässt, die zur Römerzeit mit der Angabe der Örtlichkeit auch für das
Kind zufriedenstellend beantwortet worden wäre.

»Das Nichts gibt es nicht, weil das Nichts auch ein Sein ist. An
dem Ort, wo es das Nichts gibt, gibt es schließlich was, nämlich das
Nichts. Das Nichts stimmt sozusagen gegen sich selbst.« Wenn ein

---

36 Kurt Salamun, »Beiträge der analytischen Philosophie zur politischen Bildung«, in: *Zeitschrift für Didaktik der Philosophie* 1, Heft 4 (1979), 188-193.
37 Vgl. F. Kainz, *Sprachverführung*, 208-225.

sechsjähriger Junge auf diese Weise philosophiert[38], dann ist dies gar nicht so weit entfernt von dem, was Philosophen tun, die bekanntlich von Substantiven geradezu exzessiven Gebrauch machen und daher in der Gefahr stehen, einer Hypostasierung aufzusitzen.

Begriffe, die vor allem in der Philosophie eine Verführung des Denkens durch die Substantivierung ermöglichen, sind neben dem genannten Begriffspaar beispielsweise: *der Wille, der Geist, die Vernunft, der Verstand, die Seele, das Ich, das Selbst* und *das Bewusstsein.*

Wer den Satz »X hat einen Wert« so interpretiert wie »Y hat einen Apfel« und damit den Wert als etwas an sich Bestehendes betrachtet – schließlich existiert der Apfel auch unabhängig von dem, der ihn hat –, der erliegt dem Einfluss eines Substantivs.[39] Dasselbe widerfährt dem, der den Sätzen glaubt »Die Wahrheit wird sich durchsetzen« oder »Die Vernunft wird siegen«.

Die Frage, die man Schülern mit auf den Weg geben muss, lautet: »Könnte es sein, dass die substantivische Form des vorliegenden Begriffs zu einer unzulässigen Verdinglichung oder zu einer Art Personifikation geführt hat?«

5.3 Das Agens-actio-Schema

Nietzsche spricht von »der Verführung der Sprache (und der in ihr versteinerten Grundirrtümer der Vernunft), welche alles Wirken als bedingt durch ein Wirkendes, durch ein ›Subjekt‹ versteht und missversteht«, und er behauptet: »Es gibt kein ›Sein‹ hinter dem Tun, Wirken, Werden; ›der Täter‹ ist zum Tun nur hinzugedichtet – das Tun ist alles. Das Volk verdoppelt im Grunde das Tun, wenn es den Blitz leuchten lässt, das ist ein Tun-Tun: es setzt dasselbe Geschehen einmal als Ursache und dann noch einmal als deren Wirkung.«[40] Auch wer Nietzsches radikale Auffassung nicht teilt, muss anerkennen, dass hier Wichtiges angesprochen wird, nämlich die

---

38 Aus: »Das Nichts und das Sein«, in: *Die Zeit*, 20.7.2000, 7.
39 Vgl. G. Patzig, *Sprache und Logik*, 30 f.
40 Friedrich Nietzsche, *Zur Genealogie der Moral*, Erste Abhandlung, § 13.

Verführung des Denkens durch das später so genannte Agens-Actio-Schema:

> »In den indoeuropäischen Sprachen ist das Verbum [...] vor allem Vorgangs- und noch mehr ein Tätigkeitswort. Auch gänzlich tatenlose Widerfahrnisse wie *frieren, fallen, leiden, sterben, ruhen, müßiggehen*, die durch völlige Abwesenheit jedes Tuns und Dazutuns gekennzeichnet sind, werden als Tätigkeiten des personal gedachten Subjekts dargestellt. [...] In den folgenden drei Sätzen verwendet das Deutsche gleicherweise das Genus activum transitiver Verba für drei völlig verschiedene psychische Erlebnisse: *Der Mann sieht den Hund – Der Mann fürchtet den Hund – Der Mann erschlägt den Hund.*«[41]

Die Sprache gaukelt also dort die Aktivität eines Subjekts vor, wo nicht nur ein Nichttun des Subjekts vorliegt, sondern ein Erleiden, eine Widerfahrnis. Auswirkungen dieses Sprachschemas zeigen sich vielfach, so in der Interpretation der Realität, die diese als von Aktivität bestimmt sieht, ferner in dem lange vorherrschenden Teleologismus und in starkem Maße auch in der traditionellen Philosophie des Geistes, von der sich abzusetzen nur mühsam gelingt. Zu der sprachanalytischen Entmythologisierung des Geistes durch Gilbert Ryle gehört auch die Aufdeckung irreführender Personifikationen, die zu dem von ihm aufgedeckten Kategorienfehler in der Philosophie des Geistes führten.[42] Mit der Vorstellung, dass der Satz »Ich denke« falsch sein könnte und es heißen müsste »Es denkt« oder besser noch »Denken geschieht«, kann man sich angesichts des Einflusses der Sprache nur schwer anfreunden.

5.4 Die Einschränkung durch das eigene Sprachsystem

Beim Lernen der Muttersprache gewinnt diese Macht über den heranwachsenden Menschen, sie »bannt ihn auf den Standort fest, von dem aus sie die Wirklichkeit anschaut und auffasst. Was sie nicht

---

41 F. Kainz, *Sprachverführung*, 244 f.
42 Gilbert Ryle, *Der Begriff des Geistes*, Stuttgart 1969.

beachtet, entgeht auch ihm; was im Vordergrund ihres Bewusstseins steht, dafür wird nun auch seine Aufmerksamkeit geweckt.«[43] Gemeint ist hier das vieldiskutierte – und daher hier nur kurz angesprochene – »linguistische Relativitätsprinzip«, dem man wohl keine absolute, aber doch eine relative Gültigkeit zusprechen darf.[44] Neben den oben schon mehrfach erwähnten grammatischen Eigenheiten, die nachweislich einen Einfluss auf Denken und Erkennen ausüben, spielt auch die Ausstattung des Wortbestandes eine Rolle. Das, wofür es kein Wort gibt, wird kaum wahrgenommen und nur schwer gedacht. Daher ist sogar vom blinden Fleck einer Sprache die Rede. Und wenn es für eine Sache oder einen Sachverhalt ein halbwegs passendes Wort gibt, dann wird die Wahrnehmung oder das Nachdenken nur so lange durchgehalten, bis die Benennung gefunden ist; eine genauere Betrachtung scheint sich – oft zu Unrecht – zu erübrigen. »Wenn diese Benennung nun unzulänglich oder ungenau ist, unterliegt der sich auf sie Verlassende einer Sprachverführung.«[45]

5.5 Sprachuntersuchung als heuristisches Mittel

Sprache muss nicht nur, wie oben in der Hauptsache geschildert, mit Misstrauen betrachtet werden, sie kann auch als ein Schatz gesehen werden, in dem die Erfahrung einer Sprachgemeinschaft aufgehoben ist. Hierzu gehören das Vokabular, Metaphern, Bilder, Sprichwörter, Redensarten, gängige Zitate, Gedichtanfänge, die man kennt, und überhaupt das, was man so sagt. In heuristischer Absicht mit Sprache im Sinne der *langue* zu arbeiten, hat Tradition: Als Grundzug der aristotelischen Philosophie gilt, »zumindest vor jeder Sachana-

---

43 Fritz Tschirch, *Weltbild, Denkform und Sprachgestalt*, Berlin o.J., 69. – Nebenher: Das angeführte Zitat ist ein schönes Beispiel sowohl für ein metonymisches Sprechen als auch für eine mit der Substantivierung gegebene Personifikation.

44 Vgl. Helmut Gipper, *Gibt es ein sprachliches Relativitätsprinzip? Untersuchungen zur Sapir-Whorf-Hypothese*, Frankfurt/M. 1972.

45 F. Kainz, *Sprachverführung*, 353.

lyse die einschlägigen Redeweisen in dem entsprechenden Phänomen- und Problemfeld zu analysieren«.[46]

Der Ansatz dieses Verfahrens soll an drei Beispielen kurz verdeutlicht werden.

– Der Zugang zu dem Thema Handlungsfreiheit kann über gängige Redewendungen gefunden werden, die die Selbstbestimmung des Menschen oder auch den Verlust der Selbstbestimmung ausdrücken. Formulierungen, die der Bedeutung von *sich beherrschen* gleichkommen, sind beispielsweise *sich im Zaum halten, sich zügeln, sich an die Kandare nehmen, sich zusammennehmen, sich zusammenreißen, sich kontrollieren, sich unter Kontrolle haben, sich überwinden, sich im Griff haben* und *seine Gefühle meistern.* Auch für das Gegenteil, also den Verlust der Selbstbeherrschung gibt es eine Reihe von Wendungen wie *sich gehen lassen, sich hängen lassen, die Sau rauslassen, aus der Haut fahren, die Selbstkontrolle verlieren, nicht mehr Herr seiner selbst sein, sich nicht in der Gewalt haben, außer sich sein, von Sinnen sein, ausflippen* und *ausrasten.* Die Fülle der Ausdrücke, die fast synonym gebraucht werden, lässt die fundamentale Erfahrung des Phänomens der Selbstbeherrschung bzw. des Verlustes der Selbstbeherrschung mit aller Deutlichkeit hervortreten und bietet so eine Basis für eine Diskussion des Problems der Freiheit des Menschen.[47]

– In seiner Untersuchung unseres Verhältnisses zur Natur zieht Gernot Böhme heute übliche Ausdrücke zu Rate, an denen sich die Bewertung der Natur ablesen lässt. Genannt werden *natürliche Geburt, Naturvolk, natürliche Lebensweise, Naturseife, Naturschwamm, Naturprodukt, Bio-Äpfel, Vita-Korn, Naturschutzpolitik, natürliche Kosmetik* u.a. Den Sinn, solche Ausdrücke in den Blick zu nehmen, sieht Böhme darin, dass »unsere Art, über Natur zu reden und zu denken, unsere Wahrnehmung der Probleme, die wir mit der Natur haben, mitbestimmt und die Lösungsmöglichkeiten präju-

---

46 Gernot Böhme, *Weltweisheit, Lebensform, Wissenschaft. Eine Einführung in die Philosophie*, Frankfurt/M. 1994, 290.

47 Vgl. Helmut Engels, »Wie kann man den moralischen oder pragmatischen Selbstzwang durch eine Zeichnung sichtbar machen?«, in: *Zeitschrift für Didaktik der Philosophie und Ethik* 14, Heft 4 (1992), 243.

diziert«.[48] Sprachbetrachtung hat hier also eine diagnostische Funktion und lässt mögliche Hindernisse einer Problemlösung sichtbar werden.

– In der phänomenologischen Beschreibung des Schweigens benutzt Bollnow vorgefundene Formulierungen wie *Schweigen der Wälder, Schweigen des Weltalls, Verschwiegenheit, ehrfürchtiges Schweigen, betretenes Schweigen, trotziges und verstocktes Schweigen*.[49] Und Werner Kemper geht bei demselben Thema von Sprichwörtern und Redewendungen aus wie »Reden ist Silber, Schweigen ist Gold« sowie »Keine Antwort ist auch eine Antwort«, und er spricht vom »vielsagenden Schweigen« und vom »Totschweigen«. Auf die Frage, welche typischen Attribute des Schweigens unsere Sprache kenne, erstellt er eine erstaunlich lange Liste von Attributen. In der ersten Gruppe unterscheidet Kemper zwischen einem *überraschten, erstaunten, betroffenen, betretenen, verstimmten, verletzten, benommenen Schweigen*.[50] Ein solcher Fund sprachlicher Formulierungen lässt das Nachdenken in Gang kommen und gibt wegen seiner Fülle bedenkenswerte Anregungen für das Erfassen des in den Blick Genommenen.

Man kann Schülern kaum einen besseren Tip für das Verfassen von Essays und Facharbeiten geben als den, sich neben anderen Studien intensiv mit Sprache als einem Erfahrungsschatz zu beschäftigen.

* * *

Über die oben dargestellten Verfahren, Fragen und metasprachlichen Grundbegriffe sollte im Unterricht nicht nur gesprochen werden, die Schüler sollten vielmehr lernen, sie selbständig anzuwenden. Die Fähigkeit, Sprache zu untersuchen, bedeutet keine Festlegung auf eine philosophische Richtung, sie ist eine Kompetenz, die sich auf alles Geschriebene und Gesprochene richtet. Es wäre schon einiges

---

48 G. Böhme, *Weltweisheit, Lebensform, Wissenschaft*, 83 ff.
49 Otto Friedrich Bollnow, *Sprache und Erziehung*, Stuttgart, Berlin, Köln, Mainz 1966, 87 ff.
50 Werner Kemper, »Der Patient schweigt«, in: *Psyche* 1, (1948), 503 f.

gewonnen, wenn die Schüler die Tragweite des Ratschlags einsähen – und ihn beherzigten –: »Man soll die Mitmenschen *beim Wort* nehmen, aber man darf nicht *wörtlich* nehmen, was sie sagen.«

Volker Steenblock

Hermes und die Eule der Minerva.
Zur Rolle der Hermeneutik
in philosophischen Bildungsprozessen

1. Die Eule der Minerva –
Nacht- oder Tagesvogel?

In unserer panökonomisierten Gegenwart rascher zivilisatorischer und gesellschaftlicher Veränderungen[1] hat, wie unser gesamtes Bildungssystem[2], so vor allem auch die *Philosophie* mehr Grund denn je, angesichts medialer Infantilisierung und womöglich drohender ›kultureller Amnesie‹ das humane Denken zu schärfen und das ›uneingelösten Versprechen‹ der Bildung[3] für Individuum und Gesellschaft präsent zu halten.

Philosophieren heißt, wie in der Geschichte seit je, so gerade auch in der modernen Kultur nichts anderes, als sich über sich selbst

1   Vgl. Herbert Schnädelbach, »Philosophie in der modernen Kultur«, in: Friedrich Hermanni u. Volker Steenblock (Hg.), Philosophische Orientierung. Festschrift für Willi Oelmüller, München 1995, 25-39.
2   Dieses Feld wird umrissen bei Meinert A. Meyer, »Immanuel Kant und die Pädagogik in einer veränderten Gegenwart«, in: Winfried Greber, Volker Steenblock u. Klaus Tesching (Hg.), *Schulische Bildung in einer veränderten Gegenwart*, Immanuel-Kant-Gymnasium, Münster-Hiltrup 1999, 64-67; sowie ders.: »Die ›lernende Schule‹ als Antwort auf kulturellen Wandel«, in: Meinert A. Meyer u. Josef Keuffer (Hg.), *Didaktik und kultureller Wandel. Aktuelle Problemlagen und Veränderungsperspektiven*, Weinheim 1997, 33-66.
3   Vgl. Helmut Peukert, »Bildung – Reflexionen zu einem uneingelösten Versprechen«, in: *Bildung. Friedrich-Jahresheft*, Seelze 1998, 12-17.

und sein Leben und die Welt zu orientieren. Wir können als Menschen gar nicht leben, ohne ein mehr oder weniger bewusstes Selbst- und Weltverhältnis zu entwickeln. Dieses Denken methodisch klarer zu gestalten und ihm die Sinngehalte der Philosophie zu vermitteln, ist die Aufgabe philosophischer *Bildung*. Philosophie geht alle Menschen an, sie wird zu einem Grundbildungsfach.[4] Die ›Eule der Minerva‹ hat Hegel im großen Gestus seiner Weltdeutung und nicht ohne Grund im theoretischen Nachhinein als philosophischen Symbolvogel bemüht. Unter Bildungsaspekten betrachtet, legt sich freilich die Auffassung nahe, die Eule der Minerva müsse ein Tagesvogel werden.

Wie immer man die Wirkungen der Philosophie in unserer sich verändernden Gegenwart beurteilen mag – und die Philosophiedidaktik steht dafür, dass es solche Wirkungen gibt – diese Wirkungen sind nicht möglich ohne ein *Verständnis dessen, was Kulturprozesse und unsere Teilhabe an ihnen bestimmt*. Der folgende Beitrag geht davon aus, dass es die Theorie der Hermeneutik ist, die ein solches Verständnis liefert.

Meine Bemerkungen zu einer philosophisch und philosophiedidaktisch aktuellen Hermeneutik möchten zunächst skizzieren, welchen *theoriehistorischen Kontexten* die Hermeneutik entstammt (Abschnitt 2). Als Ergebnis dieser Theorieevolution erweist sich die Hermeneutik heute vor allem als das *Konzept einer historisch aufgeklärten Vernunft* (Abschnitt 3). Insbesondere kann, wie in einer Nebenbemerkung angesprochen wird, die Hermeneutik auch als *Theorie des Philosophierens* vorgestellt werden (Abschnitt 4). Damit lässt sich die These vertreten, dass über ihre Einschätzung als Texterfassungsmethode hinaus die Hermeneutik dasjenige traditionelle wie aktuelle Theoriekonzept darstellt, das *Kultur- und, mit ihnen verbunden, Bildungsprozesse* überhaupt in jeweiligen Abläufen adäquat auf den Begriff zu bringen wie auch in Hinsicht auf mögliche Zwecke und Ziele zu begleiten vermag (Abschnitt 5). In Zuspitzung auf die Philosophiedidaktik geht es schließlich darum, welche Rolle die Hermeneutik im Rahmen derjenigen Methoden und Arbeitsformen des Philosophierens und des Philosophieunterrichts spielt, in

---

4   Vgl. Ekkehard Martens, »Philosophie als Kulturtechnik humaner Lebensgestaltung«, in: *Zeitschrift für Didaktik der Philosophie und Ethik* 17 (1995), 2-4.

denen der Bildungsauftrag der Philosophie sozusagen operationalisiert und in konkretes Vorgehen umgesetzt wird (Abschnitt 6).

2. ›Hermes‹ – Zur Theorieentwicklung und zum gegenwärtigen Stand der Hermeneutik

Die *Hermeneutik* ist dem griechischen und lateinischen Begriff nach die Kunst des ›hermeneuein‹ bzw. des ›interpretari‹, also des Verkündens, Dolmetschens, Interpretierens und Auslegens. Der Götterbote ›Hermes‹ (dessen Zuordnung zum Begriff der ›Hermeneutik‹ philologisch allerdings nicht eindeutig geklärt ist) hatte die Aufgabe, die Botschaften der Götter den Menschen auszurichten. Da muss man sie ihnen wohl auch verständlich machen: die Grundbedeutung des Auslegens lässt sich hieran anschließen.

Die Geschichte hermeneutischer Praxis ist bis in die Antike zurück zu verfolgen. Dem Wortfeld nach taucht unser Gegenstand erstmals bei Aristoteles in seiner Schrift *Peri hermeneias* (*De interpretatione*) in einem philosophischen Buchtitel auf. Der Sache nach entsteht die Verstehenslehre, indem die Erfahrung des Geltungs- und Verständlichkeitsverlustes überkommener Texte das Bedürfnis nach Kommentarliteratur, Traditionssicherung, Übersetzung und Erschließung des gemeinten Sinns bzw. nach Freilegung weiterer (allegorischer) Bedeutungsebenen weckt. Deutlich wird der Ursprung der Hermeneutik aus dem Umgang mit sakrosankten: vorbildlichen und verbindlichen Texten ebenso, wie ein Moment des Didaktischen, der passenden Anwendung auf neue Verhältnisse, ja schließlich des Innovativen als konstitutiv zugehörig erscheint.

Eine besondere Rolle in ihrer neuzeitlichen Etablierung spricht man der protestantischen Theologie zu, die sich gegen die Lehrtradition und Autorität der katholischen Kirche auf das adäquate Verstehen der biblischen Autorität zu berufen suchte. Durch das protestantische ›sola scriptura‹ – Prinzip, d.h. den Anspruch, das Normative der Heiligen Schrift gegen die diagnostizierte Verzerrung durch die katholische Tradition neu zur Geltung zu bringen, wurde die Auslegung als solche zum bewusst wahrgenommenen Methodenproblem. Die *Clavis Scripturae Sacrae* (*Schlüssel zur Heiligen*

Schrift) des Matthias Flacius Illyricus, eines Anhängers Luthers, stellte 1567 ein Organon der Exegese zur Verfügung, das von der »dankbaren lutherischen Kirche« auch ›goldener Schlüssel‹ genannt wurde.[5] Die »Päpstlichen und Sophisten«, so spottete Flacius Illyricus, »haben die Heilige Schrift nämlich sehr selten gelesen, und auch wenn sie sie gelesen haben, so haben sie nur Sinngehalte nach ihrem Gutdünken herausgepflückt und diese außerdem nach ihrem Belieben miteinander in Verbindung gebracht [...] Um so mehr ist jene gewissenhafte Sorgfalt anzuwenden, damit der Sinn der Stellen sowohl aus dem Gesichtspunkt der Schrift oder des Textes als auch aus dem ganzen Kontext aufgesucht werde.« Flacius eröffnete einen ganzen Reigen von ›Hermeneutiken‹, die seit dem Straßburger Theologen Dannhauer – also etwa seit der Zeit der Hauptwerke Bacons und Descartes' – auch so hießen. 1654 nämlich veröffentlicht in Straßburg der bedeutende Theologe der lutherischen Orthodoxie (aber auch Lehrer des Pietisten Philipp Jakob Spener) Johann Konrad Dannhauer (1603-1666) das erste Buch, das die Hermeneutik im Titel trägt: *Hermeneutica sacra sive methodus exponendarum sacrum litterarum.*[6]

Hieran an schließt sich der Prozess der Ausbildung der Hermeneutik von der Bibelexegese zur Grundmethode der Kulturwissenschaften und der Philosophie.[7] Die Hermeneutik, im 18. Jahrhundert ohne Zweifel weiter entwickelt, ist in ihrer theoretischen Ausprägung vor allem eine Angelegenheit des 19. und 20. Jahrhunderts.[8]

---

5   So formulierte Dilthey, dessen »noch heute [...] kompetenteste« Darstellung der Vorgeschichte der Hermeneutik Schleiermachers im zweiten Band seines *Leben Schleiermachers* Gadamer zitiert in seiner Einleitung zu Gottfried Boehm u. Hans-Georg Gadamer (Hg.), *Philosophische Hermeneutik*, Frankfurt/M. 1976, 11, vgl. 9.

6   Dannhauer war zunächst Professor für Rhetorik, dann für Theologie und Prediger am Straßburger Münster, schließlich Straßburger Kirchenpräsident gewesen. Vgl. Johannes Wallmann, *Philipp Jakob Spener und die Anfänge des Pietismus*, Tübingen 1970, 96 ff.

7   Karl-Otto Apel, »Das Verstehen«, in: *Archiv für Begriffsgeschichte* 1 (1955), 142-199.

8   Einen Überblick über die Theorieentwicklung gibt Hans-Ulrich Lessing (Hg.), *Philosophische Hermeneutik*, Freiburg, München 1999 (Textauszüge zu Dilthey, Heidegger, Misch, Bollnow, Gadamer, Apel und Ricœur; Literaturverzeichnis).

Unter dem Einfluss des sich durchsetzenden Historismus wird die Hermeneutik in Abwendung von der Aufgabe, vorgegebene dogmatisch-normative Wahrheiten aufzudecken, zur generellen Verstehensmethode, ein Prozess, bei dem vor allem zwei zentrale Theoretiker des 19. Jahrhunderts eine wichtige Rolle spielen: Der Theologe Friedrich Daniel Ernst Schleiermacher und der Philosoph der Kulturwissenschaften Wilhelm Dilthey.

Der protestantische Theologe und ›Glaubensphilosoph‹, Pädagoge, Übersetzer Platons und Hermeneutiker Friedrich Daniel Ernst Schleiermacher (1768-1834) ist unter dem Eindruck von Wilhelm Diltheys Arbeiten zu jenem Autor geworden, an dessen Namen man zuerst denkt, wenn von ›Hermeneutik‹ die Rede ist – und zwar unter der oft kolportierten entscheidenden Hinsicht, dass es Schleiermacher nicht nur um die Auslegung einzelner Textstellen gehe, sondern um ›die Auffassung des Gesprochenen und Geschriebenen in seinem Ursprung aus dem individuellen Leben seines Autors‹, nicht bloß als Dokument, sondern als ›aktive, aktuelle Äußerung des Lebens‹ (P. Szondi). Dies gilt als der Aspekt, den die ›Spezialhermeneutiken‹, die sich mit der Auslegung der Bibel oder des Homer beschäftigt hatten, noch nicht in den Blick genommen hatten; vor allem Schleiermachers berühmte Akademiereden *Über den Begriff der Hermeneutik mit Bezug auf F.A. Wolffs Andeutungen und Asts Lehrbuch*, gehalten von dem 60jährigen vor Kollegen und Schülern im Rückblick auf 25 Jahre Beschäftigung mit dem Metier, sind hier einschlägig.

Wie er zur Formulierung einer allgemeinen Hermeneutik kam, schildert Schleiermacher im erinnernden Rückblick selbst:

> »Als ich vor nunmehr 25 Jahren in Halle anfing, exegetische Vorlesungen über die Neutestamentischen Schriften zu halten, fand ich es unerläßlich mir selbst über die Principien des Verfahrens eine möglichst genaue Rechenschaft abzulegen [...] Es fehlte freilich nicht an Anweisungen zur Auslegung [...], aber es fehlte ihnen selbst die rechte Begründung weil die allgemeinen Principien nirgends aufgestellt waren und ich mußte also meinen eigenen Weg einschlagen. Wie ich nun überhaupt bei dem sehr unerwartet überkommenen akademischen Lehramt immerfort in dem Fall war was ich nur so eben gefunden

zusammengesucht und kaum noch in einige Ordnung gebracht
gleich lehren zu müssen: so entstanden auch aus diesen Untersuchungen sehr bald Vorlesungen über die allgemeine Hermeneutik«.

Was verstand Schleiermacher unter ›Hermeneutik‹? Er sprach davon, »dass der Ausleger sich in die ganze Verfassung des Schrift-
stellers möglichst hineinversetzt«, von der »richtige[n] Auffassung
des inneren Herganges, als der Schriftsteller entwarf und compo-
nierte« und vom besonderen Verstehen des Forschers bei den »Lieb-
lingen, in die er sich am meisten hineingelebt hat«.[9] Schleiermacher
bliebe nach einer im Anschluss hieran vollzogenen Deutung einer
psychologischen Auffassungsweise des Verstehens verhaftet, derzu-
folge fremdes, historisch vergangenes oder gegenwärtiges Seelenleben, wie es sich in Texten niederschlägt, durch den Rückgang auf
ein ›tatsächliches Geschehen‹ – ›so, wie es war‹ – in dem sich Ein-
fühlenden psychisch zu reproduzieren wäre (wie es Gadamer ihm
vorwarf: ›Schleiermachers Problem ist nicht das der dunklen Geschichte, sondern das des dunklen Du‹[10]). Gegen einen solchen be-
fürchteten Subjektivismus bei Schleiermacher und Dilthey sind von
Heinrich Rickert bis Karl R. Popper Konzepte ›objektiven‹ Verstehens von Sinngebilden ins Feld geführt worden, die quasi einer ›dritten Welt‹ (›über‹ der materialen und der psychischen) angehören, jedenfalls einen deutlich anderen als lediglich psychisch rückgebunde-
nen Status haben. Nach neueren Interpretationen aber hat Schleiermacher im ›Koordinatenkreuz‹ seiner aus älterer hermeneutischer
Terminologie übernommenen Begriffspaare: ›grammatisches‹ –
›psychologisches‹ und ›divinatorisches‹ – ›komparatives‹ Verstehen
ein durchaus verschiedene Elemente kombinierendes Modell entwickelt, dem zufolge das »Geschäft des Verstehens und Auslegens
[…] ein stätiges, sich allmählich entwickelndes Ganze« ist, »in dessen weiterem Verlauf wir uns immer mehr gegenseitig unterstützen,
in dem jeder den Übrigen Vergleichspunkte und Analogien hergibt,
das aber auf jedem Punkt immer wieder auf dieselbe ahndende Wei-

---

9   Friedrich Daniel Ernst Schleiermacher, *Hermeneutik*, hg. v. Heinz Kimmerle,
    Heidelberg ²1974, 132 f.
10 Hans-Georg Gadamer, *Wahrheit und Methode*, Tübingen 1974, 174, Anm. 2.

se beginnt. Es ist das allmähliche Sichselbstfinden des denkenden Geistes«.[11] ›Verstehen‹ wäre dann für Schleiermacher nicht einfach kongenialer Nachvollzug der Rede des Interpretanden, der über die Zeiten und unterschiedlichen Horizonte hinweg sich einfühlend einer fremden Seele einzubilden weiß, und auch nicht ein Verfahren, das seinen Gegenstand als ein objektives und abgeschlossenes Wissen einholen könnte.

Der Begründer der Kulturwissenschaften Wilhelm Dilthey (1833-1911) bestand für den Gegenstandsbereich der von ihm so genannten Geisteswissenschaften darauf, dass die menschlichen Angelegenheiten neben allem Gesetzmäßigen und Typischen, dem sie unterliegen mögen, sich in spezifischer Weise durch ein Moment der Freiheit auszeichnen und dass es sich dabei um »Individualitäten« handelt, die sich gesetzeswissenschaftlicher und experimenteller Zugriffsweise entziehen. Darum war es Diltheys Hauptanliegen, gegen die Methoden der Naturwissenschaften als spezifisch geisteswissenschaftliche Methode das »Verstehen« und die Hermeneutik zu setzen. ›Die Natur erklären wir, das Seelenleben verstehen wir‹: Mit diesem in seiner lakonischen Anlage legendären (und ›zu oft zitierten‹, so F. Rodi) Satz suchte Dilthey die Eigenständigkeit der Geisteswissenschaften neben den Naturwissenschaften zu begründen. In seinem wirkungsvollen Aufsatz »Die Entstehung der Hermeneutik« belegt und plausibilisiert Dilthey diesen Ansatz anhand von Aussagen zum ›Verstehen‹ am Beispiel des Umgangs mit Werken der Literatur, Musik, bildenden Kunst und der Geschichte.[12] Dilthey verdankt sich dabei vor allem auch die genauere »Einsicht, dass das Verstehen der Geschichte immer schon von der geschehenden Geschichte getragen und so mit dieser ›hermeneutisch‹ vermittelt ist«.[13] Seit Dilthey gehört die Hermeneutik in einen *Konnex philologisch-hermeneutisch-historisch ausgerichteter Theoriebildung.*

Auch der Historiker und Geschichtstheoretiker Johann Gustav Droysen (1808-1886), Professor in Kiel und Berlin, hat die Verste-

---

11 F.D.E. Schleiermacher, *Hermeneutik*, 137 ff.
12 Wilhelm Dilthey, *Gesammelte Schriften*, Leipzig, Stuttgart, Göttingen 1914 ff., Bd. 5, 317-319.
13 Otto Pöggeler, *Schritte zu einer hermeneutischen Philosophie*, Freiburg, München 1994, 440 f.

hensmethode zur Grundmethode nicht nur der Geschichtswissen-
schaft, sondern der Geisteswissenschaften überhaupt gemacht: »Unsere Methode«, so der diesbezügliche Satz, »ist, forschend zu verstehen«.[14] Droysen hat das Verstehen recht scharf nicht nur von der
›physikalischen‹ Methode der Naturwissenschaften, sondern auch
von der ›spekulativen‹ in Theologie und Philosophie abgegrenzt.

Während die Philologie die (Text)daten präpariert, liefert die
Hermeneutik nach den hier einschlägigen Theorien von Humboldt
bis Droysen die Möglichkeit ihrer zusammenhängenden Interpretation; all dies tritt, mit jedem Jahrhundert seit dem 18. mehr, in das
Zeichen des historischen Bewusstseins und bildet so eine paradig-
matische Grundkonstellation der sogenannten Humaniora oder Geisteswissenschaften, heute auch häufig: Kulturwissenschaften (freilich gäbe es hier viele weitere Hinsichten zu berücksichtigen, z.B.
sind die Texte als Gegenstände der Philologie sicherlich sehr wichtige, bei weitem aber nicht die einzigen Quellen geisteswissenschaft-
licher Erkenntnis, zu der die Vermittlung von Bild und Sprache usw.
natürlich gleichfalls gehören).

Die Varianten der Hermeneutik umfassen bis heute, und das begründet ihre zentrale Bedeutung, von der Exegese in der Theologie
an das gesamte Feld der Geisteswissenschaften. Sie reüssieren in der
Philosophie, in der Geschichts- und Literaturwissenschaft ebenso
wie in einer kunsthistorischen ›Hermeneutik des Bildes‹, die erforderlich ist, weil es kein »planes Abbildungsverhältnis« zwischen
nichtsprachlichem   Ausdruck   und   Interpretationssprache   gibt
(Boehm[15] und Bätschmann[16]). Die Verstehensmethoden treten weiter auf in der Musikhermeneutik, in der Ethnologie, in der Rechts-
wissenschaft und Rechtsgeschichte sowie in der Pädagogik. Gegen-

---

14 Johann Gustav Droysen, *Historik*, Ausgabe 1937, [3]1958, 22.
15 Gottfried Boehm, »Zu einer Hermeneutik des Bildes«, in: ders. u. Hans-Georg
     Gadamer (Hg.), *Seminar: Philosophische Hermeneutik*, Frankfurt/M. 1976;
     Vgl. auch ders. u. Hans-Georg Gadamer (Hg.), *Seminar: Die Hermeneutik und
     die Wissenschaften*, Frankfurt/M. 1978. Vgl. auch ders. (Hg.), *Was ist ein
     Bild?*, München 1994.
16 Oskar Bätschmann, »Anleitung zur Interpretation. Kunstgeschichtliche Herme-
     neutik«, in: Hans Belting u.a. (Hg.), *Kunstgeschichte. Eine Einführung*, Berlin
     [3]1988, 191-221; ders., *Einführung in die kunstgeschichtliche Hermeneutik*,
     Darmstadt [3]1988.

wärtig wird schließlich die Hermeneutik sogar dazu aufgerufen, sich zur ›interkulturellen Hermeneutik‹ (die sie freilich immer schon war) zu transformieren und so in einen ›weltphilosophischen Kontext‹[17] einzurücken. Angesichts dieser Lage wäre es unvernünftig und widerspräche einfach den Befunden der theoretischen Literatur, die überragende Bedeutung der Hermeneutik im Methoden- und Paradigmenkanon zu leugnen.

Im 20. Jahrhundert firmiert bekanntermaßen unter der Bezeichnung ›Philosophische Hermeneutik‹ auch die von der Fundamentalontologie Heideggers geprägte Lehre Hans-Georg Gadamers. Obwohl Gadamer mit allem Recht als einer der interessantesten Hermeneutiker gelten kann, ist doch seine Legende von einem angeblich erforderlichen Theoriebruch mit der hermeneutischen Tradition, den er habe durchführen müssen, zurückzuweisen. Auch besteht keinerlei Anlass, den Anspruch, eine ›philosophische Hermeneutik‹ zu bieten, einem vergangenen Fundamentalgestus zu überlassen. Eine kulturphilosophisch aufgeklärte Hermeneutik[18] impliziert nicht den Objektivismus, den Gadamer ihr vorwarf, und eine, wie im Folgenden noch genauer entwickelt, auf ›Bildung‹ bezogene Hermeneutik ist nicht die Methode eines geistlosen Faktenpositivismus, wie Gadamer zu behaupten beliebt hat. Die bekannt polemische (Habermas) Wendung des Titels von Gadamers Hauptwerk suchte bekanntlich ›Wahrheit‹ gegen ›Methode‹ auszuspielen und gibt Gadamers Neigung zur Mystifizierung des Verstehensaktes ebenso wie zur Hypostasierung der Tradition allzu sehr nach.[19] Zwar gibt es nach Gadamer auch in den Geisteswissenschaften ›Handhabung der Methoden‹ und eine ›gewisse Nachprüfbarkeit‹. Dennoch ist es prinzipiell »hier nicht so, dass die Wissenschaft durch ihre Methodik Wahrheit

---

17 Vgl. Ram Adhar Mall, *Philosophie im Vergleich der Kulturen. Interkulturelle Philosophie – eine neue Orientierung*, Darmstadt 1995, 67; Alois Wierlacher (Hg.), *Das Fremde und das Eigene. Prolegomena zu einer interkulturellen Germanistik*, München 1985.

18 Zur Auffassung hermeneutischer Prozesse als historische Arbeit vgl. Isaiah Berlin, *Das krumme Holz der Humanität. Kapitel der Ideengeschichte* (*The Crooked Timber of Humanity*), Frankfurt/M. 1992.

19 Vgl. meinen Beitrag »Tradition« im *Historischen Wörterbuch der Philosophie* Bd. 10, Basel 1999, 1315-1329 und den Artikel »Hermeneutik« im *Wörterbuch des Christentums*, Gütersloh, Zürich 1988, 477.

zu sichern vermöchte. […] In der Tat ließe sich zeigen, dass die Entwicklung der Geisteswissenschaften in den letzten hundert Jahren
sich zwar das Vorbild der Naturwissenschaften ständig vor Augen
hielt, dass aber ihre stärksten und wesentlichsten Impulse nicht aus
dem großartigen Pathos dieser Erfahrungswissenschaften stammten,
sondern aus dem Geist der Romantik und des deutschen Idealismus.
Es ist in ihnen ein Wissen um die Grenzen der Aufklärung und der
Methode in der Wissenschaft lebendig.« Zum Instrumentarium der
Geisteswissenschaften gehören »Gedächtnis, Phantasie, Takt, musi-
sche[] Sensibilität und Welterfahrung«, ja: der »ahnungsvolle Kurz-
schluß«. Es kann nicht, wie in den Naturwissenschaften, »beschafft
werden«, sondern es zeichnet sich dadurch aus, dass es »dadurch zu-
wächst, dass einer sich in die große Überlieferung der menschlichen
Geschichte hineinstellt.« Wir verstehen und erwerben unser Weltverhältnis, indem wir uns von ihr ergreifen lassen, sozusagen in sie
›einschwingen‹: »Auf Überlieferung hören und in Überlieferung stehen, das ist offenbar der Weg der Wahrheit, den es in den Geisteswissenschaften zu finden gilt.«[20]

Obwohl aber Methodizität ›Wahrheit‹ nicht einlinig garantiert,
und obwohl Methode beim Verstehen nicht alles ist, gilt auch in der
Hermeneutik: Wahrheit durch Methode.[21] Fritjof Rodi hat mit Ele-
ganz gezeigt, dass Gadamer faktisch denn auch seinen Abgren-
zungsgestus gegenüber der geisteswissenschaftlichen Hermeneutik
weitgehend zurückgenommen hat.

Was ist gegenwärtig unter Hermeneutik zu verstehen? Die Hermeneutik ist nicht nur die universale Methode, der von Texten ange-
fangen im Grunde alle Objektivationen des Menschen zum Gegenstand werden, sondern sie bezeichnet *den Modus überhaupt, in dem
wir uns zu den kulturelle Sinn- und Sachverhalten in ein Verhältnis
setzen, sie uns zu eigen machen und sie durch eigene Beiträge fort-
führen.*

---

20 Hans-Georg Gadamer, Kleine Schriften Bd. 1, Tübingen 1967, 40 f.; ders.,
    Wahrheit und Methode, 42.
21 Vgl. Jean Grondin, *Einführung in die philosophische Hermeneutik*, Darmstadt
    1991; ders., *Hermeneutische Wahrheit? Zum Wahrheitsbegriff Hans-Georg
    Gadamers*, Stuttgart ²1994; ders., *Der Sinn für Hermeneutik*, Darmstadt 1994.

Schon ein bearbeiteter Stein, der als Faustkeil erkannt wird, wird
›verstanden‹: »Den Stein als materielles Gefüge erforschen Physik
und Chemie: aber dass dieser Stein vor Zeiten durch ein paar grobe
Schläge zum Hammer zurechtgehauen wurde, oder dass krause Zeichen auf ihn geritzt sind, das macht ihn zum Dokument eines Menschentums.« Gemäß dem ›Vico-Axiom‹ (Fellmann) und der Verste-
henstheorie muss dies Menschliche ›auf beiden Seiten‹ stehen[22],
denn auch »das Verstehen, das durch die Zucht der geisteswissenschaftlichen Methoden hindurchgegangen« ist, bedarf einer und sei
sie noch so vermittelten Entsprechung, in der noch die bizarrsten
Formen »in uns irgendwelche Kräfte und Regungen« vorfinden,
»von denen aus sie verstanden werden«.[23]

In der Breite seines Spektrums beginnt also das Verstehen in
alltagsweltlichen Lebensverhältnissen, in denen wir alle, die wir mit
Menschen, ihren Gesten, Worten, täglich umgehen, verstehen und
verstanden werden. Mag uns alltagsweltlich das Verstehen dann
zum Problem werden, wenn wir eine unbekannte Sprache oder einen
Zusammenhang, mit dem wir nicht vertraut sind, nicht verstehen, so
wird wissenschaftlich eher jenes andere Ende der Skala, die Dilthey
vom ›elementaren‹ zum ›höheren‹ Verstehen gezogen hat, zum Problem und evoziert fortlaufend die einschlägig bekannten wissen-
schaftstheoretischen und theoriegeschichtlichen Bemühungen. ›Verstehen‹ bedeutet weder, dass wir die Hervorbringungen der mensch-
lich-geschichtlichen Welt stets als ›sinnvolle‹ oder gar zu billigende
unterstellen, noch heißt es, dass der Gegenstand des Verstehens als
unveränderlich vorhandener objektivistisch ›aufgefasst‹ würde.
Auch der vielfach erhobene Vorwurf, ›Verstehen‹ sei lediglich eine
Sache des Empfindens, trifft nicht zu. Eine Symphonie so wenig wie
eine Dichtung sind schon adäquat erfasst, wenn man sie mit ›Ge-

---

22 Ferdinand Fellmann, *Das Vico-Axiom. Der Mensch macht die Geschichte*,
    Freiburg, München 1976; ders., Einleitung zur Übersetzung von: Gianbattista
    Vico, *Die neue Wissenschaft von der gemeinschaftlichen Natur der Nationen*,
    Frankfurt/M. 1981; ders., »Der Ursprung der Geschichtsphilosophie aus der
    Metaphysik in Vicos ›Neuer Wissenschaft‹«, in: *Zeitschrift für philosophische
    Forschung* 41 (1987), 43-60; ders., »Vanamente«, in: *Bollettino del Centro di
    studi Vichiani* 21 (1991).
23 Hans Freyer, *Theorie des objektiven Geistes. Eine Einleitung in die Kulturphi-
    losophie*, Leipzig, Berlin ²1928, 1 f, 7.

fühl‹ wahrgenommen hat. Es gilt vielmehr, ihre sachlichen Bezüge und Strukturen, Melodiebögen, Tempi, Vorausdeutungen etc. zu analysieren. Zugleich ist das, was durch ›Verstehen‹ bedeutsam wird, historisch wandelbar. Dasselbe Werk (Textkorpus, Gemälde, architektonische Ensemble) kann für unterschiedliche Rezipienten in ihren spezifischen historischen Kontexten in Geschichtsschreibung wie Literaturinterpretation ganz unterschiedliche Bedeutungen gewinnen. Auch Werke der bildenden Kunst vermitteln sich in immer neuen Horizonten auf immer neue Weise. Dies gilt in einem noch ganz anderen Sinne als für ihre lediglich ›äußere‹ Bewertung und die triviale Feststellung, dass das Werk des verachteten Außenseiters morgen ein ›Klassiker‹ und übermorgen ein Millionen-Anlageobjekt ist, so wie umgekehrt mancher in seiner Gegenwart gefeierte Künstler der Nachwelt nichts mehr ›sagt‹. Indem der Interpret, das ist offenbar das eigentlich Wichtige, z.B. ein historisches Monument oder ein Theaterstück ›versteht‹, geschieht nicht einfach eine ›Rekonstruktion‹ des vom Erbauer bzw. Autor Intendierten, sondern etwas Neues. Dieses Neue ist gleichwohl nicht beliebig, auch dann nicht, wenn man z.B. in den historischen Quellen nicht eine ontologische ›Vetomöglichkeit‹ der ›Wirklichkeit‹ gegen falsche Interpretationen ihrer selbst zu sehen vermag, sondern eine Konkurrenz und einen komplizierten Vermittlungsprozess der Interpretationen, Daten und herrschenden kognitiven Strömungen der jeweiligen Gegenwart annimmt. ›Verstehen‹ bleibt zurückgebunden an jene mentalen und sozialen Strukturen langer Dauer, an denen es ebenso teilhat, wie es sie transzendiert. Im Sinne von Schleiermachers berühmtem Diktum: »Man muß so gut verstehen und besser verstehen als der Schriftsteller«[24], scheint der Autor nicht in dem Sinne Herr seines Textes, dass es als Anfangs- wie Endpunkt der Hermeneutik er-

---

24 F.D.E. Schleiermacher, Hermeneutik, 56. Vgl. auch Werner Strube, »Über verschiedene Arten, den Autor besser zu verstehen, als er sich selbst verstanden hat«, in: Fotis Jannidis, Gerhard Lauer u.a. (Hg.), *Rückkehr des Autors. Zur Erneuerung eines umstrittenen Begriffs*, Tübingen 1999, 135-155.

scheint, einen ›tatsächlichen Sinn‹ zu manifestieren, über den er in letzter Kompetenz verfügte.[25]

So, wie die Geschichte in immer neuen Gegenwarten neu konstruiert, d.h. für immer neue Referenzsubjekte zu stets neuen Orientierungsinteressen neu geschrieben wird, ›hat‹ auch das literarische Werk nicht den ›harten Kern‹ seines ›Sinns‹ in sich, zu dem man sich durch kontingent erscheinende Außenschichten sozusagen ›durchbohren‹ müsste. Wenn etwa Eric Donald Hirsch die an die Rekonstruktion der Intention eines Autors zur Textabfassungszeit angekoppelte Leitvorstellung einer ›richtigen‹ Interpretation gegen subjektive Beliebigkeiten festzuhalten sucht, so ist dies die Seite eines ›dialektischen‹ Verhältnisses, die nicht aus dem Blick geraten darf, die aber ebenso wenig die ganze Wahrheit des Verstehens enthält. Denn es gibt keinen Endpunkt des Verstehens; vielmehr gilt, auch wenn es, wie Umberto Eco als einer der neueren Anhänger der Hermeneutik formuliert hat, *Grenzen der Interpretation*[26] bzw. unannehmbare Interpretationen gibt, mit Fritjof Rodi das ›Prinzip der produktiven Unergründlichkeit‹.[27]

Verstehen ist ein »Wieder-«, ja ›Weiterverstehen‹, z.B. im »glücklich gewählte[n], ›treffende[n]‹ Ausdruck in der Charakterisierung eines bisher so nicht gesehenen Sinnzusammenhangs«. Otto Friedrich Bollnow hat dies an einem prominenten Beispiel[28] wie

---

25 Vgl. Uwe Japp, *Hermeneutik. Der theoretische Diskurs, die Literatur und die Konstruktion ihres Zusammenhanges in den philologischen Wissenschaften*, München 1977.

26 Umberto Eco, *Die Grenzen der Interpretation (I limiti dell'interpretazione)*, München 1992; vgl. auch ders., *Zwischen Autor und Text. Interpretation und Überinterpretation (Interpretation and Overinterpretation)*, München, Wien 1994. Eco äußert sich neuerdings besorgt über Exzesse in den führenden ›kritischen Schulen‹. Besonders jedoch scheint ihm jener Stil zu missfallen, den die von Derrida inspirierte Kritik als ›Dekonstruktion‹ ausgibt und der die Leser literarischer Werke – in Missachtung eben der ›intentio operis‹ – »einen endlosen, völlig ungehemmten Strom von ›Lesarten‹ zu erzeugen« zu ermächtigen scheint.

27 Fritjof Rodi, *Erkenntnis des Erkannten. Zur Hermeneutik des 19. und 20. Jahrhunderts*, Frankfurt/M. 1990, 8, 97.

28 In der Tat kann man am folgenden Beispiel die Umarbeitung der ›materialen‹ Bildungsbestände studieren. So sind ganze Bücher über die ›deutsche Ideologie‹ des *Faust* geschrieben worden, der im nationalen Zeitalter das ›deutsche

folgt verdeutlicht: »Was beispielsweise der ›Faust‹ ist, das ist nicht
ein für alle Mal festgelegt, sondern das wächst mit der aufnehmen-
den Arbeit des Verstehens und jede neue Deutung fügt zugleich dem
Werk selber etwas Neues hinzu […] Indem uns aber […] über unsere eignen Grenzen hinweg die Leistungen aller Völker und aller
Zeiten zugänglich geworden sind, haben wir die Möglichkeit, den
ganzen weiten Umkreis der Menschheit in uns aufzunehmen und
durch uns fortzuführen. Das zu leisten, ist die große Aufgabe der
Geisteswissenschaften«.[29]

Natürlich lässt der hier verfolgte Zusammenhang keinerlei genauere Aussagen zum Stand der hermeneutischen Theorie – zu erwähnen wären z.B. weiterhin noch der Ansatz einer pragmatischen
Reformulierung der Hermeneutik bei Ferdinand Fellmann und andere mehr – zu.[30] Aber sogar die kurzen vorstehenden Bemerkungen, vor allem zum konstatierten ›offenen‹ Charakter avancierter
Hermeneutik, vermögen bereits anzudeuten, dass ein Großteil der
scheinbaren Evidenz gegenwärtiger Hermeneutikkritik in einer Ver-
kennung ihrer Möglichkeiten wurzelt. Die Hermeneutik ist ihrer er-
folgreichen Theoriegeschichte immer auch kritisiert worden: von
solchen, die sich an natur- bzw. gesetzeswissenschaftlichen Kategorien orientierten, von solchen, die im Besitze Marxscher Kategorien
eine klassenspezifisch beschränkte Hermeneutik überboten, von solchen, die in der Entdeckung ›selbstorganisierender Systeme‹ den

---

Wesen und Streben‹ verkörperte. Fausts Utopie am Ende des 5. Aktes, durch
Trockenlegung eines Sumpfes Land und Lebensraum zu gewinnen, hat Ul-
bricht zur ideologischen Inanspruchnahme für das ›sozialistische Deutschland‹
gedient, die mephistophelische Geburtshelferschaft für das künstliche Mensch-
lein Homunkulus ist den Gefahren der Gentechnik mühelos adaptierbar, und
von Gründgens' Hamburger Szenenbild einer Atombombenexplosion bis zu
gegenwärtigen Inszenierungen wird deutlich, was Goethe uns *heute* sagt: »Die
Elemente sind mit uns verschworen,/ Und auf Vernichtung läufts hinaus« (Johann Wolfgang Goethe, *Faust*, 2. Teil, 5. Akt, 11549 f.

29   Otto Friedrich Bollnow, *Studien zur Hermeneutik* Bd. 1: *Zur Philosophie der
Geisteswissenschaften*, Freiburg, München 1982, 134 f. Gadamer spricht von
einer, wie er sagt, ›Unausschöpflichkeit‹ dichterischer und philosophischer
Texte. Dieser Ausdruck ist unglücklich, weil er ›den‹ Sinn immer schon vorauszusetzen scheint.

30   Ferdinand Fellmann, *Symbolischer Pragmatismus. Hermeneutik nach Dilthey*,
Reinbek 1991.

Schlüssel für die Beschreibung der natürlichen wie der kulturellen Welt gefunden zu haben glauben, zuletzt eine Zeitlang unter dem Signum der ›Dekonstruktion‹ von avantgardistischen Künstler-Denkern im Gestus der technizistischen Provokation, eines Nietzscheschen Antihumanismus und mit französischem Akzent.

Dabei wird der ›traditionellen Hermeneutik‹ einmal eine Ausrichtung auf ›den Sinn‹ ihrer Objekte, ein anderes Mal aber auch gerne eine ›relativistische Unverbindlichkeit‹ vorgeworfen; ein drittes Mal hat die Hermeneutik eine ›unhistorische Vorstellung von Sinn‹, ein viertes Mal aber leidet sie an (historistisch-)›hermeneutischer Entkräftung‹. Zeitweise konnte es in der avancierten kulturwissenschaftlichen Theorieentwicklung gar so scheinen, als sei die Hermeneutik passé. Von den Verständigungsleistungen der Hermeneutik profitiert freilich noch die postmoderne Vielheitsemphase – hierin nicht unverwandt übrigens dem Historismus, der mit der Hermeneutik seit dem 19. Jahrhundert so eng verbunden ist. Und es gilt: Gegenüber der einstmals avantgardistischen ›Frankolatrie in den Kulturwissenschaften‹ und der »Dekonstruktion« als bisher letzter hermeneutikkritischer (und von ihr wiederum überstandener) Mode tritt inzwischen verstärkt die Frage auf, ob eine Aufgabe des ›Verstehens‹ nicht letztlich zum »Poetisieren über Poesie« einlädt[31]; viele verschiedene Stellungnahmen weisen gegenwärtig in Auseinandersetzung mit den Ausprägungen von (Post-, Neo-)Strukturalismus und Dekonstruktion (wieder) auf die Hermeneutik zurück,[32] die sich sicherlich an den Irritationen der konkurrierenden Konzepte, die sich ja ihrerseits um methodische Perspektiven zum Begreifen der menschlichen Angelegenheiten bemühen, abzuarbeiten und sich in manchen Aspekten durch sie ergänzen zu lassen hat. Was unter Dekonstruktion firmiert, hat (soweit überhaupt unter Bildungsaspekten

---

31 Gunter Scholtz, *Ethik und Hermeneutik. Schleiermachers Grundlegung der Geisteswissenschaft*, Frankfurt 1995, 94, vgl. 14 f.

32 Didaktisch geprägt ist: Helmut Seiffert, *Einführung in die Hermeneutik*, Tübingen 1992. Eher essayistisch: Ben Vedder, *Was ist Hermeneutik?*, Stuttgart 2000. Vgl. auch Gottfried Gabriel, »Zur Interpretation literarischer und philosophischer Texte«, in: ders., *Zwischen Logik und Literatur. Erkenntnisformen von Dichtung, Philosophie und Wissenschaft*, Stuttgart 1991, 147-160.

adaptierbar) die Hermeneutik immer schon umfasst.[33] Angesichts
eines verkürzten Verständnisses ihrer Möglichkeiten in den Augen
ihrer Gegner hatte bereits Hans Robert Jauß zu bedenken gegeben,
»ob die modisch gewordene Schelte der Hermeneutik nicht ständig
Türen einrannte, die in ihrer Geschichte wie in der Praxis des Sinn-
verstehens oft schon lange geöffnet waren«. Die Hermeneutik, darauf läuft Jauß' Plädoyer hinaus, impliziert ein theoretisches Niveau
und Feld von Differenzierungen, das vieles angeblich Neue immer
schon mit umfasst hat: »Hermeneutik war von Haus aus undogma-
tisch und ist es noch. Wer sie verachtet, weil er sie – um vorab die
gängigen Vorwürfe zu nennen – für konservativ, vergangenheitshö-
rig und traditionsgläubig, der ›Chimäre des Ursprungs‹ verfallen, für
unkritisch, affirmativ und – schlimmer noch – für herrschaftsstabili-
sierend, für subjektivistisch, unsystematisch und theorieblind hält,
kann seinerseits in Dogmatismus verfallen, ohne zu bemerken, dass
er in praxi doch selbst von dem zehrt, was er theoretisch ablehnt«.[34]

Die breite Evidenz der Hermeneutik als des mehr oder weniger
expliziten theoretischen Hintergrundes der Kulturwissenschaften ist
freilich durch die dekonstruktivistische Herausforderung theoretisch
erneut und neu zu explizieren. Ein weites neueres Spektrum umfasst
hier unter anderen Theoretiker wie Thomas Seebohm, Hans Inei-
chen, Jean Grondin, Ferdinand Fellmann, Günter Figal, Hans Joa-
chim Krämer sowie das Umfeld der über Georg Misch und Otto
Friedrich Bollnow fortführenden Dilthey-Schule, vor allem den
Bollnow-Schüler Fritjof Rodi sowie Gunter Scholtz, Hans-Ulrich
Lessing, Gudrun Kühne-Bertram und andere, an der sich auch die
vorliegende Darstellung orientiert.[35]

---

33 Schon immer ist die hermeneutische Theorie auch mit der Vorstellung umge-
    gangen, »daß es ein Teil der Aufgabe des Interpreten sei, mysteriöse Texte my-
    steriös zu behandeln und über seltsame Dinge Seltsames zu schreiben«; neu
    sind auch weder die »chaotische Demokratie der ›Verständnisse‹« noch die
    zwischen ›radikalen Historisten‹ und ihren Gegnern umstrittene Frage nach der
    ›Objektivität‹ der Hermeneutik; neu sind schließlich weder die Kritik noch
    Verteidigung des ›Autors‹ in der Literatur. Vgl. Eric Donald Hirsch, *Prinzipien
    der Interpretation* (*Validity in Interpretation*), München 1972, 8 f., 19.
34 Hans Robert Jauß, *Wege des Verstehens*, München 1994, 7 f.
35 Für Hinweise danke ich Hans-Ulrich Lessing und Gudrun Kühne-Bertram so-
    wie besonders Fritjof Rodi.

Dass wir ›verstehen‹ können, ist Grundlage aller Prozesse kultureller Bildung. Alle Bildung wiederum ist lauter Triumph einer kul-
turtheoretisch und historisch aufgeklärten Hermeneutik. Ein bil-
dungs- und kulturphilosophischer Ansatz vermag darum am ehesten,
Wesen und Leistungen der Hermeneutik auf den Begriff zu bringen.
Dies kann im weiteren eine philosophische Ausweitung des Herme-
neutikthemas in die Felder von Vernunft, Kultur und Bildung zeigen.

3. Hermeneutik – Vernunft – Kultur

Zu Zeiten der Diskussion über die sogenannte Postmoderne, im Jahre 1987, hat einer der namhaften gegenwärtigen Theoretiker der
Pädagogik, Dieter Lenzen, festgestellt, dass die postmoderne Provokation die Pädagogik in besonderem Masse getroffen habe, die doch
»wie keine zweite Disziplin mit dem von Habermas so genannten
›Projekt Moderne‹ verbunden« sei. Hierbei findet sich von Lenzen
in einer autobiographischen Rückschau auf die von der kritischen
Theorie inspirierte Münsteraner Arbeit mit Herwig Blankertz (der zu
den eindrucksvollsten auch meiner Studienerinnerungen gehört) die
folgende Formulierung: Galt einst »die Überzeugung, dass die Vernunft über eine Kraft der Selbstdurchsetzung verfüge, die dann alles
weitere veranlassen werde: Emanzipation der Schüler, der Menschen, Besserung der Verhältnisse, wo nicht sozialistische Revolu-
tion, so doch wenigstens sozialdemokratische Reform«, so heißt es
bei Lenzen nun: »Machen wir uns nichts vor, diese Vision ist ge-
scheitert.«[36] Nicht weiter verfolgt werden kann hier, wie Lenzen

---

36   Dieter Lenzen, »Mythos, Metapher und Simulation. Zu den Aussichten Syste-
     matischer Pädagogik in der Postmoderne«, in: *Zeitschrift für Pädagogik* 33
     (1987), 41-60, 41. Vgl. ders. (Hg.), *Erziehungswissenschaft. Ein Grundkurs*,
     Reinbek ²1995; ders., »Reflexive Erziehungswissenschaft am Ausgang des
     postmodernen Jahrzehnts oder Why should anybody be afraid of red, yellow
     and blue?«, in: *Zeitschrift für Pädagogik* 29, Beiheft: *Erziehungswissenschaft
     zwischen Modernisierung und Modernisierungskrise. Beiträge zum 13. Kon-
     gress der Deutschen Gesellschaft für Erziehungswissenschaft*, hg. v. Dietrich
     Benner, Dieter Lenzen u. Hans-Ulrich Otto, Weinheim, Basel 1992, 75-93, 80.

nach Emanzipationstheorie und Thematisierung der Postmoderne heute Bildungsprozesse mit dem Instrumentarium der Systemtheorie beschreiben will. Aufgegriffen werden soll aber seine Formulierung insofern, als *die* Vernunft in der Tat nicht einlinig als pares Agens mit inhärenter Kraft zur Selbstdurchsetzung angesehen werden darf, dass aber eine differenziertere Auffassungsweise dessen vorgeschlagen werden kann, was *Vernunft* in Zusammenhängen einer kultur- und bildungstheoretischen sowie philosophischen Betrachtungsweise der Hermeneutik denn sei.

Im Zuge der Geistesgeschichte bereits des 19. Jahrhunderts treten drei der innovativsten Denker dieser Zeit, Marx, Nietzsche und Dilthey, mit der These auf, dass die »Vernunft«, philosophisch betrachtet, keine fixe, eine metaphysische Grundstruktur verkörpernde Größe mehr sein könne.

Marx erklärte sie zur praktisch-politischen (statt bis dato, wie er jedenfalls meinte, ›scholastischen‹) Frage und wollte sie bekanntermaßen zugleich an ökonomisch-soziale Gesetzmäßigkeiten zurückbinden.

Wenn Nietzsche in dem frühen Aufsatz über ›Wahrheit und Lüge im außermoralischen Sinn‹ vom Trieb des Menschen zur Metaphernbildung spricht, gewinnt die Wahrheitsfrage den Unterton der Stilisierung einer Lebensform: die eigentlich einer theoretischen Philosophie angehörende Frage nach der Vernunft wendet sich ins Ästhetische.[37]

Weniger spektakulär als diese beiden Denker, aber vielleicht nachhaltiger arbeitet zur selben Zeit auch der Historismus an der Vernunftfrage und auch er kommt zu einem ähnlichen Schluss:

---

37 Vgl. auch, mit einiger Skepsis gegenüber dem, was menschliche Bildung vermögen könnte, die berühmte Passage: »In irgend einem abgelegenen Winkel des in zahllosen Sonnensystemen flimmernd ausgegossenen Weltalls gab es einmal ein Gestirn, auf dem kluge Thiere das Erkennen erfanden. Es war die hochmüthigste und verlogenste Minute der ›Weltgeschichte‹: aber doch nur eine Minute. Nach wenigen Atemzügen der Natur erstarrte das Gestirn, und die klugen Thiere mussten sterben«. Friedrich Nietzsche, *Über Wahrheit und Lüge im außermoralischen Sinne* (1873), Kritische Studienausgabe, Bd. 1, München 1988, 875.

Die Vernunft wird gemacht, nicht gefunden. Mit Blick auf die bereits erwähnte Gestalt Wilhelm Diltheys[38] kann man feststellen, dass diese Frage im Historismus jedoch weder primär politisiert noch ästhetisiert wird.

Es geht Dilthey vielmehr um ernsthafteste Arbeit an der Vernunft in der Geschichte. ›Arbeit‹ am Logos verweist auf das Bemühen um eine Vernunft, die nirgends schon ›ist‹. Die Vernunft, die durch uns in die Welt gebracht werden soll, ist im Vornherein durch nichts garantiert. Sie ist der Inbegriff der notwendig aus historisch situierten Horizonten heraus erfolgenden konstruktiven Leistungen der aus ihren ganz speziellen Problemlagen heraus handelnden und denkenden Menschen. Dies bedeutet, dass unsere Fragestellungen, unsere Antwortversuche und noch deren Rationalitätsformen einen historischen Index tragen – so wie die Kultur selbst wesentlich Konstruktionscharakter hat. Kultur bedeutet ›Arbeit‹ – aus dem Blickwinkel der Philosophie näherhin ›Arbeit an der Vernunft‹ – oder, mit einem Ausdruck, den der Münsteraner Metaphorologe Hans Blumenberg, der ja bekanntlich am Mythos gearbeitet hat, eher nebenbei verwendet: ›Arbeit am Logos‹.[39]

Das hat man Dilthey bekanntlich übel ausgelegt. Seine Hermeneutik treibe orientierungslos in den vielgestaltigen Kulturbeständen der Geschichte, weil seine Philosophie über die strikt normative Ausrichtung nicht verfüge, die notwendig sei, um in der Auseinandersetzung mit der Herkunft die Gegenwart und Zukunft zu gestalten. Die Begründungstheoretiker im Umkreis der neueren ›Frankfurter Schule‹, nicht grundsätzlich ablehnend der Hermeneutik gegenüber eingestellt, aber im Bestreben, sie ›ideologiekritisch‹ und in Ergänzung um weitere Theorieangebote zu überbieten, boten an dieser Stelle ihre eigenen diskurstheoretischen Bemühungen als die überlegene Alternative an. Freilich: Je stärker und legitimer eine

---

38 Vgl. Wilhelm Dilthey, »Über den Widerstreit der Systeme«, in: ders., *Das geschichtliche Bewußtsein und die Weltanschauungslehre*, Gesammelte Schriften, Bd. 8, 75 ff.

39 Vgl. Volker Steenblock, »Philosophische Bildung als ›Arbeit am Logos‹«, in: Johannes Rohbeck (Hg.), *Methoden des Philosophierens*, Dresden 2000, 13-29 (Jahrbuch für Didaktik der Philosophie und Ethik, 1), sowie: *Arbeit am Logos. Aufstieg und Krise der wissenschaftlichen Vernunft*, Münster 2000.

Begründungsphilosophie auftreten möchte, um so mehr muss sie das Gespenst des Relativismus beschwören. Karl Otto Apel und seine Schule, Vittorio Hösle, aber selbst ein Habermas haben das bis zum Exzess betrieben. Dilthey ist da fast schon zum begründungstheoretischen Schwächling gemacht worden, was ganz unangemessen ist.

Herbert Schnädelbach hat demgegenüber die Frage nach dem Verhältnis von Vernunft und Geschichte adäquat neu gestellt und auf die durchsichtigen Manöver der Begründungstheoretiker verzichtet.[40] Und der Tübinger Hermeneutiker Günter Figal hat den »durchaus fragwürdigen Entschluß, die Prozedur sprachlicher Verständigung selbst zum sicheren Fundament zu erklären«, als »Flucht nach vorn« kritisiert, der gegenüber die Hermeneutik eine »Philosophie der begrenzten Vernunft« sei: »Sie ist eine Philosophie, die der geschichtlichen und sprachlichen Gebundenheit des Denkens und Erkennens Rechnung tragen will und die Besonderheit und Jeweiligkeit des Denkens und Erkennens nicht leugnet«, aber zugleich »zeigt, wie auch die begrenzte Vernunft noch Vernunft ist«.[41]

Die Hermeneutik ist die Philosophie einer historisch aufgeklärten Vernunft. Diese Feststellung muss wohl zwei möglichen Einwänden vorbeugen.

Erstens: Ohne Zweifel haben wir die Möglichkeit der Innovation, eines sozusagen ›geistigen Überschusses‹, der Einführung eines Neuen oder auch lediglich des Setzens neuer Akzente oder der Wiedergewinnung eines Alten oder seiner Uminterpretation. Kein Fortschritt wäre sonst möglich. Dies Neue kann aber nicht aufgefasst werden als Empfangsmedium überhistorischer oder in welcher Art auch immer ›extern‹ vorgegebener Wahrheiten. Es wird vielmehr ersonnen auf der Grundlage und im Kontext der jeweiligen materiellen und geistigen Auseinandersetzung der Menschen mit ihrer Umwelt, wie sie über hermeneutische Prozesse vermittelt wird. Eine andere Wirklichkeit als die historische haben wir nicht, aus der heraus wir unsere ›Arbeit am Logos‹ leisten. Es gibt eine Vielzahl der Zugriffe

---

40 Vgl. zur Hermeneutik den Abschnitt »Verstehen« in: Herbert Schnädelbach, *Philosophie in Deutschland 1831-1933*, Frankfurt/M. 1983, 138-171, generell H. Schnädelbachs Aufsatzsammlung *Vernunft und Geschichte*, Frankfurt/M. Frankfurt 1987.

41 Günter Figal, *Der Sinn des Verstehens*, Stuttgart 1996, 11 f.

und Versuche, die einander oft genug widersprechen: sie sind kulturelle Herausbildungen von eigener Kraft und keine bloße Inkarnation ›objektiver‹ Gehalte von ›ideellem Sein‹ aus einer anderen Welt in die unsere.

Zweiter Einwand, dem vorzubeugen wäre: Keines dieser Argumente richtet sich gegen die in den Kulturwissenschaften durchgesetzten und mehr oder weniger etablierten szientifischen Verfahrensweisen und Prinzipien bzw. Kriterien und Korrektive, die darüber entscheiden, was als argumentativ akzeptabel gelten kann und was nicht. Eine Auffassung der Kultur- und der Vernunftgeschichte als ›historische Arbeit‹ muss aber die Perspektive ›von unten‹ festhalten, die dort ansetzt, wo, wie es Isaiah Berlin formuliert hat, Menschen in ›Anstrengung, Arbeit und Kampf ihre Welt geschaffen haben‹. Rationalität erweist sich dann als eine Folge geschichtlich sich aufarbeitender konkreter Lernprozesse, denen kein hypostasiertes Überlieferungsgeschehen, keine kontrafaktisch unterstellten idealen Diskurse, und erst recht keine geschichtsphilosophischen Entwicklungsgesetze oder Erleuchtungen aus anderen Sphären als der irdischen irgendeine andere Rückendeckung geben, als sie aus sich selbst entwickeln. Niemand steht über den von Menschen mühevoll erarbeiteten endlichen und teils widersprüchlichen Formen des Wissens. Entsprechend können wir auch nicht erwarten, dass die geschichtlichen Verhältnisse Strukturen von kontextfreier Geltung hervorbringen, die über alle Zeiten gleich unverändert bleiben könnten. Neue Erfahrungen zwingen uns zu neuen Bewertungen. Wie wir kulturelle Errungenschaften auffassen, sie uns zu eigen machen und sie weiterführen, ist vielmehr selbst wiederum der unablösbare Teil und das Verdienst in jeweiligen Vollzügen immer neu zu bewahrheitender Prozesse jeweiliger Orientierung. Die Geschichte arbeitet offensichtlich keine Bahn eines ideell immer schon vorgegebenen Seins ab. Dies bedeutet für die kulturelle Vernunft in der Geschichte keine Beliebigkeit. Sie kann wachsen, Standards setzen, Errungenschaften ausprägen, Evidenzen erzeugen. In einen solchen bildungs- und kulturphilosophischen theoretischen Rahmen lässt sich mit Dilthey die Hermeneutik stellen, die demnach auf externe begründungsphilosophische Belehrungen nicht angewiesen ist.

Das, was wir über uns und unsere Arbeit in der kulturellen Welt zu wissen glauben, verdanken wir hermeneutischen Prozessen.

Menschliches Leben und Kultur sind wie noch ihr Selbstreflexiv-
werden in der Theorie[42] als Verstehens- und Bildungsleistungen
aufzufassen.

4. Nebenbemerkung: Hermeneutik als Theorie des Philosophierens

Als ein Teil jener kulturellen Anstrengungen, die auf den Begriff zu
bringen es angetreten ist, wäre auch das Philosophieren als ›Arbeit
am Logos‹ zu verstehen. Der Logos, die philosophische Vernunft,
erweist sich als in die Geschichte eingelassenes Projekt kultureller
Arbeit.

Auch das Philosophieren selbst kann deshalb in hermeneutischen Kategorien begriffen werden. Dies erklärt übrigens den
manchmal so genannten ›Skandal der Philosophie‹, ihre angebliche
oder tatsächliche Selbsthistorisierung und Selbstphilologisierung.
›Historisch‹ und ›systematisch‹ sind in den Kulturwissenschaften offenbar deswegen keine vollständigen Disjunktionen, weil das Historische eben nicht nur Selbstzweck ist, sondern die Gegenwart informiert und ihrer Selbst-Vergewisserung dient. Im »Schicksal vergangenen Denkens«, so formulierte etwa Hans Michael Baumgartner,
wird der Philosophierende »seiner selbst gewahr«. Und bereits Karl
Jaspers meinte: »Ich philosophiere im vergangenen Gedanken, was
gegenwärtig angeht. Im Wissen vom Vergangenen, das ich aneigne,
ist eine neue philosophische Gegenwart«.[43] Die Hermeneutik beschreibt, was beim Philosophieren geschieht: Das Aufnehmen des

---

42 Vgl. hierzu Volker Steenblock, *Theorie der Kulturellen Bildung. Zur Philoso-
    phie und Didaktik der Geisteswissenschaften*, München 1999.
43 Hans Michael Baumgartner, »Anspruch und Einlösbarkeit. Geschichtstheoreti-
    sche Bemerkungen zur Idee einer adäquaten Philosophiegeschichte«, in: *Veri-
    tas filia temporis? Philosophiehistorie zwischen Wahrheit und Geschichte.
    Festschrift für Rainer Specht zum 65. Geburtstag*, hg. v. Rolf W. Puster, Berlin
    1995, 44-61, hier: 61. Karl Jaspers, *Weltgeschichte der Philosophie*, Einlei-
    tung, aus dem Nachlass hg. v. Hans Saner, München, Zürich 1982, 45. Vgl.
    Volker Steenblock, »Zum Bildungsauftrag der Philosophiegeschichte«, in:
    Zeitschrift für Didaktik der Philosophie und Ethik 22 (2000), 258 ff.

Alten in Traditionsübernahme, Traditionsbewahrung und Traditions-
kritik sowie seine neue Ergreifung in einer neuen Gegenwart,
schließlich seine Fortführung um Eigenes und seine Überführung in
Neues.

5. Hermeneutik und Bildung

›Bildung‹ steht dabei gerade an jener Stelle, an der in jedem solchen
Projekt anzusetzen wäre. Wie die Kultur überhaupt ist sie nicht nur
Gegebenes, sondern vor allem auch Aufgegebenes.

Die hierbei in Rede stehende Aufgabe kann durch kurzschlüs-
sige Lösungen nicht ersetzt werden. Dies gilt nicht nur für die erwähnten eine Zeitlang im akademischen Philosophiebetrieb diskutierten älteren ›Letztbegründungs‹-Theoreme, es gilt bis hin zu den
neueren Phantasmen Peter Sloterdijks, der bekanntlich unlängst in
platonisierend orakelnden Worten mit der Möglichkeit jonglierte,
man solle eine im Blick auf eine Vision vom idealen Menschen gen-
technisch möglich werdende Menschenzüchtung betreiben und damit auf eine von Sloterdijk konstatierte Krise des Humanismus und
der Bildung reagieren, fast, als könne man die Krise der Bildung
durch Gentechnik heilen. Hierauf ist nicht weiter einzugehen; ich
greife diesen Vorfall nur auf, um genau umgekehrt zu fragen: Bildung beinhaltet die Kompetenz, die menschlichen Verhältnisse zu
beurteilen und einzurichten. Wenn wir nicht im Zeichen der Hermeneutik an unserer Bildung arbeiten – wo mag dann eine ›Menschenzüchtung‹ erst hinführen?

Derlei ›Zeit‹-Aufregungen sind aber nur die neueste Version
einer scheinbaren Überwindung der die Hermeneutik leitenden Bil-
dungsidee. Ungeheuer viel hat die Bildungsexpansion gerade im zu
Ende gehenden Jahrhundert in der westlichen Welt bewegt. Zugleich
aber erscheint ein auch nur halbwegs emphatischer Begriff von Bildung in der gegenwärtigen Ökonomisierung aller Lebensvollzüge
und in der kommerzialisierten Massenkultur gefährdeter denn je.
Angesichts offenkundiger höchst realer Tendenzen einer Banalisie-
rung, Zerstreuung und Abtötung des Ich statt seiner Ausprägung und
Kultivierung erscheint seine zeitweise theoretischen Demontage in

der Postmoderne. Wer bin ich, heißt es heute, und wenn ja: wie
viele?

Demgegenüber führt der Begriff der Bildung auf die Perspektive, das, was Menschen in hermeneutischen Prozessen geistig erreichen können, individuell und für alle durchzusetzen. Man hat gesagt,
dass in der Bildung noch in der Selbstkonstruktion das christliche
Schöpfungsmysterium wieder aufzuleben scheint. Seit Humboldt
freilich stellt die Bildung ein Konzept eigenen Rechtes und eigener
Bedeutung dar. Richtig ist, dass es bis heute evolutionär keine plau-
sible Erklärung dafür gibt, wie aus physikalischen und chemischen
Prozessen Bedeutung entsteht und Natur in das Gegenstandsfeld der
Hermeneutik, in Kultur, ›in Sinn‹ umschlägt.[44] Dies gilt auch und
gerade, wenn die Ergebnisse der modernen Bewusstseinsforschung
wenig Zweifel daran lassen, dass wir in die Zeit gesetzte Materie-
einheiten sind, höchst fragile und vergängliche Phänomene. Bildung
steht nach Maßgabe ihrer Theoretiker für einen Status als Vernunft-
wesen, wie Menschen ihn in Verstehens- und Gestaltungsprozessen
als Menschen für sich realisieren sollen. Bildung ist naturgemäß primär eine Sache des Anfangs. Der Mensch muss die Kategorien und
Interessen entwickeln, die zu seiner Formung und Ausprägung führen können. Bildung führt jedoch am Ende dann auf die Perspektive,
das, was Menschen geistig erreichen können, individuell und für alle
durchzusetzen. Bildung bezeichnet dabei ein ›bezügliches‹ Wissen,
bei dem die ganze Person mitschwingt. Die gebildete Vernunft ver-
körpert gegenüber dem (unabdingbaren) reinen Faktenwissen ein
»persönliche[s]«, ein »als Wissen selbst evident eingesehene[s] und
verantwortete[s] Wissen«.[45]

Nichts bringt darum, glaube ich, das, was wir als Pädagogen und
Philosophen tun, so auf den Begriff, wie das Zusammenspiel der
Theoreme von Hermeneutik und Bildung. Nur in überholten Auffas-
sungsweisen ihrer selbst können Hermeneutik und Bildung gleichsam als theoretische ›Altlasten‹ erscheinen. Beide Theoreme beschreiben vielmehr in lebendigster und avanciertester Weise, wie

---

44 Vgl. Käte Meyer-Drawe, »Zum metaphorischen Gehalt von ›Bildung‹ und ›Erziehung‹«, in: *Zeitschrift für Pädagogik* 45 (1999), 161-175, 173.
45 Gunter Scholtz, »Sokrates und die Idee des Wissens«, in: Herbert Kessler
(Hg.), *Das Lächeln des Sokrates*, Kusterdingen 1999, 247-269, 263.

Individuen zur Teilnahme an Kulturprozessen fähig werden, und sie bieten Ansätze zur Thematisierung der Kompetenzen, aus denen heraus sie diese gestalten können. Der sich in hermeneutischen Prozessen bildende Mensch ist keine idealistische Hypostase – er ist die Aufgabe kultureller Arbeit in natürlichen, sozialen und kulturellen Kontexten.

6. Hermeneutische Methoden als Grundpfeiler des Philosophierens und des Philosophieunterrichts

Die bis hierher angesprochene kulturtheoretische Relevanz der Hermeneutik lässt sich nun in ihrer didaktischen Bedeutung ausweisen und umgekehrt: Der Bildungsaspekt vermag die kulturphilosophischen Leistungen der Hermeneutik zu erhellen.

Die Re- und Neuproduktion von Kultur ist nicht möglich, ohne dass ihre Subjekte zur Teilhabe an ihren Gehalten und Prozessen befähigt werden, und dies wiederum ist undenkbar ohne den Einsatz eines konkreten *Instrumentariums didaktisch-methodischer Schritte und Verfahren.* Dies gilt insbesondere auch für die Philosophie. Nach dieser methodischen Seite hin lässt sich philosophische Bildung auffassen als die Ingangsetzung und Begleitung von ›Erkenntnisarbeit‹, ja, wenn der Begriff erlaubt ist, von ›Orientierungsarbeit‹, die nicht zuletzt mittels eines lehr- und lernbaren Potentials argumentativer und anderer Techniken im institutionellen Rahmen der verschiedensten philosophischen Bildungsorte von der Schule über die Erwachsenenbildung bis zur Universität erfolgt.[46] In einer fachdidaktischen Spezifizierung von Humboldts ›Lernen des Lernens‹ erscheint vor diesem doppelten Hintergrund eine ›Kompetenzentwicklung zum Philosophieren‹ entscheidender Prüfstein, die mit unterschiedlichen methodischen Zugängen zu eigenem Arbeiten motiviert und anleitet. Ein solcher Ansatz erwächst aus der Einsicht, dass Lernen vor allem aus aktivem Handeln in eigengesteuerten Lernsituationen resultiert. Dabei sind die Methoden des Philosophierens

---

46 Vgl. Volker Steenblock, *Philosophische Bildung. Einführung in die Philosophiedidaktik und Handbuch: Praktische Philosophie*, Münster 2000.

überhaupt – von der Hermeneutik bis zur sprachanalytischen Philosophie – und die Text- und Problemerschließungsmethoden des Philosophieunterrichts verwandt (sonst würde an außeruniversitären
Lernorten nicht philosophiert), aber natürlich nicht identisch.

Es tut sich mittlerweile einiges auf diesem Gebiet. Johannes
Rohbeck hat ein für die Diskussion grundlegendes theoretisch-me-
thodisches Resümee verschiedener philosophischer Denkrichtungen
in der *Zeitschrift für Didaktik der Philosophie und Ethik*[47] gezogen.
Ekkehard Martens unterscheidet eine ›phänomenologische‹, ›analytische‹, ›hermeneutische‹ und ›dialektische‹ Methode. Diese vier
Punkte realisieren philosophische Lernprozesse in einer offenen Spirale: Phänomene umfassend und differenziert wahrnehmen und beschreiben, wichtige Begriffe der Phänomenbeschreibung hervorheben und klären, unterschiedliche Deutungsweisen in der Phänomenbeschreibung und Begriffsklärung im Rückgriff auf die Geschichte
des Denkens herausarbeiten (nicht nur Textanalyse), kontroverse
Behauptungen, die sich aus der Phänomenbeschreibung, Begriffser-
klärung und Deutungsarbeit ergeben, zuspitzen, argumentativ prüfen
und gegeneinander abwägen.

Wie münzen sich die Leistungen der Hermeneutik in Prozessen
philosophischer Bildung aus?

Alles Philosophieren und damit auch jeder Philosophieunterricht, der sich nicht selbst reduzieren und verleugnen will, muss und
kann Lernende zur ›Arbeit‹ am ›Projekt ihrer Identität‹ auch auf die
›großen Philosophen‹ verweisen: ohne die ›Klassiker‹, mittels derer
die Gehalte der Tradition in unsere Reflexion ›einströmen‹ können,
entstünde ein Mangel an Fachidentität. Bekannt sind die Debatte um
kürzere und längere zu diesem Zwecke verwendete Textausschnitte
in Schulbüchern der Oberstufe und die Kritik am ›morbus hermeneuticus‹ (Herbert Schnädelbach).[48] Kompetenzen des Textverste-

---

47 Johannes Rohbeck, »Didaktische Potenziale philosophischer Denkrichtungen«,
    in: *Zeitschrift für Didaktik der Philosophie und Ethik* 22 (2000), 82-93.
48 Zur Hermeneutik als Texterschließungsmethode vgl. unter didaktischen Hin-
    sichten: Helmut Engels, »Zum Umgang mit Texten im Philosophieunterricht«,
    in: *Philosophie. Anregungen für die Unterrichtspraxis* 2 (1980), 16-24; Klaus
    Langebeck, »Verfahren der Texterschließung im Philosophieunterricht«, in:
    Zeitschrift für Didaktik der Philosophie 7 (1985), 3-11; Karel van der Leeuw u.
    Pieter Mostert, »Der Dschungel und der Kompass. Textverstehen im Philoso-

hens, des selbständigen Bearbeitens von Texten sind aber (auch unter dem Gesichtspunkt der Wissenschaftspropädeutik) zugleich Grundfertigkeiten kultureller Bildung überhaupt. Texte können unseren Sachstand und unser Problembewusstsein erweitern; sie ›sprechen‹ dabei auf der hermeneutischen Grundlage unserer Fragehorizonte und historischen Kontexte.

Neben der gemeinsamen Diskussion philosophischer Probleme (der sogenannten ›freien Problem- und Sacherörterung‹) und einem zweifellos vorhandenen ganzen Spektrum von weiteren Möglichkeiten[49] ist der Philosophie-Unterricht mit allem Recht vorwiegend textgebunden – in Texten schlagen sich nun einmal die Ergebnisse der Menschen vor uns und der ›großen Denker‹ nieder. Wer nicht bei Null anfangen möchte, sondern von der Tradition und dem, was vor uns gedacht wurde (bei aller Kritik) auch lernen können will, muss wissen, wie man Texte versteht und auch schwierige Nüsse ›knackt‹.

Philosophische Texte verstehen sich nicht von selbst, sondern bedürfen zu ihrem Verständnis der methodischen Bemühung. Ein Text (von lat. ›textus‹: Gewebe, Geflecht, Zusammenhang) ist ein (jedenfalls meistens:) sinnvoller Zusammenhang von Sätzen. Hierbei ist mit der einschlägigen Terminologie zu rechnen, mit seltenen, philosophiespezifischen und andere Fachbegriffen, aber auch mit komplizierten Satzstrukturen und damit, dass Hauptsätze mit Nebensätzen verschachtelt werden, von denen oft wieder ein Nebensatz (›zweiter Ordnung‹) abhängt, von dem dann wieder usf.[50]

Das Begreifen dessen, was zwischen dem bedruckten Papier (für Bildschirm-Texte gilt natürlich das gleiche) und dem Leser vorgeht, ist die sprichwörtliche Domäne der *Hermeneutik* als eben der Lehre von *Verstehen*. Man liest, so macht sie deutlich, dem Text seinen Sinn nicht einfach ab. Man selbst *konstruiert* vielmehr stets und

---

phieunterricht«, in: ebd., 42-48; Sabine Mischer, »›Wenn die Könige bauen, haben die Kärrner zu tun‹ – die Interpretation philosophischer Werke«, in: dies. u. Norbert Herold (Hg.), *Philosophie. Studium, Text und Argument*, Münster 1997, 79-103.

49 Vgl. zuletzt Helmut Engels, »Erfahrungen machen lassen«, in: *Ethik und Unterricht* 3 (2000), 2-5.

50 In hartnäckigen, zugleich aber wichtigen Fällen kann man wie bei der Lektüre von Texten aus den alten Sprachen die jeweilige Satzstruktur analysieren.

notwendig das, was man für die Textaussage hält, nach. Die Konstruktion, die der Leser oder die Leserin durchführen muss, ist dabei abhängig von dem Horizont, über den man selbst verfügt (Vorwissen, Erfahrungen, Interessen usw.). Hierauf verweist der berühmte ›hermeneutische Zirkel‹, der nicht tatsächlich in einem negativen Sinne zirkulär ist, sondern der eher eine positive, zu besserem Verständnis hinführende ›Spirale‹ darstellt. Der Interpretationshorizont ist bei jedem anders und sogar man selbst kann sich ändern: Derselbe Text, der einem vor einem Jahr vielleicht noch nichts ›gesagt‹ hat, kann heute, in einer anderen Ausgangssituation, interessant und wichtig werden. Es liegt in der Natur zwischenmenschlicher und kultureller Kommunikation, dass es kein hundertprozentiges Verstehen gibt. Verstehen kann höchstens im Sinne regulativer Zielvorgaben als abbildendes Erkennen eines Sachverhaltes oder Duplikation einer Autormeinung im erkennenden Subjekt angesprochen werden. ›Verstehen, wie es eigentlich gewesen‹, hat einer der größten Historiker des 19. Jahrhunderts, Leopold von Ranke, formuliert, aber niemals derart naiv gemeint, wie es gelegentlich objektivistisch missverstanden worden ist; dieses Wort war vielmehr eine Spitze gegen alle bewusst wertende und richtende Geschichtsauffassung. Alles Verstehen ist Konstruktion im verstehenden Subjekt. Wir müssen *interpretieren*. Aber natürlich möglichst gut. Ein angemessenes Verstehen ist nicht beliebig oder ein bloßer Glücksfall, sondern eine durchaus weitgehend methodisierbare und lernbare Sache. Man muss nur wissen, wie man schwierige Texte liest.

Die Aufforderung: ›Interpretieren Sie diesen Text‹ ruft nun womöglich üble Erinnerungen an umfangreich bedruckte Papierseiten und ›Bleiwüsten‹ hervor. Man hat den Text schon als einen ›Dschungel‹ bezeichnet, vor dem wir stehen und in dem wir einen Kompass brauchen.

Diesen Kompass können etwa Tipps wie die folgenden liefern. Das Textverstehen kann aufgeteilt werden in verschiedene Vorgänge: Wörter erkennen (mancher philosophische Begriff ist für sich schon ganz schön kompliziert), Satzstrukturen durchschauen, Argumentationsschritte identifizieren und schließlich die eigentliche Sinnerschließung.

(a) So könnte ein erster Schritt sich *texteröffnenden Methoden und Lesetips* widmen: Satzweisem gründlichen und genauen sinner-

schließendem Lesen, Unterstreichen und Markieren (falls kein Leih-
buch), Gliederungssignalen (Überschriften, Absätzen, Hervorhebun-
gen), schließlich Notizen.

(b) Ein zweiter Schritt beschäftigte sich dann mit den *Arbeits-
techniken und der Vorgehensweise bei einer Textinterpretation.*

− Hierunter fiele zunächst die Bestimmung der Frage bzw. des
Problems, zu dem der Text(auschnitt) sich äußert, die Darlegung
der Entfaltung der Problembehandlung und des Lösungsvor-
schlages bzw. der Ergebnisse (oder einer entsprechender Offenheit des Textes), evtl. der Verweis auf Absichten des Autors/der
Autorin, Aussage bzw. Position, die plausibel gemacht werden
soll.

− Zweitens ginge es um eine Rekonstruktion des Argumentationsganges: Welche Begriffe sind unbekannt? (vorheriges ›Ausfra-
gen‹ des Textes, Verwendung von Lexika), welche Schlüsselbegriffe werden verwendet? Welche Kernaussagen lassen feststellen bzw. welche Sinnabschnitte bilden (Überschriften geben)?
Wie wird argumentiert? Welche Sprechakte werden vollzogen
(Definition, These, Begründung, Vermutung, Unterstellung
usw.)? Welche Ergebnisse ergibt eine Analyse der Satzstruktur?
Werden suggestive Mittel verwendet?

− Drittens hätte sich der Text einer Überprüfung und Bewertung
zu unterziehen: Sind die Aussagen hinreichend begründet? Erscheinen die festgestellten Prämissen (Voraussetzungen, die der
Autor − ausgesprochen oder unausgesprochen − macht) und die
Folgerungen haltbar? Wie ist die Bedeutung des Textes für das
gegenwärtige und künftige Denken und Handeln einzuschätzen?
Ziel dieses Verfahrens ist ein angemessenes Verstehen und eine
Würdigung des Autors. Diesem ist weder einfach ungeprüft zu-
zustimmen, noch ist er voreilig zu ›schlachten‹. Redlicherweise
muss allen Beteiligten klar sein, dass man meist nur ›Kostpro-
ben‹ umfangreicher Gedankengebäude wahrnimmt. Man sollte
ferner seine Interpretationsbehauptungen mit Zitaten aus dem
Text belegen und trennen zwischen dem, was als Autoraussage
vermutet wird, und der eigenen Position.

(c) Neben diesen *textimmanenten* gibt es vor allem *textüberschrei-
tende Methoden* (Textvergleich, Konfrontation mit vorab bestehenden Erwartungen, gleichzeitig erhobenen Informationen zum Autor,

zur Entstehungszeit, Sachinformationen zum Thema, zu dem der
Text sich äußert und schließlichen Bewertungen, Analyse und Reflexion der Entstehungs- und Rezeptionsbedingungen). Generell gilt:
Der Text ist aus Sinnzusammenhängen heraus wahrzunehmen; mit
seiner Hilfe sind neue herzustellen. Hilfreich zum Textverständnis
sind übrigens die seit einiger Zeit nach dem Vorbild des Deutsch-
unterrichts auf den Philosophieunterricht angewandten produktions-
orientierten Verfahren.

Mag freilich das Textverstehen einen wichtigen Teilbereich der
Hermeneutik darstellen und mag es in ihrer Entstehung als Metho-
denparadigma auch eine ganz entscheidende Rolle spielen – Hermeneutik ist mehr als das Verstehen von Texten. Zur Texthermeneutik
hinzu treten etwa eine Bildhermeneutik/Bilddidaktik,[51] Filmherme-
neutik und -didaktik, Hermeneutik des Alltags und der Normalität[52],
Hermeneutik des technischen Objekts und naturwissenschaftlicher
Sachverhalte. Denn auch zu verstehen, was Naturwissenschaftler
tun, die Objekte jener machtvollen Entwicklung vor Augen zu führen, die einst an der ›schiefen Ebene‹ begann und die von hierher in-
duzierten zivilisatorischen Entwicklungen kulturell zu verarbeiten,
ihre Folgen mit bedenken zu können, ist eine wichtige Aufgabe des
Philosophieunterrichts. Eine hermeneutische Dimension zeigt sich
dabei vor allem in Martin Wagenscheins Wort vom ›Verstehen als
Menschenrecht‹.[53]

---

51 Vgl. zuletzt Stefan Maeger, »Der Reiz der Bilder. Einsatzmöglichkeiten von
    Bildern im Philosophie- und Ethikunterricht«, in: *Ethik und Unterricht* 3
    (2000), 35-41.
52 Thomas Rolf, *Normalität. Ein philosophischer Grundbegriff des 20. Jahrhun-
    derts*, München 1999.
53 Vgl. Martin Wagenschein, *Ursprüngliches Verstehen und exaktes Denken*,
    Bd. 1, Stuttgart 1970, 11. Zum herausragenden Beispiel der ›schiefen Ebene‹
    vgl. Jürgen Teichmann, »Das Deutsche Museum. Ein Plädoyer für den Mythos
    von Objekt und Experiment«, in: Günter Bayerl u. Wolfhard Weber (Hg.), So-
    zialgeschichte der Technik. Festschrift für Ulrich Troitzsch. Münster 1998,
    199-208. – Besondere Aufmerksamkeit verdient in diesem Zusammenhang in
    der Didaktik der Naturwissenschaften ein historisch-genetischer Ansatz, der
    ›die Wiederentdeckung der Wissenschaft von Anfang an‹ zu erreichen sucht.
    Dieser Ansatz wird gegenwärtig vor allem von der Arbeitsgruppe »Hochschul-
    didaktik und Wissenschaftsgeschichte« im Fachbereich Physik an der Carl von
    Ossietzky-Universität Oldenburg vertreten. Ein historisches Experimentieren

All diese Zugriffe liegen dann der freien Problem- und Sacherörterung im Unterricht zugrunde, können aber auch in eigene, in den
methodisch gestärkten neuen *Richtlinien für das Fach Philosophie
für die gymnasiale Oberstufe in Nordrhein-Westfalen* propagierten
schriftlichen und mündlichen Produktionsformen einfließen: in die
Facharbeit, in den Essay, die philosophische Disputation usw.[54]

Will man nun zum Abschluss die ›Dignität‹, die Möglichkeiten,
die Bedeutung und die Wahrheitsansprüche der Hermeneutik in philosophischen Bildungsprozessen einschätzen, so gibt es gegenwärtig
mehrere interessante Theorien, von denen drei hier noch kurz genannt seien:

(a) Man kann einmal, wie die Hermeneutik des 18. Jahrhunderts,
die intentio auctoris betonen. Ziel ist dann, in Insistenz auf einem
ursprünglichen Objektivitätsbegriff, die Auffindung einer ›Autorintention‹ zu erreichen. Diese Variante hat neuerdings Lothar Ridder
in einschlägigen Beiträgen für den Philosophieunterricht fruchtbar
gemacht und raffinierter- und berechtigterweise darauf hingewiesen,
dass unter philosophiediaktischen Aspekten dieser Zugriff bisher do-
miniert.[55] All dies geschieht gewiss nicht ohne gute Gründe.

---

etwa hilft, die sinnlich-anschauliche Erfahrung eines ›gestischen Wissens‹ des
Umgangs mit der Natur in unsere Gegenwart zurückzuholen. Vgl. hierzu Falk
Riess u. Reinhard Schulz, »Naturwissenschaftslernen als Textverstehen und
Geräteverstehen. Naturwissenschaftsdidaktik in hermeneutischer Absicht und
die Rekonstruktion historischer Experimentierpraxis«, in: Wolf Misgeld u.a.
(Hg.), *Historisch-genetisches Lernen in den Naturwissenschaften*, Weinheim
1994, 185-204; Heinz Otto Sibum, *Physik aus ihrer Geschichte verstehen. Ent-
stehung und Entwicklung naturwissenschaftlicher Denk- und Arbeitsstile in der
Elektrizitätsforschung des 18. Jahrhunderts*, Wiesbaden 1990.

54 *Richtlinien Philosophie für die gymnasiale Oberstufe Nordrhein-Westfalen*,
Frechen 1999.

55 Vgl. Lothar Ridder, »Textarbeit im Philosophieunterricht aus hermeneutisch-
intentionalistischer Sicht am Beispiel des Homo-mensura-Satzes von Protagoras«, in: *Zeitschrift für Didaktik der Philosophie und Ethik* 22 (2000), 125-132
sowie ders., »Methoden der Interpretation im Philosophieunterricht«, in diesem
Band, 116-143. Vgl. auch Axel Bühler, »Hermeneutik«, in: Hans Jörg Sandkühler (Hg.), *Enzyklopädie Philosophie*, Bd. 1, Hamburg 1999, 547-551; ders.
(Hg.), *Unzeitgemäße Hermeneutik. Verstehen und Interpretation im Denken
der Aufklärung*, Frankfurt/M. 1994.

(b) In einem humorigen und auch für die gemeinsame Reflexion auf hermeneutische Prozesse mit Schülerinnen und Schülern im Unterricht gut geeigneten Text hat der bereits erwähnte Kultautor Umberto Eco die Wahrheitsansprüche der Hermeneutik in einem Spektrum zwischen Text- bzw. Leser-Intention diskutiert. Dieser glänzende Text hat es verdient, etwas genauer vorgestellt zu werden[56]:

> »Einige der heutigen ›kritischen‹ Theorien besagen, man könne Texte zuverlässig bloß ›gegen den Strich‹ lesen, ein Text sei [...] wie ein Picknick, zu dem der Autor die Wörter und der Leser den Sinn beisteuere.
>
> Doch selbst wenn das zuträfe, bildeten die Wörter des Autors ein ziemlich sperrige Bündel handfester Indizien, die der Leser nicht einfach schweigend oder palavernd übergehen darf. Soweit ich weiß, hat hier in Großbritannien jemand vor einigen Jahren betont, man könne mit Wörtern etwas machen. Texte zu interpretieren bedeutet erklären, warum Wörter – je nachdem, wie man sie interpretiert – Verschiedenes machen können (anderes dagegen nicht). Doch wenn uns Jack the Ripper sagte, er habe sich bei seinen Untaten an seiner Interpretation des Lukas-Evangeliums orientiert, dann argwöhnte vermutlich sogar mancher leserorientierte Kritiker, dass er Lukas ziemlich widersinnig gelesen haben muß. Nicht leserorientierte Kritiker würden Jack the Ripper eher für total verrückt erklären, und ich möchte – trotz großer Sympathie mit dem leserorientierten Paradigma [...] sofort zustimmen: Jack the Ripper wäre ein Fall für den Psychiater gewesen. Ich weiß, dass mein Beispiel an den Haaren herbeigezogen ist und dass mir sogar der radikalste Dekonstruktivist (so hoffe ich, aber man weiß ja nie) beipflichten würde«.

Eco fährt unter Abwendung von einer Autorenperspektive und mit Blick auf eine Leser- und Textperspektive, eine intentio lectoris bzw. operis, fort:

---

56 U. Eco, *Zwischen Autor und Text. Interpretation und Überinterpretation*, 29 ff., 71 ff.

»Man könnte einwenden, die einzige Alternative zu einer radikal leserorientierten Interpretationstheorie sei das Postulat, eine gültige Interpretation ziele stets auf die ursprüngliche Absicht des Autors. Doch in meinen neueren Schriften habe ich eine dritte Möglichkeit zwischen der Absicht des Autors (die kaum zu ergründen und oft für die Textinterpretation irrelevant ist) und der Absicht des Interpreten vorgeschlagen, der (Richard Rorty zufolge) einfach ›dem Text eine für ihn zweckmäßige Gestalt aufzwingt‹: Es gibt eine Textintention […].«

Damit ist Ecos Position, die dem Leser durchaus nicht alle Freiheiten, wohl aber viel Verantwortung zugestehen will, verdeutlicht:

»Die klassische Debatte kreiste darum, ob es in Texten die Absicht des Autors oder eine von dieser unabhängige Textaussage zu finden galt. Erst seitdem die zweite Alternative akzeptiert ist, stellt ich die weitere Frage, ob das Gefundene aus der Textkohärenz und einem vorgegeben Bedeutungssystem folgt oder ob die Adressaten es aufgrund ihrer eigenen Erwartungssysteme hineinlegten. Ich selbst versuche, eine dialektische Beziehung zwischen intentio operis und intentio lectoris zu wahren. Dabei stellt sich jedoch das Problem: Auch wenn man wissen mag, was ›Leserintention‹ bedeuten soll, läßt sich doch kaum abstrakt definieren, was mit ›Textintention‹ gemeint sein könnte.«

Ecos entsprechender Versuch einer Definition der Textintention lautet:

»Man muß sie also bewusst ›sehen wollen‹. Von einer Textintention kann man daher nur infolge einer Unterstellung seitens des Lesers sprechen. Die Initiative des Lesers liegt demnach vor allem darin, über die Textintention zu mutmaßen. […] Wie erhärtet man eine Hypothese über die intentio operis? Man kann die Vermutung nur am Text als einem kohärenten Ganzen überprüfen. Auch diese Idee ist schon sehr alt […]: Eine partielle Textinterpretation gilt als haltbar, wenn andere Textpartien sie bestätigen, und sie ist fallenzulassen, wenn der übrige Text ihr widerspricht. Insofern diszipliniert die interne Textkohärenz die ansonsten chaotischen Impulse des Lesers«.

Auch wenn die interne Textkohärenz nur als »Unterstellung seitens des Lesers« vorstellbar ist, kann also nach dieser Vorstellung bei der Einschätzung der Leistungen hermeneutischer Prozesse die korrigierende Kraft eines Textes selbst in Anschlag gebracht werden.

(c) Ecos Ausführungen machen bereits deutlich, dass die Wahrnehmung und Anerkennung der Verstehensprozesse in ihrer gesamten Komplexität der Methodizität und dem Wahrheitsanspruch der Hermeneutik nicht widersprechen. Auch die in diesem Aufsatz vertretene dritte Auffassung einer kulturphilosophisch konzipierten Hermeneutik widerspricht nicht dem Recht des Autors an seinem Text und nicht der komplexen Kraft des Textes bzw. des Textzusammenhanges selber, will aber zeigen, wo die eigentliche Bestimmung des Hermeneutischen liegt. Interpretation ist, wie nun als Resultat deutlich werden soll, ein Prozess, in den der Leser und die Geschichte ebenso eintreten wie Autor und Text. Der interessierte Zugriff des Lesers erweckt tote Texte und überführt sie von einem inaktuellen, gleichsam schlafenden Status ins Leben. Nichts anderes kann ein Autor sich wünschen, als dass dies mit seinen Gedanken geschehe. Er kann aber kein Objektivum in seinen Rezipienten verpflanzen als spende er ihm eine Leber. Der geistige Gesamtorganismus des Lesers muss das, was er aufnimmt, neu er- und verarbeiten. Wie dieses neue Leben aussieht, ist nicht beschreibbar ohne Einbezug des sich immer neu akzentuierenden (und nicht zu einem einlinig bestimmenden Geschehen fixierbaren) historisch-kulturellen Zusammenhanges. All dies bedeutet – und die gesamte Tradition hermeneutischer Theorie und Praxis steht dafür – keine Beliebigkeit und heißt auf keinen Fall, dass hermeneutische Prozesse nicht weitgehend methodisch objektivierbar und kritisch anhand aufführbarer Kriterien diskutierbar seien. Bildungsprozesse müssen gerade dies leisten. Es heißt auch nicht, dass es keinen Protest eines Autors oder einer Autorin geben könne, von denen natürlich manche[r] schon Erfahrungen damit gemacht hat, wie verbohrt man auch absichtlich an einem vernünftig auffindbaren Sinn eines Textes vorbeilesen kann. Dennoch gilt in der Quintessenz: Verstehensprozesse sind vernünftige und methodisierbare Konstruktionen in immer neuen Referenzsubjekten mit stets neuen Orientierungsinteressen und zugleich kommunikativ, historisch und kulturell eingebettete Veranstaltungen.

Philosophische Bildung, die ein Selbstdenken in Belehrung durch die Tradition anstrebt und wie alle sich orientierenden Menschen auch Schülerinnen und Schüler als Teilnehmer an Sinnfindungs- und Sinnbildungsprozessen ernst nimmt, muss die volle theoretische Breite der Verstehensprozesse, den ganzen Reichtum der Hermeneutik ausnutzen: die methodisch saubere Textanalyse, den beständigen Rückbezug auf den fortschreitenden Horizont materialen Wissens, den Stachel der Kritik und schließlich das schöpferische Einschwingen in das Thema und das Problem, in beginnende Möglichkeiten eigener Beiträge.

Erst indem das philosophisch sich bildende Subjekt nicht einfach in rezeptiver Haltung Inhalte aufnimmt, sondern eine Ebene der Applikation erreicht, in der es sich selbst weiterentwickelt und schließlich seine eigene Mitarbeit möglich wird, gewinnt ein Werk wirklich ›bildende Kraft‹. Es dient dann der Entfaltung neuer Interessen und Kompetenzen sowie erneuerter kultureller Handlungs- und Gestaltungsfähigkeit.

Wenn die Philosophie eine engagiertere Rolle in Kulturprozessen übernehmen kann und soll, wenn die Eule der Minerva auch zu tagaktiven Aufgaben aufbrechen soll, wird sie der Hilfe des Hermes bedürfen. Die Unaufgebbarkeit der Hermeneutik hängt, so haben wir gesehen, schon damit zusammen, dass philosophisches Denken (wie auch der Philosophieunterricht) selbst als ein hermeneutischer Prozess identifiziert werden kann und dass wir das, was wir über uns selbst und die Welt zu wissen glauben, letztlich der Hermeneutik verdanken. Für die mit Recht intensivierte und ausgeweitete philosophiedidaktische und bildungsphilosophische Debatte, der die Verbesserung unserer Orientierung am Herzen liegt, sind darum die Theoreme der Hermeneutik erneut und neu zu empfehlen.

Lothar Ridder

Methoden der Interpretation im Philosophieunterricht

1. Einleitung

Unterrichtsmethoden im Schulfach Philosophie sollen die Schülerinnen und Schüler an die Philosophie bzw. das Philosophieren heranführen. Dabei lassen sich für den Philosophieunterricht grundsätzlich zwei Verfahren unterscheiden: der textgebundene Unterricht sowie die freie Problem- und Sacherörterung. Geht es im textgebundenen Unterricht vorrangig um die Interpretation philosophischer Texte, so zielt die freie Problem- und Sacherörterung im Idealfall auf ein argumentatives philosophisches Gespräch. Beide Methoden ergänzen einander und sie können zu weiteren schriftlichen und mündlichen Arbeitsformen führen wie beispielsweise den philosophischen Essay, die literarische, bildhafte oder auch theatrale Darstellung philosophischer Probleme und die philosophische Disputation.[1]

---

1   Vgl dazu auch die neuen *Richtlinien Philosophie für die gymnasiale Oberstufe in NRW*, Heft 4716, Frechen 1999, 33 ff. – Die neuen *Richtlinien Philosophie* zeichnen sich insgesamt durch eine stärkere Methodenorientierung aus. Dies zeigt sich etwa an den curricularen Vorgaben für die »Einführung in die Philosophie« in der Jahrgangsstufe 11/I der gymnasialen Oberstufe, in der keine inhaltlich bestimmten sachlichen Schwerpunkte festgelegt, sondern vor allem formale und methodische Anforderungen verpflichtend sind (ebd., 17), und weiter an der Akzentuierung neuer Arbeitsformen im Philosophieunterricht wie der Facharbeit, dem Essay, der philosophischen Disputation und dem fachübergreifenden und fächerverbindenden Lernen (ebd., 33 ff.).

Geht es darum, philosophische Positionen der Vergangenheit und Gegenwart kennenzulernen, philosophische Argumentationen nachzuvollziehen oder einzuüben, so ist und bleibt der philosophische Text das entscheidende Medium des Philosophieunterrichts.[2] Hier nun erheben sich u.a. Fragen nach dem Umgang mit philosophischen Texten und damit nach den Methoden unterrichtlicher Textarbeit: Zielt der textgebundene Philosophieunterricht primär auf die Interpretation philosophischer Texte oder sind auch andere Formen des Umgangs mit philosophischen Texten denkbar und geeignet? Was hat man unter der Interpretation eines philosophischen Textes zu verstehen? Was sind die Ziele einer Textinterpretation? Gibt es verschiedene Tätigkeiten, die sich als ›Interpretieren‹ bezeichnen lassen, und wenn ja, wodurch unterscheiden sie sich bzw. welche Gemeinsamkeiten weisen sie auf? Welche methodologischen Anforderungen sind mit verschiedenen Interpretationstätigkeiten verbunden? Und hat man sich im Philosophieunterricht auf eine bestimmte Weise der Interpretation von Texten zu beschränken?

Systematische Untersuchungen zu den Methoden des Philosophieunterrichts, besonders auch zur unterrichtlichen Interpretation von Texten, finden sich in der philosophie-didaktischen Literatur höchst selten. Einen ersten beachtenswerten Versuch in diese Richtung macht das Heft 2 (2000) der *Zeitschrift für Didaktik der Philosophie und Ethik*. Die leitende Idee dieses Heftes besteht darin, Denkrichtungen der Philosophie wie die Analytische Philosophie, den Konstruktivismus, die Phänomenologie, die Dialektik, die Hermeneutik oder die Dekonstruktion in Methoden des Philosophieunterrichts zu transformieren.[3] So lassen sich aus der Perspektive der verschiedenen Denkströmungen unterschiedliche Unterrichtsmethoden gewinnen, die im unterrichtlichen Gespräch, bei der Lektüre und Produktion von Texten eingesetzt werden können. Bezüglich der Interpretation von Texten geht es aus beispielsweise analytischer Sicht um den Nachvollzug des Argumentationsgangs eines philosophischen Textes, um begriffliche Genauigkeit und um die Prüfung

---

2 Vgl. ebd., 28 f.

3 Vgl. dazu den einleitenden Beitrag »Didaktische Potenziale philosophischer Denkrichtungen« des Heft-Herausgebers Johannes Rohbeck, in: *Zeitschrift für Didaktik der Philosophie und Ethik* 22, Heft 2 (2000), 82-93.

logischer Folgerichtigkeit, aus konstruktivistischer Perspektive um die Rekonstruktion implizit gebliebener Voraussetzungen, in dialektischer Hinsicht um die Aufdeckung und Kritik von Widersprüchen und Defiziten in philosophischen Texten, hermeneutisch um die Klärung von Vorverständnis und Hilfestellung zum Weltverständnis, und dekonstruktivistisch um die Infragestellung von Texten im Hinblick auf ihre Brüche, Lücken, Ränder und verborgene Aussagen.[4]

Die genannten Interpretationstätigkeiten sind, wie die Beispiele zeigen, nicht unabhängig voneinander, sondern sie betreffen spezielle Aspekte und Schritte, die bei einer umfassenden Interpretation philosophischer Texte zum Tragen kommen können und wohl auch müssen. Und offensichtlich stehen deshalb die Methoden der Philosophie, deren Ziel es ist, ein philosophisches Problem zu erschließen, zu analysieren und unter Umständen auch einer Lösung zuzuführen, nicht beziehungslos zu Methoden der Texterschließung. Trivialer Weise trifft dies natürlich auf die Hermeneutik als Disziplin zu. Wie ich jedoch glaube, lässt sich die Vielfalt von Tätigkeiten, die bei der Interpretation von philosophischen Texten oder allgemeiner von sprachlichen philosophischen Äußerungen eine Rolle spielen können, allein durch Rückgriff auf die zuvor genannten Denkrichtungen der Philosophie und ihre Methoden nicht erfassen.

So erscheint es über die didaktischen Potenziale der philosophischen Denkrichtungen hinaus philosophiedidaktisch von Interesse, die vielfachen Aktivitäten, die als ›Interpretieren‹ bezeichnet werden, systematisch aufzuarbeiten und für die Textinterpretation im Philosophieunterricht nutzbar zu machen. Damit wird dann deutlich, dass der Vorgang der Interpretation von Texten nicht mit nur einer bestimmten Methode in Verbindung gebracht werden kann, sondern heterogene Tätigkeiten umfasst, die je nach Zielsetzung im Philosophieunterricht fruchtbar eingesetzt werden können. Auf diese Weise lässt sich die philosophische Textarbeit im Philosophieunterricht nicht nur abwechslungsreicher und damit auch anregender gestalten, sondern der Philosophieunterricht gewinnt insgesamt an methodi-

---

4   Vgl. ebd. die Übersicht »Methoden im Philosophie- und Ethikunterricht«, 86.

scher Vielfalt und – im Idealfall – auch an philosophischer Kompetenz der Schüler.[5]

Ich möchte deshalb im Folgenden auf eine jüngst von Axel
Bühler[6] vorgelegte Studie zurückgreifen, die in einer Klassifikation
von Interpretationsarten versucht, der Vielfalt dessen gerecht zu
werden, was in den Geistes- und Sozialwissenschaften als ›Interpretation‹ bezeichnet wird. Die verschiedenen Interpretationsarten
sollen zunächst unter Rückgriff auf die ihnen zugrundeliegenden systematischen Gesichtspunkte dargestellt werden, wobei A. Bühlers
Resultate teilweise modifiziert und ergänzt werden (Abschnitt 2).
Die einzelnen Interpretationsarten werden dann daraufhin untersucht, welche methodologischen Anforderungen an sie zu stellen
sind (Abschnitt 3), welche Voraussetzungsbeziehungen zwischen
ihnen bestehen (Abschnitt 4) und ob ihre Auflistung vollständig ist
(Abschnitt 5). Abschließend möchte ich darauf eingehen, welche der
verschiedenen Interpretationsmethoden in welchem Ausmaß im Philosophieunterricht eingesetzt werden können bzw. sollten (Abschnitt
6). Dabei werde ich mich für einen variablen Umgang mit interpretativen Methoden im Philosophieunterricht aussprechen.

2. Eine Klassifikation von Interpretationsarten

Unter dem Begriff der ›Interpretation‹ möchte ich im Folgenden
ganz allgemein jegliche auf Erkenntnisgewinn zielende kognitive
Auseinandersetzung mit sprachlichen Äußerungen, besonders solchen in Texten, verstehen.[7] Die mit einer derart verstandenen Inter-

---

5   Auch Johannes Rohbeck (ebd., 91 f.) plädiert für eine plurale unterrichtliche
    Nutzung philosophischer Methoden.
6   Axel Bühler, »Die Vielfalt des Interpretierens«, in: *Analyse & Kritik* 21 (1999),
    117-137. – Ich danke Axel Bühler für die kritische und konstruktive Kommen-
    tierung einer früheren Version dieses Aufsatzes.
7   Ausgeschlossen sind damit u.a. folgende Verwendungsweisen des Begriffs der
    ›Interpretation‹: (1) als Deutung von empirischen Daten nicht-sprachlicher Art,
    (2) als Deutung kausaler Zusammenhänge in der Geschichtswissenschaft, (3)
    als mathematische Interpretation formaler Sprachen, (4) als Aufführung eines
    Kunstwerkes, (5) für den Prozess der Wahrnehmung oder die Rede von der

pretation verbundenen Tätigkeiten zielen auf Feststellungen, Erklärungen und Beurteilungen verschiedenster Art bezüglich der zur
Untersuchung anstehenden sprachlichen Äußerungen bzw. Texte
und ihrer Urheber: sie versuchen Eigenschaften und Wirkungen von
Texten sowie die autoriellen Absichten und Eigentümlichkeiten zu
erfassen und erklären und im Lichte moderner rationaler Standards
zu beurteilen. Es liegt deshalb nahe, eine Systematik von Interpretationsarten entlang der Zielsetzungen zu entwickeln, die mit den verschiedenen Interpretationstätigkeiten angestrebt werden.[8] Diese
Zielsetzungen betreffen, wie schon angedeutet, (I) bestimmte
Aspekte der Texterzeugung, (II) Eigenschaften und (III) Wirkungen
fertiggestellter Texte und (IV) die Beurteilung von Texten in verschiedensten Hinsichten. Die von A. Bühler vorgelegte Klassifikation von Interpretationsarten differenziert die Zielsetzungen, die
beim ›Interpretieren‹ verfolgt werden können, entlang den Kriterien
I bis IV. Die Interpretationsarten, die sich diesen Kriterien zuordnen
lassen, gewinnt A. Bühler nicht aus einer definitorischen Normie-
rung der Verwendung der Ausdrücke ›Interpretation‹ bzw. ›Interpretieren‹, sondern »aus der Betrachtung von Tätigkeiten […], die
viele von uns als Tätigkeiten des Interpretierens einstufen würden,
Tätigkeiten, die in vielen Bereichen bereits des Alltags, vor allem
aber der Geistes- und Sozialwissenschaften tatsächlich ausgeübt
werden.«[9]

Ich komme zunächst zu den von A. Bühler aufgeführten Arten
der Interpretation, die Aspekte der Texthervorbringung betreffen[10]:

(1) *Interpretation als Herausfinden kommunikativer Absichten:*
Welche Wirkung will ein Autor vermittels seiner mündlichen oder
schriftlichen Äußerungen auf den Zuhörer oder Leser ausüben?
Möchte er den Rezipienten über etwas informieren, von etwas überzeugen oder auch vor etwas warnen? Texte und Reden als kommu-

---

Beobachtung als Interpretation von Tatsachen im Lichte von Theorien und (6)
für die Auslegung von Seinsverständnis im Sinne Heideggers (vgl. ebd., 120).

8 A. Bühler (ebd., 121) weist zu Recht darauf hin, dass die Diskussion über die
bei einer Interpretationsart anzuwendende Methode erst dann fruchtbar sein
kann, wenn zuvor eine Klärung der Zielsetzungen stattgefunden hat, die mit
einer Interpretationsart einhergehen.

9 Ebd., 121 f.

10 A. Bühler (vgl. ebd., 122-125) nennt diesbezüglich sieben Interpretationsarten.

nikative Handlungen basieren auf Absichten, die darauf zielen, dass Personen bestimmte Verhaltensänderungen aufgrund gemachter Äußerungen oder abgefasster Texte zeigen. Solche Absichten lassen sich deshalb auch als *kommunikative Absichten* bezeichnen. Eine Weise der Interpretation von Texten kann deshalb darauf gerichtet sein, die kommunikativen Absichten eines Autors herauszufinden.

(2) *Interpretation als Feststellen explizit geäußerter propositionaler Einstellungen:* Häufig sind wir weniger daran interessiert, was ein Autor mit seiner Äußerung oder seinem Text beabsichtigt, sondern wir möchten vorrangig wissen, was er denkt, welche Überzeugungen er hat, was er wünscht, hofft, glaubt etc. Eine Interpretation kann so darauf aus sein, die mit den kommunikativen Absichten eines Autors einhergehenden propositionalen Einstellungen (Gedanken, Überzeugungen, Wünsche, Hoffnungen etc.) festzustellen. Da Gedanken durch Sätze, möglicherweise auch durch Satzverbindungen, zum Ausdruck kommen, ist diese Art der Interpretation auf die Bedeutung ganzer Sätze ausgerichtet. Und insoweit die Satzbedeutung von sprachlichen Ausdrücken unterhalb der Satzebene abhängt, wird es dann natürlich auch erforderlich sein, die vom Autor gemeinte Bedeutung dieser Ausdrücke herauszufinden.

(3) *Interpretation als Erschließen nicht explizit geäußerter propositionaler Einstellungen:* Über das hinaus, was ein Autor in seinem Text explizit an propositionalen Einstellungen zum Ausdruck bringt, versuchen wir manchmal auch, weitere Überzeugungen, Wünsche etc. eines Autors herauszubekommen oder zu rekonstruieren, die im Text nicht unmittelbar zum Ausdruck kommen. Ein solches Erschließen nicht explizit geäußerter Gedanken findet beispielsweise statt, wenn wir eine unvollständige Autorargumentation durch fehlende Prämissen ergänzen.

(4) *Interpretation als Herausfinden von Absichten der sprachlichen Gestaltung:* Der Autor eines Textes wählt bestimmte Ausdrücke und sprachliche Formen, um seine kommunikativen Absichten zu verwirklichen. Interpretieren kann deshalb darauf abzielen, die autoriellen Absichten der sprachlichen Gestaltung herauszufinden. Dieses Interpretationsziel kann etwa von Bedeutung sein, wenn es darum geht, die ästhetische Wirkung von Texten zu untersuchen.

(5) *Interpretation als psychologische Erklärung kommunikativer Absichten:* Fragen wir nach den Motiven, die hinter den kommuni-

kativen Absichten eines Autors stehen, so suchen wir zu erklären, was den Autor zu seiner kommunikativen Handlung veranlasst hat. Eine solche Erklärung könnte beispielsweise der Verweis auf eine bestimmte Charaktereigenschaft oder Überzeugung des Autors sein, aber auch der Hinweis auf seine soziale Herkunft oder sein soziales Umfeld.

(6) *Interpretation als psychologische Erklärung propositionaler Einstellungen:* Will man wissen, warum ein Autor z.B. zu einer bestimmten Überzeugung gelangt ist, so sucht man nach Faktoren, die diese Überzeugung hervorriefen. Solche Faktoren könnten sich beispielsweise in der Person des Autors finden lassen, seiner intellektuellen Umwelt oder auch in der spezifischen Art und Weise, wie der Autor zur Lösung eines Problems gekommen ist.

(7) *Interpretation als Herausfinden dessen, was ein Text exemplifizieren bzw. ausdrücken soll:* Texte können bestimmte Geisteshaltungen, Gefühle oder Stimmungen zum Ausdruck bringen. In diesem Falle kann man mit Nelson Goodman[11] davon sprechen, dass der Text eine bestimmte Sache exemplifiziert. So mag ein bestimmtes Gedicht Melancholie, ein bestimmter Roman eine revolutionäre Geisteshaltung exemplifizieren. Interpretieren kann in diesem Sinne darauf zielen, dasjenige herauszufinden, was ein Text exemplifizieren bzw. ausdrücken soll.

A. Bühler beschreibt vier Interpretationsarten, die das Herausfinden bestimmter Eigenschaften fertiggestellter Texte betreffen. Davon sind in unserem Zusammenhang die Eruierung der konventionellen Bedeutung sprachlicher Textelemente (8), die Identifikation konventioneller Darstellungsmittel (9) und die Herausarbeitung struktureller Texteigenschaften und daraus resultierender Textinhalte (10) von Interesse.[12]

---

11 Nelson Goodman, *Languages of Art. An Approach to a Theory of Symbols*, Indianapolis, New York 1968, Kap. 2.

12 A. Bühler (»Die Vielfalt des Interpretierens«, 126) erwähnt und erläutert außerdem noch die »Interpretation als Zuweisung von Sachbedeutungen«. – Diese sehr spezielle Auslegungsmethode findet in den Interpretationsarten (2) und (8) hinreichend Berücksichtigung, bei denen es u.a. darum geht, die adäquaten, vom Autor gemeinten Bedeutungen von Ausdrücken herauszufinden und von gegebenenfalls konventionellen Bedeutungen abzugrenzen.

(8) *Herausfinden der konventionellen Bedeutung sprachlicher Textelemente:* Die Bedeutungen, die ein Autor mit gewissen von ihm verwendeten Ausdrücken verbindet, müssen nicht mit den durch Sprachkonventionen festgelegten Bedeutungen von Ausdrücken übereinstimmen. Um die vom Autor gemeinte Bedeutung sprachlicher Textelemente zu erschließen, müssen deshalb die konventionellen Bedeutungen von im Text verwendeten Ausdrücken oder Kombinationen sprachlicher Ausdrücke festgestellt und von den Bedeutungen abgegrenzt werden, die der Autor eines Textes abweichend davon verwendet. Dazu ist es häufig hilfreich, andere Texte desselben Autors oder Texte von anderen Autoren derselben Zeit heranzuziehen.

(9) *Identifikation konventioneller Darstellungsmittel*: Die Identifikation der Art und Weise, derer sich ein Autor bei der Abfassung eines Textes bediente, ist ein wichtiges Ziel in der Praxis der Interpretation. Bei dieser Art der Interpretation stehen folgende Fragen im Vordergrund: Um was für eine Textgattung handelt es sich bei einem vorgelegten Text? Haben wie es mit einem Essay, einem Traktat, einem argumentativen Sachtext, einem Gleichnis oder etwa mit der literarischen Form des Romans oder der Novelle zu tun? Welcher rhetorischer Stilmittel bedient sich der Autor? Welche konventionellen Darstellungsmuster verwendet der Autor? Auf welche Argumentationsmuster greift er insbesondere zurück? usw.

(10) *Herausarbeiten struktureller Texteigenschaften und daraus resultierender Textinhalte:* Texte lassen sich auf Strukturen hin untersuchen, die sie in phonetischer, syntaktischer und semantischer Hinsicht aufweisen. Dabei können die kommunikativen Absichten und propositionalen Einstellungen des Autors in den Hintergrund treten. Strukturbestimmende Textanalysen bestimmen zum Beispiel die Häufigkeiten, mit denen bestimmte Wörter im Text auftreten oder sie erarbeiten die lautlichen Muster, die Texte aufweisen. Insbesondere versuchen solche Untersuchungen auch, vom Autor nicht beabsichtigte Gedanken und Bedeutungen, die in Texten zum Ausdruck kommen, aus Textstrukturen herzuleiten.

Die von A. Bühler abschließend angeführten Interpretationsarten subsumiert er alle in einem sehr weiten Sinne unter den Aspekt der

Beurteilung von Texten. Insbesondere zählt er hierzu auch die Wirkungen, die von Texten ausgehen.[13] In beurteilender Hinsicht erwähnt Bühler deshalb nicht nur die Interpretation als Beurteilen der
Richtigkeit eines Textinhaltes, als Beurteilen der Gültigkeit von in
Texten enthaltenen Argumentationen, als rationale Rekonstruktion,
sondern auch die Interpretation als Beschreibung der Wirkungen
eines Textes, als freie Assoziation anhand eines Textes und als Anwendung von Textinhalten.

(11) *Herausfinden/Beschreiben der Wirkungen eines Textes:*
Zum besseren Verständnis eines Textes kann es dienlich sein, die
Wirkungen herauszufinden, die ein Text auf seine Leser ausübt bzw.
ausgeübt hat. Das ist besonders dann der Fall, wenn es sich um einen
Text handelt, der aus einem uns fremden historischen Kontext
stammt. Von den Wirkungen, die hier in Frage stehen, können wir
solche unterscheiden, die vom Autor gewollt sind, und solche, die es
nicht sind. Innerhalb dieser Unterscheidung können uns dann diejenigen Wirkungen interessieren, die sich auf die Rezipienten eines
Textes, insbesondere auch andere Autoren, beziehen, und solche, die
die den Autor umgebende Kultur, aber auch nachfolgende Kulturen
betreffen. Diese Art des Interpretierens, die die Wirkungen eines
Textes untersucht, ist oft auch mit einer ästhetischen Bewertung von
Texten verbunden.[14]

(12) *Beurteilen der Richtigkeit/Wahrheit eines Textinhaltes:* Für
eine angemessene Beurteilung von Texten ist es unerlässlich zu wissen, ob die Äußerungen eines Autors, die sich zum Beispiel auf gewisse Sachverhalte seiner Zeit oder die Wiedergabe von Auffassun-
gen anderer Personen beziehen, wahr sind oder nicht. Ein Beispiel
hierfür aus der Philosophiegeschichte wäre die Frage, inwieweit Platons Wiedergabe und auch Auslegung des Homo-mensura-Satzes
von Protagoras, dessen Original uns nicht mehr erhalten ist, zuver-
lässig sind oder nicht. Um zu erfahren, ob ein Bericht oder ein Quel-
lenverweis oder -bezug eines Autors tatsächlich zutrifft, lässt sich
eine textimmanente Prüfung vornehmen, die beispielsweise die Art
und Weise der im Text gebotenen Darstellung und Auseinanderset-

---

13 Ebd., 122.
14 Vgl. hiezu Werner Strube, *Analytische Philosophie der Literaturwissenschaft.
    Definition, Klassifikation, Interpretation, Bewertung*, Paderborn 1993, Kap. 8.

zung mit einer (eventuell gegnerischen) Position untersucht. Dies wird aber zur Beurteilung der Authentizität eines Autors nur selten ausreichen. Nach Möglichkeit ziehen wir deshalb andere Zeugnisse schriftlicher oder auch nicht-schriftlicher Art heran, um sie mit den Inhalten eines gegebenen Textes zu vergleichen.

(13) *Beurteilen der Gültigkeit und Beweiskraft von in Texten enthaltenen Argumentationen:* Häufig beschäftigen wir uns mit Texten, in denen Argumentationen eine wesentliche Rolle spielen. Solche Texte finden sich gerade auch in der Philosophie, wenn es darum geht, Gründe für eine Überzeugung vorzubringen. Bei der Beurteilung von Argumentationen geht es nicht um Wahrheit, sondern um Gültigkeit und Beweiskraft. So fragen wir etwa, ob ein vorgelegtes Argument[15] eine allgemein gültige Form hat, d.h. wir fragen, ob immer dann, wenn die Prämissen wahr sind, auch die Konklusion als wahr akzeptiert werden muss. Die Kritik eines Arguments, das sich als gültig erwiesen hat, muss deshalb bei den Prämissen ansetzen. Sind diese alle wahr, dann ist das Argument beweiskräftig, d.h. dass die Wahrheit der Konklusion gesichert ist. Ist nur eine der Prämissen falsch, dann muss die Konklusion zwar nicht falsch sein, jedoch lässt sich ihre Wahrheit nicht mehr zwingend aus den Prämissen herleiten.

(14) *Rationale Rekonstruktion eines Argumentationsganges:* Erweisen sich die Argumentationen in einem Text als mangelhaft, beispielsweise aufgrund logisch-begrifflicher Unstimmigkeiten bzw. Ungenauigkeiten oder weil die Argumentation in der dargestellten Weise nicht gültig ist, so versucht man nicht selten eine rationale Rekonstruktion des Argumentationsgangs des Autors.[16] Die Rekonstruktion des Argumentationsganges umfasst verschiedene Tätig-

---

15 Unter einem *Argument* verstehe ich im Folgenden eine Aufzählung von Aussagen, wobei von einer dieser Aussagen, der sogenannten *Konklusion*, der Anspruch erhoben wird, dass sie aus den anderen Aussagen, den sogenannten *Prämissen*, logisch folgt. Eine Folge von Argumenten, die aufeinander aufbauen, nenne ich eine Argumentation.

16 Zum Begriff der ›rationalen Rekonstruktion‹ vgl. Wolfgang Stegmüller, »Gedanken über eine mögliche rationale Rekonstruktion von Kants Metaphysik der Erfahrung«, in: *Ratio* 9 (1967), 1-30, insb. 1-5, und Hans Poser, »Philosophiegeschichte und rationale Rekonstruktion. Wert und Grenze einer Methode«, in: *Studia Leibnitiana* 3 (1971), 67-76.

keiten: So geht es zunächst darum, das Gedankengebäude des Autors systematisch zu entwickeln und zu strukturieren. Auf der
Grundlage dieser erarbeiteten logischen Textstruktur kann eine Ver-
vollständigung oder auch Korrektur des Argumentationsganges des
Autors vorgenommen werden, beispielsweise durch Ergänzung von
Voraussetzungen, die dem Text implizit entnommen werden können
und/oder die für eine lückenlose Argumentation erforderlich sind,
möglicherweise aber auch durch Korrektur von im Text zu findenden terminologischen Festlegungen. Dabei können Methoden und
Rationalitätsstandards ins Spiel gebracht werden, die dem Textautor
in seiner Zeit nicht bekannt gewesen sind oder auch wegen ihrer historisch späteren Entwicklung nicht bekannt sein konnten.

Interpretieren als rationale Rekonstruktion des Gedankengangs
eines Autors weist über das hinaus, was ein Autor tatsächlich gedacht und beabsichtigt hat. In derselben Weise tut dies eine andere
Tätigkeit, die ich als kritisch-konstruktive Reflexion bezeichnen
möchte, die A. Bühler nicht eigens erwähnt, die aber auch als Interpretieren verstanden wird und auf die Beurteilung von Texten zielt.

(15) *Kritisch-konstruktive Reflexion:* Gesichtspunkte, die eine
erfolgversprechende kritische Prüfung des Textes einbeziehen sollte,
betreffen nicht nur Fragen nach der Richtigkeit von Textinhalten,
nach der Gültigkeit von Argumentationen und gegebenenfalls nach
den Möglichkeiten der rationalen Rekonstruktion eines Argumentationsganges. Dazu gehört neben der Prüfung von Thesen auf ihre
externe Kohärenz mit unserem Wissen über die Welt beispielsweise
auch die Beurteilung der Auswirkungen, die eine Autormeinung auf
unser gegenwärtiges und zukünftiges Handeln hat. Im Einzelfall
kann es für eine kritische Prüfung der Autormeinung und Autorabsichten von Vorteil sein, die Interessen, denen ein Text in der Intention des Autors dient bzw. widerspricht, zu erkennen, einzuschätzen
und zu hinterfragen. Darüber hinaus umfasst eine vollständige text-
bezogene Reflexion nicht nur eine beurteilende, sondern auch eine
konstruktive Komponente, die zu einem Ausbau von im Text vorgelegten Problemlösungen führen kann.[17]

---

17   Matthias Gatzemeier, »Methodische Schritte einer Textinterpretation in philo-
      sophischer Absicht«, in: Friedrich Kambartel u. Jürgen Mittelstraß (Hg.), *Zum
      normativen Fundament der Wissenschaft*, Frankfurt/M. 1973, 287 ff., unter-

Bei den bisher angeführten Arten der Interpretation von Texten stehen die autoriellen Absichten und Gedanken im Vordergrund. Das gilt auch für die Interpretationsarten (14) und (15) in dem Sinne, dass die Intentionen des Autors zum Ausgangspunkt von Interpretationsbemühungen gemacht werden, die dem Ziel eines besseren Verständnisses des Autors dienen (können).[18] Den nun folgenden Interpretationsarten ist gemeinsam, dass das Anliegen des Autors in den Hintergrund tritt. Bei A. Bühler finden sich diesbezüglich nur die Interpretationstätigkeiten der *freien Assoziation* und der *Anwendung*. Meines Erachtens kann in diesem Zusammenhang als eine weitere Interpretationsart auch die *Dekonstruktion* von Texten angesehen werden. Vorrang bei allen diesen Arten der Interpretation gewinnen die Erfahrungen, Einstellungen, Perspektiven und subjektiven Befindlichkeiten des Interpreten. Auch diese Interpretationsarten können jedoch dem besseren Verständnis eines Textes dienen.[19]

---

scheidet bei einer Textinterpretation methodisch die rationale Rekonstruktion von einer systematisch-kritischen und systematisch-konstruktiven Rekonstruktion. Überprüft und beurteilt die systematisch-kritische Rekonstruktion den gegebenenfalls schon rational rekonstruierten Argumentationsgang, so beinhaltet der systematisch-konstruktive Interpretationsschritt eine Fortführung der im Text vorgeschlagenen Problemlösungen. Sowohl das systematisch-kritische als auch konstruktive Interpretationsanliegen lässt sich unter die kritisch-beurteilende Auseinandersetzung mit einem Text subsumieren.

18 Auf die Frage, inwieweit es mit einer intentionalistischen Konzeption der Interpretation von Texten zu vereinbaren ist, die logischen Zusammenhänge und Konsequenzen der Gedanken eines Textes zu ermitteln sowie den Argumentationsgang eines Autors rational zu rekonstruieren, möchte ich hier nicht eingehen. – Vgl. dazu meine Ausführungen in »Hermeneutischer Intentionalismus und Textinterpretation im Philosophieunterricht«, in: Christoph Hubig u. Hans Poser (Hg.), *Cognitio humana – Dynamik des Wissens und der Werte*, XVII. Deutscher Kongress für Philosophie, Leipzig 1996, Workshop-Beiträge, Bd. 2, Institut für Philosophie der Universität Leipzig 1996, 1230-1237, insb. 1232-1235.

19 Die neuen *Richtlinien Philosophie für die gymnasiale Oberstufe in NRW* (32) unterscheiden die strenge Textanalyse und Textinterpretation von produktiven Formen des Umgangs mit Texten. So könne beispielsweise ein vorliegender Text verkürzt oder erweitert werden, die Perspektive könne verändert werden, der Text könne umgeschrieben werden oder es könne auch die Lebenswirklichkeit einbezogen werden. Alle diese Tätigkeiten, so die neuen *Richtlinien Philo-*

(16) *Interpretation als freie Assoziation anhand eines Textes:*
Bei dieser Form der Interpretation werden mit Wörtern oder Inhalten
des Textes andere Wörter oder Inhalte in beliebiger Weise als Bedeutungen in Verbindung gebracht. So lässt sich beispielsweise aus
einem Text ein beliebiges Wort herausgreifen und mit einem anderen Wort, das einem gerade in den Sinn kommt, assoziieren, um
letzteres dann im Kontext des Textverständnisses als Bedeutung jenes Wortes zu wählen. Diese Tätigkeit der Interpretation stellt nicht
in Abrede, dass ein Text sinnvoll interpretiert werden kann, bestrit-
ten wird jedoch, dass es einen ein für allemal fixierten Textsinn gibt.
Ein Text kann prinzipiell auf verschiedene Weisen und nie abschließend verstanden werden und diese Verständnismöglichkeiten
werden durch die Struktur des Textes offengehalten. Die freie Assoziation gelangt zu ihren Interpretationsergebnissen nicht durch eine
Analyse der Gedanken des Autors oder durch eine etymologisch-le-
xikalische Untersuchung, sondern allein durch die spontane Herstellung von Bedeutungsverbindungen mit Wörtern, die in einem
Text vorkommen.

(17) *Interpretation als Anwendung:* Interpretieren als Anwendung von Textinhalten kann, bedingt durch die Verschiedenheit der
Textinhalte und der Situationen, auf die die Anwendung stattfindet,
sehr unterschiedlich verstanden werden. In der philosophischen Hermeneutik[20] versteht man im Rückgriff auf Hans-Georg Gadamer[21]
unter der Interpretation eines Textes eine Tätigkeit, bei der die Textinhalte auf die Situation des Interpreten angewandt werden. Das Ergebnis dieser Interpretationstätigkeit wird wesentlich bestimmt
durch die subjektiven Erfahrungen und Schwerpunktsetzungen des
Interpreten. Der Sinn eines Textes konstituiert sich danach erst in
der Auseinandersetzung der spezifischen Biographie des Interpreten
mit dem vorgelegten Text. Vor diesem Hintergrund zielt die Interpretation vorrangig darauf, den Text mit Problemen in Verbin-

---

sophie (ebd.), sollten sich jedoch nicht verselbstständigen, sondern dem Textverständnis dienen.

20   Zum Begriff der »Philosophischen Hermeneutik« vgl. Axel Bühler, »Herme-
     neutischer Intentionalismus und die Interpretation philosophischer Texte«, in:
     Logos N.F. 2:1 (1995), 1-18, insb. 1 f.

21   Hans-Georg Gadamer, *Wahrheit und Methode*, Tübingen ⁴1960.

dung zu bringen, die den Interpreten etwas angehen und beschäftigen, und sich dabei eigener Vorverständnisse bewusst zu werden. – Von diesem Begriff der Interpretation als Anwendung lassen sich weitere Arten der Anwendung von Textinhalten abgrenzen wie beispielsweise die Anwendung von Bibeltexten, die Anwendung von Gesetzestexten und Willenserklärungen oder die Anwendung literarischer Texte.[22] So wird es bei der Anwendung von Texten aus der Heiligen Schrift darum gehen, dass der Leser einen persönlichen Bezug zu Jesus Christus entwickelt, die Anwendung von Gesetzestexten und Willenserklärungen besteht in ihrer Verwendung für die Gestaltung einer konkreten politischen oder sozialen Situation[23] und die Anwendung eines literarischen Textes, beispielsweise eines Romans, könnte auf die Übernahme gewisser Verhaltensweisen oder Einstellungen zielen.

(18) *Interpretation als Dekonstruktion von Texten*[24]: Dekonstruktivistische Verfahren oder Strategien der Textinterpretation gehen von der Voraussetzung aus, dass sich Texte auf verschiedene Weise sinnvoll verstehen lassen, unabhängig davon, was der Autor eines Textes mitzuteilen beabsichtigte. Diese Interpretationsart akzentuiert – wie auch schon die Interpretation als freie Assoziation und gewisse Formen der Interpretation als Anwendung – einen offenen und produktiven Umgang mit Texten ohne die Annahme einer fixierten Textbedeutung. So sollen Texte eher so gelesen werden, dass sie dem Leser Spielräume eröffnen. Dies geschieht in der Weise, dass Texte gezielt im Hinblick auf ihre Brüche, Lücken und verborgenen Aussagen hin gelesen werden, neue Perspektiven an den Text herangetragen, neue Zentren konstruiert, Kontexte verändert und Varianten zu im Text vorkommenden Begriffen, Argumenten, Metaphern und Denkfiguren produziert werden. Unklar bleibt die

---

22 Vgl. hierzu A. Bühler, »Die Vielfalt des Interpretierens«, 128 f.; vgl. auch Axel Bühler, »Hermeneutik«, in: Hans Jörg Sandkühler (Hg.), *Enzyklopädie Philosophie*, Bd. 1, Hamburg 1999, 547-551, insbes. 549.

23 A. Bühler, »Die Vielfalt des Interpretierens«, 129, weist zu Recht darauf hin, dass bei der Anwendung von Gesetzestexten die anwendende Person, d.h. der Interpret, in der Regel nicht involviert ist.

24 Vgl. hierzu Christian Gefert, »Text und *Schrift*. Dekonstruktivistische Verfahren im philosophischen Bildungsprozess«, in: *Zeitschrift für Didaktik der Philosophie und Ethik* 22, Heft 2 (2000), 133-139.

Rolle, die die Absichten, Einstellungen, Gedanken und Motive des Autors, der den Text verfasst hat, überhaupt noch spielen, und damit einhergehend die Antwort auf die Frage nach den Grenzen des dekonstruktiven Umgangs mit Texten. Wie es scheint, ist alles erlaubt, wenn es nur die Produktion alternativer Bedeutungen von Wörten und Textinhalten fördert.

Ich gebe im Folgenden eine zusammenfassende Übersicht über die verschiedenen Interpretationsarten. Leitender Gesichtspunkt sind die unterschiedlichen Zielsetzungen, die mit dem Interpretationsvorgang verbunden sein können. Diese Zielsetzungen werden weiter hinsichtlich verschiedener Aspekte unterteilt, die sie betreffen. Dazu zählen die schon erwähnten und auch bei A. Bühler angeführten Gesichtspunkte der *Texthervorbringung* (1-7), der *Texteigenschaften* (8-10) und der *Textbeurteilung und Textwirkung* (11-15). Darüber hinaus fasse ich unter der Rubrik der *Text(de-)konstruktion* diejenigen Interpretationsarten (16-18) zusammen, die autorielle Intentionen und Gedanken weitestgehend unberücksichtigt lassen und Textinhalte und Bedeutungen von Wörtern in betonter Abhängigkeit von der interpretierenden Person konstruieren.

3. Methodologische Implikationen der Interpretationsarten

Offensichtlich zielen die Interpretationsarten (1) bis (15) auf die Gewinnung von Erkenntnissen. So geht es um die Feststellung von Sachverhalten und/oder Erklärungen, die die Hervorbringung eines Textes, seine Eigenschaften und seine Wirkungen betreffen, und um die Beurteilung von Texten im Lichte rationaler Standards. Diese Ziele spielen bei den verbleibenden Interpretationsarten (16) bis (18), die einen (de-)konstruktiven Umgang mit Texten akzentuieren, offenbar keine entscheidende Rolle. Die Gedanken, Absichten und Motive des Autors sind bei diesen Interpretationsarten nicht oder allenfalls von untergeordnetem Interesse, so dass diesbezügliche Feststellungen, Erklärungen oder Bewertungen nicht in Frage kommen. So kommt A. Bühler denn zu dem Ergebnis, dass mit der

Schema der Interpretationsarten

Texthervor-bringung	_Texteigen-schaften_	_Textbeurteilung/ Textwirkung_	_Text(de-) konstruktion_
(1) Herausfinden kommunikativer Absichten	(8) Herausfinden der konventionellen Bedeutung sprachlicher Textelemente	(11) Herausfinden/Beschreibung der Wirkungen eines Textes	(16) Freie Assoziation anhand eines Textes
(2) Feststellung explizit geäußerter propositionaler Einstellungen	(9) Identifikation konventioneller Darstellungsmittel	(12) Richtigkeit/Wahrheit von Textinhalten	(17) Anwendung von Textinhalten
(3) Erschließen nicht explizit geäußerter propositionaler Einstellungen	(10) Beschreiben struktureller Texteigenschaften und daraus resultierender Textinhalte	(13) Gültigkeit und Beweiskraft von Argumentationen	(18) Dekonstruktion von Texten
(4) Herausfinden von Absichten der sprachlichen Gestaltung		(14) Rationale Rekonstruktion eines Gedankengangs	
(5) psychologische Erklärung kommunikativer Absichten		(15) Kritisch-konstruktive Reflexion von Textinhalten	
(6) psychologische Erklärung propositionaler Einstellungen			
(7) Herausfinden dessen, was ein Text exemplifizieren bzw. ausdrücken soll			

freien Assoziation und der Interpretation als Anwendung von Texten
auf die eigene Situation keine kognitiven Zielsetzungen verbunden
sind.[25] Dieses Verdikt würde er sicherlich auf die hier ergänzte Interpretationsart der Dekonstruktion von Texten ausdehnen. Doch
sind nicht neben der Feststellung von Sachverhalten, Erklärungen
und Beurteilungen auch andere Ziele denkbar, die der Erkenntnisgewinnung dienen und in Zusammenhang mit den Interpretationsarten
der freien Assoziation, der Anwendung auf die eigene Situation und
der Dekonstruktion gebracht werden können? Ich glaube ja, wie ich
gleich darlegen werde.

Bleiben wir zunächst noch bei den Interpretationsarten (1) bis
(15). Soweit es sich um die Feststellung von Sachverhalten handelt,
zielt Interpretieren auf das Aufstellen von Behauptungen oder Hypo-
thesen, sogenannten Interpretationshypothesen, die vorläufig (!) als
wahr bestätigt bzw. als falsch widerlegt werden können. Im Gegensatz zu den Interpretationshypothesen lassen sich Erklärungen, die in
Interpretationen auftreten, sogenannte interpretative Erklärungen,
auf Gültigkeit bzw. Ungültigkeit hin beurteilen. Dazu ist es erforderlich zu überprüfen, ob die erklärende Interpretation insgesamt wis-
senschaftstheoretischen Ansprüchen genügt, die an Erklärungen zu
stellen sind.[26] Bei der rationalen Rekonstruktion geht es um die Herstellung einer gültigen Argumentation. Diese wird dann daraufhin
betrachtet, inwieweit sie noch mit den Gedankengängen und Intentionen eines Autors im Einklang steht oder nicht. Je nach dem Ergebnis dieser Untersuchung lässt sich die rekonstruierte Argumentation dann als adäquat bzw. inadäquat beurteilen. Demgegenüber zielen die Interpretationsarten (16) bis (18) nicht auf Resultate, die im
Lichte von Wahrheit und Falschheit, Gültigkeit und Ungültigkeit,
Angemessenheit und Unangemessenheit zu beurteilen sind. Sowohl
bei der freien Assoziation, der Anwendung auf die eigene Situation

---

25 Vgl. A. Bühler, »Die Vielfalt des Interpretierens«, 129, 130 u. 131.

26 Zur Logik der Erklärung vergleiche zu einem ersten Überblick den Beitrag von
    Hans Lenk in: Joachim Ritter (Hg.), *Historisches Wörterbuch der Philosophie*,
    Darmstadt 1972, Bd. 2, Stichwort »Erklären, Erklärung«, 693-701. Eine sehr
    ausführliche, auch jüngere Entwicklungen berücksichtigende Darstellung und
    Kommentierung der Erklärungsproblematik finden sich in Martin Curd u. Jan
    A. Cover (Hg.), *Philosophy of Science. The Central Issues*, New York, London
    1998, Kap. VI (»Models of Explanation«).

und der Dekonstruktion wird der Text als Medium benutzt, an dem sich subjektive Befindlichkeiten, persönliche Erfahrungen, Interessen und Probleme abarbeiten können. Die Auseinandersetzung mit dem Text hat so die Funktion, Bewusstseinsprozesse in Gang zu setzen, die die persönliche Situation des Lesers betreffen und ihm im günstigsten Fall Hilfestellung für seine Lebensführung und sein Weltverständnis geben. Als Ziel assoziativer, anwendender und dekonstruktiver Interpretationsverfahren könnte deshalb die Erkenntnis der eigenen Person, ein Bewusstwerden und daraus vielleicht auch resultierendes Hinterfragen ihres Vor- und Selbstverständnisses und ihrer Lebensführung deklariert werden. Ob ein Text dies zu leisten in der Lage ist, hängt dabei im wesentlichen davon ab, was der jeweilige Leser oder Rezipient für seine persönliche Situation aus dem Text herauszufiltern vermag, unabhängig davon, was der Autor mit seinem Text an Überzeugungen, Wünschen, Hoffnungen etc. herüberbringen wollte. Kriterium für eine im Sinne dekonstruktiver Methoden »erfolgreiche« Interpretation bleibt die subjektive Einschätzung des Textes durch den Rezipienten, die sich daran misst, was ihm ein vorgelegter Text persönlich »gebracht« hat.

4. Voraussetzungsbeziehungen der Interpretationsarten

Viele der angeführten Interpretationsarten sind nicht unabhängig voneinander. Um die kommunikativen Absichten und propositionalen Einstellungen eines Autors erklären zu können, müssen diese erst einmal identifiziert worden sein. Ebenso setzen die beurteilenden Interpretationsarten, die Textinhalte hinsichtlich ihrer Wahrheit überprüfen, Argumentationen auf Gültigkeit und Beweiskraft hin untersuchen, einen Gedankengang rational rekonstruieren und Textinhalte kritisch-konstruktiv reflektieren, sachlich voraus, dass die Gedanken und Intentionen des Autors korrekt bestimmt und erfasst wurden. Eine Textinterpretation mit intentionalistischer Zielrichtung, die die kommunikativen Absichten und propositionalen Einstellungen des Autors in ihren Mittelpunkt stellt, umfasst deshalb die folgenden beiden methodischen Schritte, die von der Sache her auf-

einander aufbauen und denen sich jeweils gewisse Interpretationsarten des angegebenen Klassifikationsschemas zuordnen lassen[27]:

Problembestimmung und Erfassung des Textinhaltes. Dieser
erste Schritt zielt darauf, das Problem, mit dem sich der Textautor
auseinandersetzt, zu erkennen und zu formulieren. Darauf bauend
kann dann die Problementfaltung, gegebenenfalls auch Problemlösung des Autors reproduziert werden. Bei der Problembestimmung
und Erfassung des Textinhaltes geht es vorrangig um eine inhaltli-
che Erarbeitung dessen, was der Autor mit seinem Text beabsichtigt,
welche Problemkreise er anspricht und wie er sich mit diesen auseinandersetzt. Um dies zu leisten, gilt es beispielsweise begriffliche
Klärungen vorzunehmen, die illokutionäre Rolle wesentlicher Text-
äußerungen zu erkennen[28] und den Textaufbau und Gedankengang
des Autors nachzuzeichnen. Je nach Voraussetzungsbestand des
Textes[29] müssen in dieser Phase Informationen über den historisch-
kulturellen, insbesondere auch den wissenschaftlichen Hintergrund
des Autors eingeholt werden, muss auf andere Werke desselben
Autors Bezug genommen werden oder müssen begriffliche Einflüsse
andere Autoren untersucht werden. Bei diesem Interpretationsschritt
sind diejenigen Interpretationsarten von Bedeutung, die Aspekte der
Texthervorbringung, der Texteigenschaften und der Textwirkungen
zum Gegenstand haben.

Beurteilung/Kritik der Textinhalte. Die Textbeurteilung umfasst
zum einen die Erarbeitung und Analyse der Argumentationsstruktur
des Textes, um so die logischen Zusammenhänge und Konsequenzen der Gedanken eines Autors deutlich zu machen, den Beweisgang
des Textes prüfen und eventuelle Beweislücken aufdecken zu kön-

---

27 Zu den methodischen Schritten einer Textinterpretation in intentionalistischer
    Absicht vgl. z.B. Lothar Ridder, »Textarbeit im Philosophieunterricht aus her-
    meneutisch-intentionalistischer Sicht am Beispiel des Homo-mensura-Satzes
    von Protagoras«, in: *Zeitschrift für Didaktik der Philosophie und Ethik* 22, Heft
    2 (2000), 124-132; vgl. auch L. Ridder, »Hermeneutischer Intentionalismus
    und Textinterpretation im Philosophieunterricht«, 1235-1237.
28 Zur Bestimmung der mit sprachlichen Äußerungen einhergehenden Sprechakte
    vgl. z.B. Helmut Engels, »Zum Umgang mit Texten im Philosophieunterricht«,
    in: *Philosophie* 2 (1980), 17 ff.
29 Unter »Voraussetzungsbestand« eines Textes verstehe ich dasjenige, was der
    Autor in seiner historischen Situation als bekannt voraussetzen konnte.

nen. Diese Interpretationsbemühungen, die in den Interpretationsarten (12) bis (14) Berücksichtigung finden, schaffen die wesentlichen und unerlässlichen Voraussetzungen dafür, sich auf sachliche und faire Weise mit den Gedanken eines Autors kritisch auseinanderzusetzen. Über die Fragen nach der Wahrheit von Textinhalten, nach der Gültigkeit und Beweiskraft von Argumentationen und nach der Rekonstruierbarkeit eines Gedankenganges hinaus sollte eine umfassende kritische Prüfung des Textes zum anderen diejenigen Gesichtspunkte einbeziehen, die eine kritisch-konstruktive Reflexion von Textinhalten im vorher schon erläuterten Sinne der Interpretationsart (15) betreffen. Hierzu gehört beispielsweise auch das Herausfinden und Beurteilen der Wirkungen, die eine Autormeinung auf den Leser ausübt bzw. ausüben soll, so wie es die Interpretationsart (11) zum Ziele hat.

Entsprechende Abhängigkeitsbeziehungen scheinen zwischen den Interpretationsarten (16) bis (18) untereinander bzw. diesen und den Interpretationsarten (1) bis (15) nicht zu bestehen. So setzt die Durchführung einer der Interpretationsarten der freien Assoziation, der Anwendung auf die eigene Situation oder der Dekonstruktion von Textinhalten keine der anderen in irgendeiner Weise voraus, und es bedarf zu ihrer Praktizierung auch nicht einer vorherigen korrekten Identifikation oder Erklärung von Autorabsichten oder Autorgedanken, der Herausarbeitung struktureller Texteigenschaften, der Beschreibung der Wirkungen eines Textes oder einer Textbeurteilung im Sinne der Interpretationsarten (1) bis (15). Umgekehrt stellen die text(de-)konstruktiven Methoden (16) bis (18) offenbar auch keine von der Sache her gegebene notwendige Bedingung für das Erreichen eines der Interpretationsziele (1) bis (15) dar. Insgesamt erlauben deshalb die Interpretationsarten (16) bis (18) eine untereinander und von den anderen angeführten Interpretationsarten unabhängige Praktizierung.

5. Zur Vollständigkeit des Schemas der Interpretationsarten

Beinhaltet unser Schema der Interpretationsarten alle möglichen Zielsetzungen, die mit einer Interpretation von Texten verbunden werden können? Wurden vielleicht bestimmte auf Texte bezogene interpretative Tätigkeiten, die in den Wissenschaften praktiziert oder in der wissenschaftlichen Literatur angeführt werden, übersehen?

Betrachten wir dazu zunächst die von Johannes Rohbeck im Rückgriff auf verschiedene philosophische Denkrichtungen gewonnenen Methoden, die er nach den Medien *Sprechen*, *Lesen* und *Schreiben* differenziert. Beschränken wir uns hier auf das Lesen eines Textes. Rohbeck kommt diesbezüglich zu folgenden Ergebnissen[30]: Gemäß der Analytischen Philosophie ist der Argumentationsgang eines philosophischen Textes nachzuvollziehen und auf begriffliche Genauigkeit, logische Folgerichtigkeit und Plausibilität zu prüfen. Unter konstruktivistischer Perspektive geht es darum, die implizit gebliebenen Voraussetzungen philosophischer Aussagen zu rekonstruieren, die Phänomenologie überprüft und beurteilt Textinhalte anhand eigener Erfahrungen und die Dialektik zielt auf die Aufdeckung und Kritik von Widersprüchen und Defiziten in philosophischen Texten. Alle diese Tätigkeiten finden sich in unserem Schema unter dem Aspekt der Textbeurteilung in den Interpretationsarten (12) bis (15) wieder. Und die hermeneutische Klärung von Vorverständnissen beim Interpretieren von Texten sowie das dekonstruktive Infragestellen von Texten im Hinblick auf Brüche, Lücken, Ränder und verborgene Aussagen, entsprechen den Interpretationsarten (17) bzw. (16) und (18) unserer Liste.

Nach Matthias Gatzemeier sollte eine philosophische Textinterpretation vier Rekonstruktionen umfassen[31]: die synonyme, immanente, systematisch-kritische und systematisch-konstruktive Rekonstruktion. Die ersten beiden Schritte tragen dazu bei, sich möglichst weitgehend den Standpunkt des Autors zu Eigen zu machen. Die

---

30 J. Rohbeck, »Didaktische Potenziale philosophischer Denkrichtungen«, 86.
31 M. Gatzemeier, »Methodische Schritte einer Textinterpretation in philosophischer Absicht«, 311 f. – Vgl. auch die Erläuterungen in Fn. 17.

synonyme Rekonstruktion bemüht sich um ein Verständnis des Argumentationsgangs, der gegebenenfalls bei der immanenten Rekonstruktion im Einklang mit den Intentionen des Autors zu erweitern und zu ergänzen ist. Dazu können andere Schriften und Äußerungen des Textautors, seine Biographie etc. herangezogen werden. Der dritte Schritt beurteilt den synonym und immanent rekonstruierten Argumentationsgang in systematischer und kritischer Weise, d.h. lehnt ihn beispielsweise aus praktischen oder methodischen Erwägungen heraus ab. Und die so geprüften Problemlösungsvorschläge eines Autors werden im vierten und letzten Schritt fortgeführt. Die von Gatzemeier zur Interpretation philosophischer Texte angeführten Interpretationsarten finden sich auch in der hier vorgelegten Klassifikation wieder. Die synonyme und immanente Textrekonstruktion lässt sich durch alle jene Interpretationsarten beschreiben, die den Text im Sinne des Autors verstehen wollen, im wesentlichen durch die Interpretationsarten (1) bis (9) und (14). Dabei lässt sich die immanente Rekonstruktion durch alle jene Interpretationsarten charakterisieren, die es ermöglichen, über die unmittelbar am Text zu identifizierenden Absichten und Gedanken des Autors hinauszugehen, insbesondere etwa die Interpretationsarten (1), (3), (5), (6), und (14). Und mit den Interpretationsarten (11) bis (13) erhalten wir Gatzemeiers systematisch-kritische Rekonstruktion, mit der Interpretationsart (15) die systematisch-konstruktive Rekonstruktion.

Reinhardt Brandt[32] unterscheidet eine bestimmende Interpretation, die die Meinung und Absicht des Autors in wohlwollender Weise untersucht und kritisiert, von einer reflektierenden Interpretation, die die Sphäre der ursprünglichen Autorintention überschreitet und den objektiven Bedeutungsgehalt eines Textes zum Gegenstand hat. Die bestimmende Interpretation lässt sich in der gewohnten Weise wieder mit den Interpretationsarten unseres Schemas in Zusammenhang bringen, die die Auslegung und Kritik eines Textes am Autor orientieren. Die reflektierende Interpretation, die davon ausgeht, dass ein Text mehr aussagen kann als der Autor gemeint hat,

---

32 Reinhard Brandt, »Zur Interpretation philosophischer Texte«, *Allgemeine Zeitschrift für Philosophie* 1:3 (1976), 46-62. Vgl. auch ders., »Die Interpretation philosophischer Werke«, in: Wulf D. Rehfus u. Horst Becker, *Handbuch des Philosophie-Unterrichts*, Düsseldorf 1986, 229-241.

hat hingegen – wie Interpretationsart (10) – die Herausarbeitung und Beschreibung objektiver Textstrukturen und -bedeutungen zum Ziel.

Ähnlich wie in den Beispielen der von Gatzemeier und Brandt erwähnten Interpretationsmethoden lassen sich viele andere in der Literatur zu findenden Interpretationsarten in unserem Klassifikationsschema entweder direkt finden oder durch Kombination verschiedener Interpretationsarten erhalten. A. Bühler erwähnt etwa noch die stilbestimmende und literaturhistorische Interpretation.[33] So verbindet die stilbestimmende Interpretation, die die Stilzüge eines Textes beschreibt und diese als Resultat eines Stilprinzips deutet, die Beschreibung struktureller Texteigenschaften (10) mit der psychologischen Erklärung der Absichten (5) und der Gedanken eines Autors (6). Und die literaturhistorische Interpretation, die einen Text als Produkt seiner Zeit erweist und ihn so einer bestimmten Epoche zuordnet, zielt vor allem auf die Identifikation konventioneller Darstellungsmittel (9).

6. Didaktisch-methodische Anmerkungen

Die einzelnen Interpretationsarten verweisen auf eine Vielzahl von Zielsetzungen, deren Umsetzung mit verschiedenen Kompetenzen des Interpreten von sehr unterschiedlichem Anforderungsniveau in Verbindung gebracht werden kann. Für die Praxis des Philosophieunterrichts ergeben sich hieraus unmittelbar folgende Fragen, auf die ich in diesem Abschnitt eingehen möchte: Welche unterrichtlichen Tätigkeiten lassen sich welchen Interpretationsarten zuordnen? Lassen sich alle mit den verschiedenen Interpretationsarten verbundenen Kompetenzen im Philosophieunterricht gleichermaßen vermitteln? Gibt es vielleicht gewisse Interpretationsarten, die im Philosophieunterricht nicht praktiziert werden können? Sollten gewisse Interpretationsarten nur unter bestimmten Einschränkungen oder überhaupt nicht im Philosophieunterricht vermittelt werden? Sind bei der Interpretation von Texten bestimmte Interpretationsarten eine con-

---

33 Vgl. A. Bühler, »Die Vielfalt des Interpretierens«, 132. Bühler verweist bezüglich dieser beiden Interpretationsarten auf W. Strube, *Analytische Philosophie der Literaturwissenschaft*, Kap. 5, 2 u. 5, 4.

ditio sine qua non für andere Interpretationsarten? Müssen bei jedem Text alle Interpretationsarten zur Anwendung kommen oder sind manche verzichtbar, manche unverzichtbar? Wer oder was entscheidet über die Anwendung welcher Interpretationsart(en)?

In der vorgelegten Klassifikation der Interpretationsarten finden sich die maßgebenden theoretischen Konzeptionen der Gegenwart bezüglich der möglichen Ziele einer Textinterpretation wieder, und zwar der Hermeneutische Intentionalismus in den Interpretationsarten (1) bis (9) und (11) bis (15), die Philosophische Hermeneutik in der Interpretationsart (17), der Strukturalismus in der Interpretationsart (10) und der Dekonstruktivismus in den Interpretationsarten (16) und (18), eventuell auch noch in (17). Die Frage danach, welche Interpretationskompetenzen im Philosophieunterricht anzustreben sind, lässt sich deshalb auch so formulieren, ob alle theoretischen Positionen von den Zielen einer Textinterpretation im Philosophieunterricht berücksichtigt werden sollten. Nun scheint in der philosophiedidaktischen Literatur die intentionalistische Auffassung von den Zielen der Textinterpretation vorherrschend zu sein.[34] Ebenfalls gehen die neuen (ab dem Schuljahr 1999/2000 gültigen) wie auch schon die alten Richtlinien für das Fach Philosophie in der gymnasialen Oberstufe NRW davon aus, dass ein philosophischer Text um einer philosophischen Problemstellung und -lösung willen verfasst wurde und dass es im textgebundenen Unterricht darum gehe, den Gedankengang des Autors zu rekonstruieren. Ziel der Interpretation sei eine angemessene, den Werkkontext berücksichtigende

---

34 Vgl. z.B. M. Gatzemeier, »Methodische Schritte einer Textinterpretation in philosophischer Absicht«, 312; H. Engels, »Zum Umgang mit Texten im Philosophieunterricht«, 16; Wulf D. Rehfus, *Didaktik der Philosophie*, Düsseldorf 1980, 187; Johannes Rohbeck, »Begriff, Beispiel, Modell«, in: *Zeitschrift für Didaktik der Philosophie* 7, Heft 1 (1985), 26; Klaus Langebeck, »Verfahren der Texterschließung im Philosophieunterricht«, in: ebd., 5; Karel van der Leeuw u. Pieter Mostert, »Der Dschungel und der Kompass. Textverstehen im Philosophieunterricht«, in: ebd., 42. – Zu den Möglichkeiten und Grenzen hermeneutisch-intentionalistischer Interpretationsmethoden im Philosophieunterricht vergleiche meine Interpretation und Kritik des Homo-mensura-Satzes in »Textarbeit im Philosophieunterricht aus hermeneutisch-intentionalistischer Sicht am Beispiel des Homo-mensura-Satzes«, 124-132, vor allem 128 ff.

Würdigung des Autors.[35] Sollten deshalb die strukturalistischen, philosophisch-hermeneutischen und dekonstruktivistischen Interpretationsverfahren vom Philosophieunterricht ausgeschlossen werden?[36] Ich glaube nicht! Auch die Produktion und Auseinandersetzung alternativer Textlesarten kann vor dem Hintergrund der Intentionen und Gedanken des Textautors dazu dienen, das Textverständnis zu erleichtern und zu überprüfen. Auch ist es vorstellbar, einen Text völlig unabhängig von dem und vielleicht auch entgegensetzt zu dem, was sein Autor damit bezweckte, für unterrichtliche Zielsetzungen zu verwenden. Die Wahl philosophischer (Interpretations-) Methoden im Philosophieunterricht sollte grundsätzlich dadurch bestimmt sein, welche Kompetenzen sich mit ihnen vermitteln lassen. Neben einer streng am Autor ausgerichteten Textanalyse und Textbeurteilung sind auch andere, mehr am Leser orientierte Formen des Umgangs mit Texten im Philosophieunterricht denkbar und wünschenswert. Die Vermittlung von Kompetenzen zur Erfassung von Textinhalten, die Entwicklung von Fähigkeiten zur rationalen Rekonstruktion und zur Kritik von Gedankengängen eines Autors sind eine Sache. Hier geht es darum, Probleme zu formulieren und im Text angebotene Problemlösungen zu entfalten, Schlüsselbegriffe zu erläutern und Begriffszusammenhänge zu erkennen und in Schaubildern deutlich zu machen, Prämissen und Implikationen zu identifizieren, die Gültigkeit und Beweiskraft von Argumenten zu überprüfen usw. Eine andere Sache ist ein Umgang mit Texten, der die vom

---

35 Vgl. *Richtlinien Philosophie für die gymnasiale Oberstufe in NRW*, Heft 4716, Köln 1981, 82 ff. bzw. Frechen 1999, 30 ff.

36 Beispiele für die Anwendung dekonstruktivistischer und strukturalistischer Interpretationsmethoden im Philosophieunterricht finden sich bei C. Gefert, »Text und *Schrift*«, 133-139, ders., »Philosophieren als theatraler Akt – Plädoyer für eine Öffnung des Wahrheitsbegriffs im Philosophieunterricht, in: *Zeitschrift für Didaktik der Philosophie und Ethik* 20, Heft 1 (1998), 74-76, und bei Torsten Hiß, »Vom Lesen zum Schreiben – vom Schreiben zum Lesen. Strukturalistische und dekonstruktivistische Profile für den Philosophieunterricht«, in: *Zeitschrift für Didaktik der Philosophie und Ethik* 22, Heft 2 (2000), 140-148. – Eine Vielzahl auch praktischer Anregungen zum produktiven Umgang mit philosophischen Texten enthält das Buch von Volker Steenblock, *Philosophische Bildung. Einführung in die Philosphiedidaktik und Handbuch: Praktische Philosophie*, Münster 2000, Kap. 3 (»Philosophieren ›können‹ – Methoden des Philosophierens und des Philosophieunterrichts«), 89-125.

Autor bewusst vorgebenen Bahnen verlässt oder zumindest in den Hintergrund treten lässt. Der Text funktioniert nun als Inspirationsvorlage, vorgegebene Wortbedeutungen und Perspektiven können verändert, Texte umgeschrieben werden usw. Dieser produktive Umgang mit Texten fördert die Kreativität und eröffnet dem Schüler Freiheitsspielräume, die ihm das phantasievolle Einbringen seiner Gedankenwelt und seiner Lebenswirklichkeit in besonderem Maße erlauben.

Trotz der konstatierten Voraussetzungsbeziehungen, denen viele der Interpretationsarten unterliegen[37], haben diese nicht zur Folge, dass in der Praxis der Textinterpretation diese sachlogische Abfolge stets einzuhalten wäre. Die Anwendung des hermeneutischen Grundsatzes, dass wir das Ganze aus dem Einzelnen und das Einzelne nur aus dem Ganzen verstehen können, zeigt vielmehr, dass sich ein adäquates Textverständnis als ein Prozess von Hypothesenkorrekturen darstellt, die sich aus der wechselweisen Betrachtung größerer Texteinheiten und ihrer Teile ergeben.[38] Deshalb kann es nicht verwundern, dass beim Vorgang der Texterschließung verschiedene Interpretationsschritte verzahnend ineinandergreifen. Eine strikte Trennung von Reproduktion und Rekonstruktion auf der einen Seite und Verständnis und Beurteilung auf der anderen Seite

---

37 Vgl. in diesem Aufsatz den 4. Abschnitt.

38 Die gängige Rede von einem ›Zirkel‹ des Verstehens sollte vermieden werden, da damit fälschlicher Weise der Eindruck entstehen könnte, der Verstehensprozess sei mit einer unaufhebbaren vitiösen Zirkelhaftigkeit belastet. Gegen eine solche Auffassung lässt sich zeigen, dass bestimmte mit der Wendung ›hermeneutischer Zirkel‹ gemeinte Schwierigkeiten der Interpretation von Texten vom Grundsatz her lösbar sind. (Vgl. dazu Wolfgang Stegmüller, »Walther von der Vogelweides Lied von der Traumliebe und Quasar 3 C 273 – Betrachtungen zum sogenannten Zirkel des Verstehens und zur sogenannten Theorienbeladenheit der Beobachtungen –«, in: ders., *Rationale Rekonstruktion von Wissenschaft und ihrem Wandel*, Stuttgart 1986, 27-86) – Die These von der wesentlichen Zirkelhaftigkeit des Verstehens wurde ausdrücklich wohl zuerst von dem Altphilologen Friedrich Ast (1778-1841) vertreten. (Vgl. A. Bühler, »Hermeneutik«, 550) – In der kritischen Hermeneutik wird der Terminus ›hermeneutischer Zirkel‹ durch die Metapher der ›hermeneutischen Spirale‹ ersetzt (vgl. z.B. Albert Bremerich, »Kritische Hermeneutik und Philosophiedidaktik – Sprachphilosophische Reflexionen –«, in: *Aufgaben und Wege des Philosophieunterrichts* N.F. 12, 1979, 48-64, insb. 54).

wird sich praktisch nicht durchgängig einhalten lassen. Nichtsde-
stoweniger erscheint ein aus der Problembestimmung und Erfassung
des Textinhaltes resultierendes Textverständnis unerlässlich für eine
abschließende kritisch-konstruktive Reflexion der Autorabsichten
und des Gedankengangs eines Textes.

Eine wissenschaftlichen Ansprüchen genügende Textinterpretation, die allen Interpretationsschritten in vollem Umfang gerecht
wird, kann in der Unterrichtspraxis nur als Idealfall angesehen werden. Bei einer in intentionalistischer Absicht erfolgenden Interpretation philosophischer Texte geht es wesentlich darum, die kommunikativen Absichten und Gedanken des Autors zu identifizieren und
beschreiben. Schwierigkeiten bei der Erfüllung dieser Aufgabe ergeben sich um so wahrscheinlicher, je größer der historische und
kulturelle Abstand zwischen Autor und Interpreten ist. Um Missverständnisse und Fehlinterpretationen zu vermeiden, gilt es deshalb,
Abstände der angezeigten Art im Blickpunkt zu haben und sie nach
Möglichkeit zu überbrücken. Überbrückungsweisen können u.a.
darin bestehen, die Biographie eines Autors miteinzubeziehen, seinen kulturellen, politischen und sozialen Hintergrund zu beachten
und bei der Erschließung von Textbedeutungen die geistigen Strömungen seiner Zeit, insbesondere auch Einflüsse anderer Autoren
hinsichtlich der Begriffsbildung zu berücksichtigen. Es ist unmittelbar einsichtig, dass dem Lehrer in dieser Hinsicht bei der Auswahl
unterrichtlicher Texte eine besondere Verantwortung obliegt. Je
größer der kulturelle Abstand zwischen Interpreten, hier Schüler,
und Textautor, um so schwieriger und anspruchsvoller gestaltet sich
die Aufgabe des Lehrers, eine zeitliche Brücke im Sinne einer adäquaten Textinterpretation zu schlagen. Zugleich damit wird auch
deutlich, dass der Interpretationsvorgang je nach den sozio-kultu-
rellen Voraussetzungen und Vorverständnissen der Interpreten, hier
der Schüler, eine Modifikation erfahren wird und muss, die zur Erstellung immer neuer Interpretationen führen kann und wird.

Inwieweit und ob die Schüler beispielsweise die Untersuchung
der Gültigkeit und der Beweiskraft von Argumentationen und die
rationale Rekonstruktion eines Gedankengangs überhaupt leisten
können, wird in starkem Maße von der fachlichen Qualifikation und
dem didaktisch-methodischen Geschick des Lehrers abhängen. Dabei spielt nicht nur die Textauswahl eine entscheidende Rolle, son-

dern gerade auch die Einübung und Hinterfragung argumentativer Strategien im Philosophieunterricht. Hieraus erwächst die nicht einfache Aufgabe für den Philosophieunterricht, dem Schüler Grundkenntnisse des logischen Schließens und Techniken rationaler Argumentation zu vermitteln.

Die in der Philosophiedidaktik jenseits von Richtungskämpfen zu verzeichnende Methodenorientierung, die auf die Vermittlung pluraler fachlicher Formen selbständigen Philosophierens zielt, kann nur begrüßt werden. Der philosophische Diskurs, die Interpretation von Texten und das eigenständige Verfassen philosophischer Texte stehen als gleichberechtigte Methoden nebeneinander. Wie die vorangegangenen Überlegungen zeigen sollten, eröffnet der textgebundene Philosophieunterricht mit der Interpretation von Texten eine Vielzahl von Zielsetzungen und damit verbundenen Methoden. Auch hier sollte es nicht darum gehen, einzelne Interpretationsmethoden aus dem Philosophieunterricht zu verbannen. Vielmehr sollten die verschiedenen interpretativen Verfahren eingedenk ihrer besonderen Leistungsfähigkeit zur Vermittlung philosophischer Methodenkompetenz im Philosophieunterricht gezielt, transparent und sachlich adäquat eingesetzt werden.

Christian Gefert

Die Arbeit am Text –
das *Schweigen der Schrift*
und Strategien der Texteröffnung

Die Auseinandersetzung mit Texten kann in philosophischen Bildungsprozessen die wichtige Funktion erfüllen, »Denkbemühungen«
der fachphilosophischen Tradition als Impuls für das je eigene Denken und für den philosophischen Dialog mit anderen wahrzunehmen.[1] Sucht man einen solchen Impuls aus jener Tradition, um das
Verhältnis zwischen einem Text und seinem Leser besser zu verstehen, dann fällt der Blick fast unweigerlich auf Platons berühmte
Schriftkritik im *Phaidros*.[2] Dort verweist Platon u.a. auf den funda-
mentalen Unterschied im Verhältnis zu einem Text und einem po-
tenziellen Dialogpartner: Die »geschriebene Rede« lasse sich im Gegensatz zu einer Person niemals in einen Dialog verwickeln, da sie
»stolz« auf die Fragen des Lesers »schweigt« und wie ein Gemälde
»immer nur ein und dasselbe anzeigt«.[3] Die Schrift sei außerdem
nicht in der Lage, sich wie ein Dialogpartner gegen Missverständnisse zu »wehren« – sie bedürfe dazu immer der Hilfe ihres »Vaters«.[4]

Betrachtet man die *philosophiedidaktische* Diskussion über das
Verhältnis von Leser und Text, so fällt auf, dass dort das im *Phai-*

---

1 Vgl. Ekkehard Martens, »Philosophieunterricht als Problem- und Lernge-
   schichte«, in: Wulff D. Rehfus u. Horst Becker (Hg.), *Handbuch des Philosophieunterrichts*, Düsseldorf 1986, 95.
2 Platon, *Phaidros*, insbesondere 275 c-278 d.
3 Ebd., 275 d.
4 Ebd., 275 e.

dros thematisierte *Schweigen der Schrift* bisher nicht als ein Problem für die Gestaltung philosophischer Bildungsprozesse realisiert wurde: In Klaus Langebecks Aufsatz zu »Verfahren der Texterschließung im Philosophieunterricht«[5] beispielsweise wird zwar darauf verwiesen, dass »der Text nicht in gleicher Weise als Subjekt angesehen werden kann wie ein gegenwärtiger Gesprächspartner«.[6] Diese Einsicht jedoch ändert nichts daran, dass die Beziehung zum Text im gleichen Aufsatz als Verhältnis zu einem »historischen Gesprächspartner« charakterisiert wird, über den es möglich sei, ein »dialogisches Verhältnis zur Tradition herzustellen«.[7]

Wie aber soll es möglich sein, einen Dialog zu gestalten, wenn einer der Gesprächspartner so »stolz« schweigt wie – nach Platon – die Schrift? Diese Frage soll im Folgenden auf die Gestaltung der Textarbeit in philosophischen Bildungsprozessen bezogen werden. Im Mittelpunkt steht dabei die Überlegung, dass ein Nachdenken über das *Schweigen der Schrift* nicht nur eine Vergegenwärtigung ihrer eigentlichen Rolle im Verhältnis zum Rezipienten zu sein hat, sondern in die Formulierung konkreter Optionen für die methodische Gestaltung dieses Verhältnisses einmünden kann. Eine Option für diese Gestaltung bildet die Einbeziehung theatral-präsentativer Ausdrucksformen in die Textarbeit, die ich *theatrales Philosophieren* nennen möchte.[8]

Doch wie lässt sich nun das Verhältnis zum Text beschreiben, wenn es *nicht* mit dem Vernehmen eines gesprochenen Wortes in einem Dialog zu vergleichen ist? Genau um diese Fragestellung kreisen die Arbeiten Jacques Derridas: In Derridas Diskurs ist der Versuch erkennbar, die Tradition eines Logo- bzw. Phonozentrismus zu durchbrechen, gemäß derer die Interpretation eines Textes in dem Maße als »wahr« gelten kann, wie sie es schafft, im Text die

---

5   Klaus Langebeck, »Verfahren der Texterschließung im Philosophieunterricht«, in: *Zeitschrift für Didaktik der Philosophie* 7, Heft 1 (1985).

6   Ebd., 4.

7   Ebd. Klaus Langebeck greift hier eine Formulierung von Herbert Schnädelbach auf: vgl. Herbert Schnädelbach, »Morbus hermeneuticus – Thesen über eine philosophische Krankheit«, in: *Zeitschrift für Didaktik der Philosophie* 3, Heft 1 (1981), 5.

8   Eine umfassende und systematische Arbeit zu einer *Didaktik theatralen Philosophierens* werde ich in Kürze vorlegen.

»Stimme« des Autors (»Vaters«) der Schrift zu identifizieren.[9] Seine dekonstruktivistischen Strategien zielen demgegenüber auf die Rehabilitierung des *Schweigens der Schrift* ab, das die Leser eines Textes zur »Bejahung einer Welt aus Zeichen ohne Fehl, ohne Wahrheit, ohne Ursprung« zwingt, »die einer tätigen Deutung offen ist«.[10] An diesem Punkt deckt sich Derridas Charakterisierung der Schrift mit der platonischen Schriftkritik, nach der sich die Schrift mit einem Gemälde vergleichen lässt, insofern auch dieses offen für die »tätige Deutung« ist und sich – anders als ein Dialogpartner – nicht gegen Missverständnisse wehren kann.[11]

Folgt man dieser Charakterisierung der Schrift, so eröffnet sich eine Perspektive auf den Text, die folgenreich für die philosophiedidaktische Diskussion ist. Zur »tätigen Deutung« ist nämlich auch der Leser in philosophischen Bildungsprozessen herausgefordert, wenn er sich den Zeugnissen der schriftlich überlieferten »Denkbemühungen« aus der fachphilosophischen Tradition nähern will. Die Arbeit am Text darf dabei nicht darauf abzielen, die »Stimme« des Autors zu vernehmen, um im Rekurs auf den mentalen »Ursprung« der Schrift »herauszufinden, was der Autor wirklich gemeint hat«.[12] Die Auseinandersetzung mit der Schrift lädt vielmehr dazu ein, einen Text auch *ohne* die »Stimme« des Autors zu denken und zu verstehen. Eine solche Sicht fordert den Rezipienten eines Textes heraus, die Bedeutungsdimensionen des Textes auszuloten und ihm so erst eine Stimme zu *verleihen* und dies ohne sich mit Verweis auf die »wahre« Intention des Autors »abzusichern«.[13] Eine derart motivierte Textarbeit in philosophischen Bildungsprozessen hat nicht die *Erschließung* eines vermeintlichen »Ursprungs« der Bedeutung des Textes zum Ziel, sondern die *Eröffnung* seines Bedeutungspo-

---

9   Vgl. Jacques Derrida, *Grammatologie*, Frankfurt/M. [3]1990, 76.

10   Jacques Derrida, *Die Schrift und die Differenz*, Frankfurt/M. [7]1997, 441.

11   Jacques Derridas betont explizit den »subtilen« und »kritischen« Gehalt der platonischen Theorie »hinsichtlich des Bildes« und »der Malerei« (J. Derrida, *Grammatologie*, 60). Dies darf jedoch nicht darüber hinwegtäuschen, dass Derrida an anderer Stelle Platons Bedeutung als Vertreter des Phonozentrismus hervorhebt (vgl. z.B. J. Derrida, *Grammatologie*, 30 f.).

12   Helmut Engels, »Zum Umgang mit Texten im Philosophieunterricht«, in: *Philosophie. Anregungen für die Unterrichtspraxis*, Heft 2 (1980), 16.

13   J. Derrida, *Die Schrift und die Differenz*, 441.

tentials. Sie zielt also nicht – wie Langebeck es formuliert – auf Texterschließung, sondern auf *Texteröffnung*.

Doch welche Konsequenzen beinhaltet diese Akzentverschiebung in Hinblick auf die konkrete methodische Gestaltung der Arbeit am Text? Die folgenden Ausführungen kreisen um mögliche Antworten auf diese Frage. Im Zentrum steht dabei der Versuch, die Rolle der Schrift in philosophischen Bildungsprozessen näher zu bestimmen und damit der Differenz zwischen Textarbeit und philosophischem Dialog gerecht zu werden. Ein Blick auf die dekonstruktivistischen Lektürestrategien Jacques Derridas erlaubt es in diesem Zusammenhang, einige Anregungen für die Gestaltung der Texteröffnung in philosophischen Bildungsprozessen zu gewinnen.

1. Dekonstruktion und dekonstruktivistische Verfahren

Wenn im Rahmen dieser Darstellung »dekonstruktivistische Verfahren« und nicht *die* Dekonstruktion thematisiert wird, dann geschieht dies aus einem doppelten Grund: Zunächst gibt es nicht *die* Dekonstruktion, sondern nur eine Reihe von Umgangsweisen mit Texten, die als dekonstruktivistisch gelten und von ganz unterschiedlichen Autoren praktiziert werden. Neben Jacques Derrida sind hier beispielsweise Autoren wie Paul de Man[14] und Geoffrey H. Hartman[15] zu nennen, die jeweils unterschiedliche Theorieprofile ausgearbeitet haben. Es fällt deshalb schwer, *die* Dekonstruktion als eine *einheitliche* Praxis zu thematisieren (auch wenn ich mich nachfolgend auf dekonstruktivistische Strategien beschränke, die sich in den Projekten Jacques Derridas erkennen lassen). Außerdem vermeide ich mit der Formulierung »dekonstruktivistisches Verfahren« bewusst den Begriff »dekonstruktivistische Methode«, den Derrida explizit abgelehnt hat.[16] Statt dessen bezeichnet Derrida seine Lektürestrate-

---

14 Vgl. Paul de Man, *Allegorien des Lesens*, Frankfurt/M. 1988.
15 Vgl. Geoffrey Hartman, *Criticism in the Wilderness. The Study of Literature Today*, New Haven 1980.
16 Vgl. Jacques Derrida, »Letter to a Japanese Friend«, in: Robert Bernasconi u. David Wood (Hg.), *Derrida and Difference*, Coventry 1985, 7.

gien selbst als »*allgemeine Strategie der Dekonstruktion*«.[17] Die
Formulierung »dekonstruktivistisches Verfahren« verweist auf diesen Sprachgebrauch Derridas und soll gleichzeitig dem Missverständnis vorbeugen, es gäbe eine bestimmte dekonstruktivistische
Methode, die gleichsam darauf warte, im philosophischen Bildungsprozess angewandt zu werden.

Dem ist in der Tat nicht so: Aufgrund meiner Erfahrungen in der
Auseinandersetzung mit dekonstruktivistischen Verfahren im fachphilosophischen Diskurs einerseits und der Gestaltung (schulisch organisierter) philosophischer Bildungsprozesse andererseits halte ich
es für problematisch, den Anspruch zu erheben, in schulisch-institu-
tionalisierten Bildungsprozessen eine umfassende Dekonstruktion
»klassischer Texte« der philosophischen Tradition leisten zu wollen
und dabei auf ähnlich elaborierte Ergebnisse zu hoffen, wie sie Derrida in seinen Arbeiten beispielsweise zu Platon[18], Hegel[19] oder
Marx[20] vorgelegt hat. Angemessen und praktikabel erscheint mir
dagegen, *einzelne* dekonstruktivistische Strategien als Impulse für
die Gestaltung solcher Bildungsprozesse zu nutzen. Dabei gilt es
meines Erachtens den Blick dafür zu bewahren, dass der Anspruch
hinsichtlich der Ergebnisse im Verhältnis zu den Kapazitäten bei der
Aneignung von Kenntnissen der philosophischen und philologischen
Tradition bei Schülern *und* Lehrern beurteilt werden muss: Denn
erst diese Kenntnisse befähigen Derrida zu »radikalen Ergebnissen«
im Rahmen seiner »exzessiven, nicht kalkulierbaren theoretischen
Forschung«.[21] Texte in philosophischen Bildungsprozessen dekonstruktivistisch zu lesen, kann also auf Grund der unterschiedlichen
Bedingungen von Forschungs- und Bildungsprozessen nicht heißen,

---

17 Jacques Derrida, *Positionen. Gespräche mit Henri Ronse, Julia Kristeva, Jean-
    Louis Houdebine, Guy Scarpetta*, Graz, Wien 1986, 87.
18 Vgl. Jacques Derrida, »La pharmacie de Platon«, in: ders., *La dissémination*,
    Paris 1972, 69-198 (dt.: »Platons Pharmazie«, in: *Dissemination*, Wien 1995,
    69-190).
19 Vgl. Jacques Derrida, *Glas*, Paris 1974 (bisher nicht in deutscher Übersetzung
    erschienen).
20 Vgl. Jacques Derrida, *Spectres de Marx*, Paris 1993 (dt.: *Marx' Gespenster*,
    Frankfurt/M. ²1996).
21 Jonathan Culler, *Dekonstruktion. Derrida und die poststrukturalistische Lite-
    raturtheorie*, Reinbek 1988, 176 f.

sie genauso wie Derrida zu lesen. Vielmehr muss es darum gehen, einzelne Verfahren dekonstruktivistischer Praxis bei der Gestaltung philosophischer Bildungsprozesse zu nutzen und die Ergebnisse mit Blick auf die Bildungschancen in der konkreten Bildungssituation zu beurteilen.

Bei der Beurteilung der Produktivität dekonstruktivischer Strategien im philosophischen Bildungsprozess ist dem weit verbreiteten Missverständnis vorzubeugen, dekonstruktivistische Verfahren bestünden lediglich darin, Texte (willkürlich) »gegen den Strich zu kämmen«.[22] Bei einer Annäherung an dekonstruktivistische Verfahren muss es vielmehr darum gehen, sich der Leistungsfähigkeit dieser Verfahren über eine präzise Vergegenwärtigung ihrer Denkbewegung anzunähern. Diese Denkbewegung lässt sich als ein »Denken vom Signifikanten aus«[23] charakterisieren, das sich durch drei »korrespondierende Hauptaspekte« auszeichnet[24]:

1. Die Lektüre von Texten ohne Annahme einer fixierten Bedeutung;
2. Die Betonung der prinzipiell unabschließbaren Verweisungsstruktur des Textes;
3. Die besondere Berücksichtigung der sprachlichen Verfassheit des Textes als Impuls für die Texteröffnung.

Im Zusammenhang mit diesen drei Aspekten möchte ich nun Maximen der Gestaltung philosophischer Bildungsprozesse beschreiben, die sich als *dekonstruktivistisch* verstehen lassen.

2. Der Text ohne fixierte Bedeutung

Ein wichtiges Axiom dekonstruktivistischer Praxis besteht darin, die Bedeutung eines Textes« *nicht* transzendental verankert (d.h. *ein-*

---

22 Jürgen Habermas, *Der philosophische Diskurs der Moderne. Zwölf Vorlesungen*, Frankfurt/M. [2]1989, 223.

23 Jörg Lagemann u. Klaus Gloy, *Dem Zeichen auf der Spur. Derrida – eine Einführung*, Aachen 1999, 153.

24 Die folgende Darstellung der drei Hauptaspekte eines »Denkens vom Signifikanten aus« orientiert sich an den Forschungsergebnissen Jörg Lagemanns und Peter Gloys in: ebd., 153 ff.

deutig fixiert) zu denken, sondern die Möglichkeit zu nutzen, Texte auf *verschiedene* Weise »sinnvoll« zu lesen, um so ein Korrektiv gegen Forderungen nach einer »Monosemierung« von Texten zu bilden.[25] Peter V. Zima betont zurecht, dass dekonstruktivistische Strategien darauf abzielen, als »Korrektiv eines Philosophierens« verstanden zu werden, »das auf der naiven Annahme gründet, seine Begriffe seien ein für allemal festgelegt worden«.[26]

Für die Gestaltung philosophischer Bildungsprozesse impliziert dies eine Verpflichtung zum *offenen Lesen*: Das bedeutet konkret, dass z.b. im Philosophieunterricht *nicht* die Fixierung auf *eine* verbindliche Formulierung zusammenfassender Thesen über *die* Aussagen *des* Textes als explizites oder implizites Bildungsziel antizipiert wird.[27] Vielmehr gilt es, das aufschiebende Lesen[28] von Texten zu inszenieren, d.h. methodisch die Eröffnung unterschiedlicher konsistenter Lesarten des Textes zu initiieren, ohne *eine* »wahre« Lesart zu fixieren.[29]

---

25 Peter V. Zima, *Die Dekonstruktion. Einführung und Kritik*, Tübingen, Basel 1994, 81 f.

26 Ebd., 62.

27 Derrida thematisiert den Widerstand (resistance) der *Schrift*, die es aufgrund ihres Potentials möglicher »textueller Verschiebungen« (d.h. neuer Lesarten) nicht geschehen lässt, »einen Text als solches auf seine Wirkungen als Sinn, als Inhalt, als These oder als Thema zu reduzieren« (vgl. Jacques Derrida, »Buch-Außerhalb«, in: ders., *Dissemination*, 16).

28 Vgl. J. Derrida, *Grammatologie*, 121 und ders., *Die Schrift und die Differenz*, 44 f.

29 Derrida misstraut zwar einem »logozentristischen« Wahrheitsbegriff (vgl. J. Derrida, *Grammatologie*, 23 ff.), aber dies ändert natürlich nichts daran, dass Derridas dekonstruktivistische Lesart *selbst* Geltung beansprucht. Peter V. Zima beschreibt in diesem Zusammenhang die paradoxe Situation, die dadurch entsteht, dass sich nicht dekonstruktivistisch gegen »die Wahrheit« argumentieren lässt, ohne ein Wahrheitskriterium vorauszusetzen (vgl. P.V. Zima, *Die Dekonstruktion*, 221, Fn. 61). Doch der Abschied von einer logozentristischen Verengung des Wahrheitsbegriffs, den Derrida praktiziert, bedeutet nicht automatisch den Abschied von Geltungskriterien überhaupt. Ich plädiere hier deshalb für einen *offenen Wahrheitsbegriff* im philosophischen Bildungsprozess, der es ermöglicht, verschiedene Lesarten eines (philosophischen) Textes nebeneinander bestehen zu lassen und trotzdem eine Diskussion um Geltungsansprüche spezifischer Lesarten erzwingt (vgl. Christian Gefert, »Philosophieren als theatraler Akt – Plädoyer für eine Öffnung des Wahrheitsbegriffs im Philoso-

Für die Gestaltung philosophischer Bildungsprozesse führt die Tatsache, dass es keine Möglichkeit gibt, die Bedeutung der *Schrift* endgültig zu fixieren, zu einem *pluralen Selbstverständnis* in der Auseinandersetzung mit dem Text: Die Philosophierenden (d.h. im Philosophieunterricht Schüler und Lehrer) können nicht stillschweigend voraussetzen, dass die *aktuelle* Bedeutung des Textes bereits *vor* seiner Lektüre feststeht, der Text also bereits eine Sinngegenwart besitzt, die es lediglich nachzuvollziehen gilt. Die Philosophierenden sind vielmehr gezwungen, sich in der Erarbeitung jeweils aktualisierter Lesarten des Textes zu versuchen, sie müssen sich also *im Denken der Schrift* immer wieder neu *riskieren*. Für den Lehrer bewirkt die Anerkennung dieses Wagnisses, eine Veränderung seines Selbstverständnisses: Er verabschiedet sich – um es in der platonischen Terminologie zu formulieren – von der Rolle eines »Stiefvaters« der Schrift, der vermeintlich bereits *vor* der Lektüre im Bildungsprozess weiß, was der Text am »Ende« des Texteröffnungsprozesses für jeden an der Rezeption beteiligten Schüler bedeuten wird. Er kann vielmehr im Prozess der Textarbeit selbst zum Philosophen, d.h. zum Weisheitliebenden werden, indem er davon ausgeht, dass sich der Erfolg des Prozesses einer Texteröffnung für Schüler nicht am Nachvollzug der eigenen, sondern an der *Entwicklung* von je anderen Lesarten festmachen lässt.

Die Entwicklung methodischer Verfahren, die solche *philosophischen* Bildungsprozesse initiieren, stellt eine große Herausforderung für die philosophiedidaktische Forschung dar. Bisherigen Überlegungen zur Texteröffnung, nach denen sich die Textinterpretation in einem dreistufigen Prozess von der Bestimmung der Frage bzw. des Problems, zu dem sich der Text »äußert«, über die »Rekonstruktion des Argumentationsganges« bis zur »Überprüfung und Bewertung« des Textes gestaltet[30], sind an dieser Stelle nicht ausreichend. So wichtig diese Schritte für die Entfaltung einer Lesart eines Textes in philosophischen Bildungsprozessen auch sein mögen, so wenig

---

phieunterricht«, in: *Zeitschrift für Didaktik der Philosophie und Ethik* 20, Heft 1 (1998), 74-76).

30 Volker Steenblock, *Philosophische Bildung. Einführung in die Philosophiedidaktik und Handbuch: Praktische Philosophie*, Münster 2000, 101.

garantiert ihre schematische Realisierung, dass Schüler (und Lehrer) *sich in ihrem eigenen Denken der Schrift riskieren.*

Die Frage, wie der Texteröffnungsprozess so ergebnisoffen gestaltet werden kann, dass ein *Philosophieren am Text* in einem Bildungsprozess verwirklicht wird, ist eine Frage des Verhältnisses, das ein Lehrer zum Text entwickelt und eine Frage der Räume, die er Schülern für die Entfaltung eigener Lesarten schafft: *Sich im Denken der Schrift riskieren*, meint hierbei insbesondere, das Bewusstsein dafür zu besitzen, dass in der jeweiligen Lesart eines Textes »nur« vorläufig »Bedeutung« entsteht, *der* »Sinn« des Textes also ein aufgeschobenes, nicht endgültig fixierbares Potential des Textes bleibt. Ein solches Denken zu praktizieren und bei Schülern zu fördern, heißt zum einen, Schüler zu ermutigen, eigene (ungewöhnliche) Lesarten eines Textes zu artikulieren und Neugier auf *andere* (ungewöhnliche) Lesarten zu provozieren. Zum anderen heißt es aber auch, dass der Lehrer seine Energie nicht darauf konzentriert, Schüler mittels maieutischer Verfahren zu *der* »wahren« Lesart des Textes zu führen.

3. Die unabschließbare Verweisungsstruktur des Textes

Die Lektüre von Texten ohne Annahme einer festen Bedeutung bedeutet für den Akt des Philosophierens einen schmerzvollen Abschied von einer Tradition, nach der das *Philosophieren am Text* als Tätigkeit der nachhaltigen Fixierung von »Sinn« verstanden wird. Dies bedeutet jedoch aus dekonstruktivistischer Perspektive nicht, die Frage nach »Sinn« im Text gar nicht mehr zu stellen, es heißt nur, sie anders zu stellen: Die Suche nach »Sinn« im Text beinhaltet die Eröffnung prinzipiell unabschließbarer Verweisungsstrukturen, in denen Signifikanten auf Signifikanten verweisen und so Bedeutung als »Signifikantenkette« entsteht, ohne je eine endgültige Sinnbesetzung des Textes zuzulassen.[31]

---

31 Vgl. Jacques Derrida, »Die différance«, in: ders., *Randgänge der Philosophie*, Wien 1988, 38.

Die dänische Literaturwissenschaftlerin Pil Dahlerup veranschaulicht die Entstehung von »Signifikantenketten« im Umgang mit dem Text, die es im philosophischen Bildungsprozess zu modellieren gilt, an einem profanen Beispiel:

> »[N]ehmen wir die Buchstaben H-U-N-D als das Bezeichnende. Tun wir so, als wüßten wir nicht, was dies bedeutet, und schlagen wir im Lexikon nach. Dort erfahren wir, daß ›Hund‹ ein Tier ist. Falls wir auch nicht wissen, was ›Tier‹ bedeutet, müssen wir noch einmal nachschlagen, usw. Im Laufe dieses Prozesses hat ›Tier‹ seine Stellung gewechselt. Zuerst war es das zu ›Hund‹ gehörende Bezeichnete, dann wurde es selbst das Bezeichnende der nächsten Bedeutung. Wenn die grundlegenden Saussureschen Elemente Bezeichnendes/Bezeichnetes den Platz wechseln können, ist die Struktur nicht fest, sondern fließend.«[32]

Die Folgen, die sich aus der offenen Verweisungsstruktur des Textes für die methodische Gestaltung des philosophischen Bildungsprozesses ergeben, sind schwerwiegend: Geht es in hermeneutisch orientierten Verfahren der Textarbeit oftmals allein darum, »Sinn eindeutig auf den Punkt zu bringen«, setzen dekonstruktivistische Verfahren darauf, dem Text sein Potential »als Gewebe der Spur«[33] zu eröffnen. Konkret bedeutet dies, im philosophischen Bildungsprozess einen besonderen Schwerpunkt auf Fragen nach der Intertextualität von Texten zu legen, um so eine Vielzahl von »Signifikantenketten« zum Text zu verfolgen. Die Frage nach der Intertextualität von Texten in philosophischen Bildungsprozessen aufzuwerfen, bildet eine weitere methodische Option, die sich aus dekonstruktivistischen Strategien der Texteröffnung ableiten lässt. Sechs Fragen stehen dabei im Mittelpunkt der Textarbeit:

> »a) *Was* innerhalb des Ausgangstextes veranlaßt zur Suche nach anderen Texten?
> b) *Wie* kann man vorgehen, um wo etwas zu finden?

---

32 Pil Dahlerup, *Dekonstruktion. Die Literaturtheorie der 1990er*, Berlin, New York 1998, 35.
33 J. Derrida, *Grammatologie*, 114 ff.

c) *Wo* ist *was* gefunden worden?
d) *Welche* Valenz hat das Gefundene an seinem Fundort?
e) *In welchem Verhältnis* steht das Gefundene zum Ausgangstext?
f) *Welche Valenz* entfaltet das Gefundene im Ausgangstext?«[34]

Wird der Aspekt einer Intertextualität von Texten in philosophischen Bildungsprozessen berücksichtigt, lassen sich unterschiedliche Lesarten philosophischer Texte entwickeln. Texte werden so schrittweise in der Struktur eines Hypertextes lesbar und die Ergebnisse dieser Lektüre unter Umständen auch in dieser Form darstellbar.[35] In der Textarbeit wird auf diese Weise ein Bedeutungspotential eröffnet, das durch das »Spinnen« je besonderer »Signifikantenketten« – d.h. durch die Realisierung immer weiter reichender Verweisungsstrukturen – eine immer differenziertere Gestalt erhält.[36]

4. Die sprachliche Verfasstheit als Impuls für die Texteröffnung

Ein weiteres Merkmal dekonstruktivistischer Strategien im Umgang mit Texten besteht in der gezielten Auseinandersetzung mit den vermeintlichen »Äußerlichkeiten« des Textes. Die Arbeit an der sprach-

---

34 Boy Hinrichs, »›Mit fremden Schätzen reich beladen‹. Günter Kunerts ›Klage‹ intertextuell gelesen«, in: Jürgen Belgrad u. Karlheinz Fingerhut (Hg.), *Textnahes Lesen. Annäherung an Literatur im Unterricht*, Hohengehren 1998, 35.

35 Vgl. zu den Parallelen der dekonstruktivistischen Denkbewegung und der Gestaltung eines Hypertextes Geoffrey Bennington u. Jacques Derrida, *Jacques Derrida. Ein Portrait*, Frankfurt/M. 1994, 7 ff. und Herman Rapaport, »Derridas Gaben«, in: Hans-Dieter Gondek u. Bernhard Waldenfels (Hg.), *Einsätze des Denkens*, Frankfurt/M. 1997, 41.

36 Die Frage nach der Intertextualität stellt sich auch in Hinblick auf eine erweiterte dekonstruktivistische Perspektive auf den Text: Da die Wahrnehmung von »Sinn« als unendlich verweisende Verkettung (unterschiedlicher) Signifikanten gedacht werden muss, sollten neben Verweisungsstrukturen zwischen Texten (diese werden von dekonstruktivistischen Verfahren im engeren Sinne beschrieben) auch Verweisungsstrukturen zu anderen Bedeutungsträgern (Musik, Film etc.) im philosophischen Bildungsprozess artikuliert werden.

liche Verfasstheit von Texten, die sich zum Kanon fachphilosophischer Denkbemühungen zählen lassen, spielen dabei eine zentrale Rolle: Sie ermöglicht es, von den Rändern der Philosophie aus zu philosophieren.[37]

Im Rahmen einer dekonstruktivistischen Begründung philosophiedidaktischer Methoden der Textarbeit kann es deshalb keine Unterscheidung zwischen einem »wesentlichen Innen« (»Inhalt«) und einem »unwesentlichen Außen« (»Form«) des Textes geben[38]: Anders als Martin Seel behauptet, setzt also der »ernsthafte« Akt des Philosophierens am Text nicht dort ein, wo der »Verrat« an seiner (äußerlichen) »literarischen Integrität« beginnt[39], sondern bereits dort, wo die Auseinandersetzung mit der konkreten sprachlichen Verfasstheit eines Textes anfängt. Ansatzpunkte für die Arbeit an der sprachlichen Verfasstheit des Textes sind vielfältig: Beispielsweise ermöglicht es die im Text wahrgenommene Ambiguität von Worten, wie etwa die von Derrida zur Dekonstruktion des *Phaidros* genutzte doppelte Bedeutung des Begriffs *pharmakon* (= Gift, Heilmittel), Texte unterschiedlich zu lesen.[40]

Der metaphorische Sprachgebrauch in einem »philosophischen Text« wird dabei nicht als potenzielles Defizit betrachtet, das es im Bildungsprozess durch die Erarbeitung möglichst eindeutiger Definitionen auszugleichen gilt: Die Auseinandersetzung mit der bildlichen Ausdruckskraft eines Textes eröffnet im philosophischen Bildungsprozess vielmehr den Eintritt in eine vielschichtige Auseinandersetzung mit der *Schrift*.

Konkret kann diese Auseinandersetzung methodisch dadurch geleistet werden, dass nicht nur die Erarbeitung von Argumentationsgängen, sondern die bewusste Konfrontation mit Uneindeutigkeiten in der Auseinandersetzung mit dem Text Bestandteil des philosophischen Bildungsprozesses bzw. der Textarbeit wird. Der Deutschdidaktiker Jürgen Förster schlägt beispielsweise methodische Zugriffe

---

37 Vgl. J. Derrida, *Randgänge der Philosophie*, 13-29.
38 Vgl. J. Derrida, *Grammatologie*, 77 ff.
39 Vgl. Martin Seel, »Philosophie nach der Postmoderne«, in: *Merkur* 52:9/10 (1998), 896 f.
40 Vgl. J. Derrida, »Platons Pharmazie«, 69-190.

auf Texte vor, die für diesen Prozess der Texteröffnung äußerst
fruchtbar sein können.[41]

So ist beispielsweise die Suche nach der »Ambiguität von Wörtern«, die »konkurrierende Bedeutungszuweisungen« und »unterschiedliche Lesarten einer Textpassage« erlauben, eine Möglichkeit,
die Lektüre eines Textes offen zu gestalten. Gleiches gilt für die Erarbeitung des Widerspruchs »zwischen der buchstäblichen und der
bildlichen bzw. figürlichen Bedeutung« bestimmter Begriffe oder
Textpassagen. Auch diese Elemente eines Textes bieten sich an als
Orte, an denen sich unterschiedliche Lesarten eines Textes entfalten
lassen. Ferner bildet die Auseinandersetzung mit der »paradigmati-
schen Ordnung der Worte« in einem Text einen möglichen Ansatz-
punkt für eine dekonstruktivistische Strategie: Diese Ordnung »be-
trifft Worte, die an einer Stelle des Satzes austauschbar sind, verwandte Wörter, ihre Beziehungen und unterschiedlichen Bedeutungsdimensionen, die mit ihnen verknüpft sind und sich an einer
Stelle des Satzes gegenseitig ausschließen. Methodisch ließe sich
hier auch mit Ersatzproben oder Wortfeldübungen arbeiten.« Daneben werden »Uneindeutigkeit der Syntax« zu Ausgangspunkten des
Texteröffnungsprozesses: »Die Syntax als der Ort, an dem eine
Struktur verschiedene Bedeutungsmöglichkeiten in der Schwebe
hält. […] Recht anschaulich ist […] die rhetorische Frage, die […]
figurativ wie buchstäblich gelesen werden kann.«[42]

In der Deutschdidaktik werden solche und ähnliche dekonstruktivistische Verfahren der Texteröffnung in Bildungsprozessen bereits diskutiert. In der philosophiedidaktischen Diskussion werden
jedoch kaum methodische Verfahren genannt, die den drei genannten Hauptaspekten eines »Denkens vom Signifkanten aus« gerecht
werden.[43] Eine Ausnahme bildet hier das *theatrale Philosophieren*,
das als Texteröffnungsverfahren für philosophische Bildungspro-

---

41 Vgl. Jürgen Förster, »Literatur als Sprache lesen. Sarah Kirsch ›Meine Worte
    gehorchen mir nicht‹«, in: J. Belgrad u. K. Fingerhut (Hrsg.), *Textnahes Lesen*,
    a.a.O., 54-69.
42 Vgl. zu diesem Absatz ebd., 64 f.
43 Vgl. Helmut Engels, »Sprachanalytische Methoden im Philosophieunterricht:
    Mittel der Kritik, Hilfe beim Verstehen und Erkennen, Schutz vor den Fall-
    stricken der Sprache«, in diesem Band, 35-80.

zesse entwickelt wurde, um die Rezipienten eines Textes zur »tätigen Deutung« eines Textes herauszufordern und gleichzeitig den Charakter der Schrift als *offene* Verweisungsstruktur der Schrift zu bewahren.

5. Dekonstruktivistische Verfahren in philosophischen Bildungsprozessen

Dekonstruktivistische Strategien besitzen eine spezifische Form: Derrida agiert mit und an der Ausdrucksform der Schrift. Er verfasst »offene Texte« zu »offenen Texten«. Schrift steht hier in Korrespondenz zur Schrift. Doch bedeutet dies auch, philosophische Bildungsprozesse in dieser Form zu gestalten?

Natürlich ließe sich die dekonstruktivistische Herausforderung an die Philosophiedidaktik dahingehend interpretieren, dass eine verstärkte Hinwendung zu offenen Formen schriftlichen Ausdrucks praktiziert wird.[44] Doch dieser Verweis allein bleibt unbefriedigend: Wenn »Dekonstruktion« bzw. die »allgemeine dekonstruktivistische Strategie« (Derrida) als ein Versuch definiert werden kann, »das kritische Denken von der institutionalisierten Philosophie zu lösen und die Herrschaft des Begriffs sowie der systematischen Begrifflichkeit in Frage zu stellen«[45], dann geschieht dies, wie ich oben angedeutet habe, immer *vor dem Hintergrund* der Kenntnis einer »systematischen Begrifflichkeit« jener »institutionalisierten Philosophie«. Doch Kenntnisse *über* diese Begrifflichkeit gilt es ja im philosophischen Bildungsprozess oftmals gerade erst in der Auseinandersetzung mit dem Text zu vermitteln: Kann ich als Schüler beispielsweise den Diskurs Kants (ob schriftlich oder mündlich) dekonstruieren, ohne mir bewusst zu sein, wie dieser Diskurs in der »institutionalisierten Philosophie« konstruiert ist, d.h. welche »systematische Begrifflichkeit« er in dieser Lesart besitzt? Und wie kann

---

44 Einen Ansatz bietet hier die verstärkte methodische Öffnung des Philosophieunterrichts für Verfahren des *kreativen Schreibens*: vgl. Lutz von Werder, *Lehrbuch des kreativen Schreibens*, Berlin ³1996.

45 P.V. Zima, *Die Dekonstruktion*, 1.

ich als Lehrer die Integrität der *vieldeutigen Schrift* methodisch auch
dann garantieren, wenn ich *eindeutige* Kenntnisse »systematischer
Begrifflichkeit« nicht voraussetzen kann?

An dieser Stelle liegt meines Erachtens die Grenze der Kompa-
tibilität zwischen der Praxis dekonstruktivistischer Verfahren und
der Ansprüche an die Gestaltung philosophischer Bildungsprozesse,
denn die Dekonstruktion ist *per se* kein pädagogisches Verfahren,
im Gegenteil: Dekonstruktivistische Verfahren können als Verfahren der fachphilosophischen Forschung selbstverständlich (de)kon-
struktiv auf vielfältige Elemente der traditionellen fachphilosophisch
legitimierten Präsenz unterschiedlicher Texte Bezug nehmen. Während philosophische Bildungsprozesse (auch) die Aufgabe haben,
überhaupt erst das Bewusstsein für die Präsenz einzelner Elemente
dieser fachphilosophisch legitimierten Tradition zu schaffen.

Es gibt deshalb für die dekonstruktivistische Gestaltung philosophischer Bildungsprozesse einen unauflösbaren Widerspruch zwischen dem Anspruch auf Vermittlung der Konstruktion »systematischer Begrifflichkeit« von Texten und der Wahrung einer offenen
Integrität dieser Texte als *Schrift*. Doch genau wie in Hinblick auf
den von Peter Heintel und Thomas H. Macho beschriebenen Anspruch, Philosophiedidaktik im Spannungsfeld zwischen esoteri-
schem und exoterischem Anspruch der Philosophie zu gestalten[46],
gilt es, auch diesen Widerspruch auszuhalten und als Herausforderung für die Entwicklung philosophiedidaktischer Verfahren zu begreifen. Dabei geht es konkret darum, Methoden zu entwickeln, die
eine Balance zwischen den beiden widerstreitenden Ansprüchen an
die Gestaltung des philosophischen Bildungsprozesses garantieren,
nämlich auf der einen Seite im Rahmen der Lektüre von Texten
Kenntnisse über »systematische Begrifflichkeiten« der »institutionalisierten Philosophie« zu vermitteln und auf der anderen Seite eine
Verengung der Bedeutung des Textes auf diese Begrifflichkeit zu
verhindern.

---

46 Vgl. Peter Heintel u. Thomas H. Macho, »Fachdidaktik Philosophie. Voraus-
    setzungen und Konsequenzen«, in: W.D. Rehfus u. H. Becker (Hg.), *Handbuch
    des Philosophieunterrichts*, a.a.O., 64-73.

6. Die theatrale Ausdrucksform

Um solch eine Balance in der Gestaltung philosophischer Bildungsprozesse zu gewährleisten, muss das Ziel der Texteröffnung nicht in der Erarbeitung einer »harten«, *substanziellen* Identität des Textes, sondern seiner »weichen«, *referenziellen* Identität bestehen. Dieser Anspruch an den Texteröffnungsprozess lässt sich aus jenen beiden widerstreitenden Ansprüchen an die Textarbeit ableiten, über die Tradition historischer Denkbemühungen zu informieren und gleichzeitig die Bedeutungsdimensionen *schriftlicher* Quellen der Überlieferung dieser Tradition nicht zu reduzieren. Selbstverständlich setzt das gemeinsame Gespräch *über* eine »Denkbemühung« der fachphilosophischen Tradition die Erarbeitung einer »logisch-grammatischen Identität« des Textes voraus, die den »referenziellen und prädikativen Funktionen des Diskurses Rechnung trägt«.[47] Doch lässt sich dieser Arbeitsschritt in der Weise »weich« gestalten, dass lediglich eine »Übereinkunft bezüglich referenzieller Identität sichergestellt werden kann, indem man sich auf eine bestimmte minimale Anzahl identifizierender Beschreibungen einigt«.[48]

Die Verständigung über die »referenzielle Identität« eines Textes kann etwa in Form einer »Rekonstruktion des Argumentationsganges«[49] geleistet werden, ohne dass dadurch Aussagen über eine »harte«, »substanzielle Identität« des Textes getroffen werden. So ist es auch in philosophischen Bildungsprozessen möglich, dass mit Hilfe der »Rekonstruktion eines Argumentationsganges« oder Erarbeitung einer »systematischen Begrifflichkeit« eine Einigung darüber erzielt wird, dass »wir über dieselbe Sache sprechen, auch wenn wir uns radikal darin unterscheiden, was wir als das Wesen eben dieser Sache begreifen.«[50] Die Möglichkeit, sich in philosophischen Bildungsprozessen die Bedeutung der Schrift im Sinne einer »referenziellen Identität« zu erarbeiten, hierbei aber nicht von *dem* Text im Sinne einer »substanziellen Identität« zu sprechen, erscheint

---

47 Richard Shusterman, *Vor der Interpretation. Sprache und Erfahrung in Hermeneutik, Dekonstruktion und Pragmatismus*, Wien 1996, 23.
48 Ebd., 23 f.
49 Wulff D. Rehfus, *Didaktik der Philosophie*, Düsseldorf 1980, 188.
50 R. Shusterman, *Vor der Interpretation*, 23 f.

somit als eine wichtige Differenzierung für die Arbeit mit Texten.
Diese Differenzierung erlaubt es, die Erarbeitung der »systematischen Begrifflichkeit« bzw. die »Rekonstruktion von Argumentationsgängen« eines Textes lediglich als Erarbeitung einer *referenziellen* Identität und damit einer *hinreichenden* Bedeutung des Textes zu verstehen. Die Frage nach der *notwendigen* Bedeutung dagegen – d.h. nach der *substanziellen* Identität des Textes – kann im
Prozess der Texteröffnung bewusst *aufgeschoben*[51] und an die je
aktualisierte Deutung eines Textes gebunden werden. Dabei sind
unterschiedliche methodische Optionen denkbar, Texte durch die
Erarbeitung von »systematischer Begrifflichkeit« und die »Rekonstruktion von Argumentationsgängen« referenziell zu identifizieren,
ohne ihre Bedeutung substanziell auf diesen Argumentationsgang zu
reduzieren.

Ein besonderer Stellenwert kommt in diesem Zusammenhang
der Arbeit mit präsentativen Ausdrucksformen zu[52], wie sie beispielsweise beim *theatralen Philosophieren* realisiert wird. Wenn
hier Schüler und Lehrer im Philosophieunterricht an einer theatral-
präsentativen Ausdrucksform etwa für die Bedeutung der *Meditationen* Descartes' arbeiten[53], dann leisten sie zwei wichtige Schritte im
Prozess der Texteröffnung: Sie müssen nämlich zum einen die
Denkbemühungen Descartes' referenziell identifizieren, indem sie
klären, welche spezifischen Begrifflichkeiten (z.B. der methodische
Zweifel) und welche Argumentationsgänge diesen Text kennzeich-

---

51 Vgl. J. Derrida, *Grammatologie*, 121.
52 Vgl. zur hier getroffenen Unterscheidung zwischen diskursiven und präsentati-
    ven Symbolen Susanne K. Langer, *Philosophie auf neuem Wege*, Mittenwalde
    ²1979, 86 ff. und zur Bedeutung präsentativer Formen in der Philosophiedi-
    daktik Susanne Nordhofen, »Didaktik der symbolischen Formen. Über den
    Versuch das Philosophieren mit Kindern philosophisch zu begründen«, in:
    Zeitschrift für Didaktik der Philosophie und Ethik 20, Heft 2 (1998), 127-132
    bzw. Christian Gefert, »Wie viele Bilder braucht das Kind? Anmerkungen zum
    Stand der Diskussion nach der 2. Fachtagung der Kommission ›Philosophieren
    mit Kindern‹ des Fachverbands Philosophie e.V. am 25. und 26. November
    1998 in Lübeck«, in: *Zeitschrift für Didaktik der Philosophie und Ethik* 21,
    Heft 1 (1999), 78-81.
53 Vgl. René Descartes, *Meditationen über die Grundlagen der Philosophie*, hg.
    v. Lüder Gäbe, Hamburg 1960. Vgl. zu einem solchen Projekt C. Gefert,
    »Philosophieren als theatraler Akt«.

nen (z.B. die Infragestellung vermeintlicher Quellen erkenntnistheo-
retischer Gewissheit). Dazu ist es notwendig und sinnvoll, die lo-
gisch-grammatische »Identität« des Textes mit eigenen Worten zu
beschreiben und sie so hinreichend nachzuvollziehen. Doch dieser
Prozess der Erarbeitung einer hinreichenden »Identität« des Textes,
die im Idealfall eine Identifizierung der Positionierung Descartes'
im Feld fachphilosophischer Tradition zulässt, spiegelt niemals die
substanzielle Identität des Textes wider. Oder, um es in platonischer
Terminologie zu formulieren: Schüler und Lehrer bilden durch die
»Rekonstruktion von Argumentationsgängen« und die Erarbeitung
»systematischer Begrifflichkeiten« im Prozess der Textarbeit nicht
die vermeintlich *ursprüngliche* »Stimme« des »Vaters« der Schrift
ab. Vielmehr verleihen sie dieser Schrift durch ihre je besondere
Vorstellungskraft eine *künstliche* »Stimme«, d.h. eine (künstliche)
Verkörperung, welche die aktuelle Bedeutung des Textes markiert.

Theatrales Philosophieren macht den konstruktiven Charakter
der die Bedeutung des Textes verkörpernden Vorstellungen sichtbar,
insofern sich die Textrezipienten auch künstlerisch, d.h. *theatral* artikulieren. Das *theatrale Philosophieren* evoziert somit nicht die
trügerische Illusion, dass etwa Descartes im »erschlossenen« Text
als »historischer Gesprächspartner« physisch präsent ist, sondern es
motiviert die Rezipienten der *Meditationen,* die aktuelle Bedeutung
des Textes mit Hilfe theatral-künstlerischen Ausdrucksformen *selbst*
zu verkörpern. Die Erarbeitung theatraler Ausdrucksformen in philosophischen Bildungsprozessen erfüllt einerseits die wichtige Funktion, verkörperte Bedeutungsvarianten des Textes zu produzieren.
Zugleich erfüllt es auch die Funktion, diesen Prozess der Artikulation von Bedeutung immer als eine Form der konstruktiven Verkörperung der Schrift auszuweisen, bei dem die »tätige Deutung« des
Rezipienten unabdingbar ist.

Im Produktionsprozess theatraler Ausdrucksformen ist die Texteröffnung nicht allein an den Nachvollzug von abstrakter »systematischer Begrifflichkeit« sowie an die »Rekonstruktion von Argumentationsgängen« gebunden, sondern ebenso an unterschiedliche Bedeutungsdimensionen des Textes in ihrer konkreten Verkörperung.
Den Rezipienten der Schrift wird so die Bildungschance eröffnet,

die »Denkbemühungen« der Tradition nicht als »totes Bildungs-
gut«[54] zu erleben, sondern »klassische« Texte der Tradition (philosophischer) »Denkbemühungen« unter dem Gesichtspunkt ihrer je
konkreten Relevanz sowohl zu lesen als auch zu erleben. Um einen
theatralen Ausdruck für die Bedeutung des Textes zu finden, müssen
Schüler (und Lehrer) *aktuell* ergründen, welche spezifischen Bedeutungsdimensionen ihnen vor dem Hintergrund ihres je besonderen
lebensweltlichen Kontextes als so relevant erscheinen, dass sie sie
erprobend *verkörpern* wollen.

Eine solche Entscheidung setzt die Auseinandersetzung mit der
»logisch-grammatischen Identität« des Textes voraus, die den »referenziellen und prädikativen Funktionen des Diskurses Rechnung
trägt«.[55] Dazu wird beim *theatralen Philosophieren* auch die »Rekonstruktion von Argumentationsgängen« und die Erarbeitung einer
»systematischen Begrifflichkeit« im Text geleistet. Doch die Eröffnung der je aktualisierten Textbedeutung wird nicht auf die Erarbeitung dieser Textelemente reduziert, sondern mit dem Arbeitsprozess an präsentativ-theatralen Ausdrucksformen verknüpft. Ein solcher Arbeitsprozess ermöglicht es, sukzessive konkrete Vorstellungen an abstrakte Begriffe bzw. Argumente eines Textes zu knüpfen
und auf diese Weise die Denkbemühungen der fachphilosophischen
Tradition immer besser zu *verstehen*.

Um allerdings solche präsentativ-theatralen Ausdrucksformen
für die Bedeutung eines (philosophischen) Textes zu entwickeln,
müssen ungewöhnliche Deutungsformen für Texte innerhalb philosophischer Bildungsprozesse als legitime Bestandteile des Texteröffnungsprozesses akzeptiert werden. Diese Deutungsform bleibt
der Bedeutung des Textes selbst zwar vermeintlich »äußerlich«,
aber zugleich führt sie zu aktualisierten Inszenierungen der *Schrift*,
die als Ausdruck eines unabschließbaren Prozesses des Deutens von
Deutungen selbst philosophisch sind[56], ohne den Text als *Schrift* zu
diskreditieren.

---

54 E. Martens, *Handbuch des Philosophieunterrichts*, 95.
55 R. Shusterman, *Vor der Interpretation*, 23.
56 Vgl. Ekkehard Martens, »Thesen zum Philosophieren mit Kindern – aber nicht
    nur im Ethik-Unterricht«, in: Conrad Gründer, Andreas Gruschka u. Meinert A.

7. Das *Schweigen der Schrift*

Das *theatrale Philosophieren* rehabilitiert also das *Schweigen der Schrift*, indem es nicht vergeblich der »väterlichen« Stimme des Autors lauscht, sondern die Rezipienten motiviert, der Bedeutung des Textes eine Stimme zu (ver)leihen und sie so zu verkörpern. In der Suche nach einer relevanten Form der Bedeutungsverkörperung eines Textes erleben Schüler und Lehrer den Text als einen Referenzpunkt, für dessen Bedeutung sie im Verlaufe des Bildungsprozesses eine angemessene »Stimme« entwickeln. Die Gestaltung der Textarbeit in philosophischen Bildungsprozessen wird also nicht als Aufbau eines »dialogischen Verhältnisses zur Tradition« verstanden, sondern als *Gestaltung eines dialogischen Verhältnisses in der Tradition.*

Eine *Didaktik theatralen Philosophierens* hält aber gleichzeitig an dem Grundsatz fest, dass die Auseinandersetzung mit den historischen »Denkbemühungen« der Fachphilosophie für das Philosophieren in Bildungsprozessen wichtig ist und bleibt, um Impulse für das je eigene Denken und den philosophischen Dialog mit anderen zu gewinnen. Sie eröffnet den Rezipienten dieser »Denkbemühungen« so die Bildungschance, den Prozess der »aktiven Deutung« als ein theatrales Experiment mit verkörperter Bedeutungen wahrzunehmen.

Die Arbeit am Text wird beim *theatralen Philosophieren* niemals allein als eine Form des Nachvollziehens, sondern immer zugleich als eine Form des *unabschließbaren Weiterdenkens*[57] begriffen: Die »geschrieben Rede« wird hier nicht länger als ein vermeintlicher Dialogpartner (miss)verstanden, sondern wie ein Gemälde

---

Meyer (Hg.), *Philosophie für die europäische Jugend. Auf der Suche nach Elementen des europäischen Philosophieunterrichts*, Münster 1997, 414 f.

57   Vgl. E. Martens, »Thesen zum Philosophieren mit Kindern – aber nicht nur im Ethik-Unterricht«, 415.

angemessen gedeutet. Mit der Etablierung dieses Verfahrens innerhalb der Philosophiedidaktik gewinnt so die platonische Schriftkritik
endlich jenen Ort, der ihr aufgrund einer phono- und logozentristischen Orientierung innerhalb der Philosophiedidaktik bisher weitgehend vorenthalten blieb.

Dittmar Werner

Didaktische und methodische Grundfiguren für einen phänomenologisch ausgerichteten Philosophieunterricht

Mit den folgenden Ausführungen möchte ich einige Eckpfeiler errichten, mit denen Elemente einer phänomenologisch orientierten Didaktik und Methodik für den Philosophieunterricht markiert werden können. Das soll im ersten Teil geschehen durch eine Skizze über das Verhältnis von Phänomenologie und Pädagogik; im zweiten Teil durch die Entfaltung elementarer Prinzipien einer phänomenologischen Didaktik und Methodik, von wo aus es drittens möglich wird, Betrachtungen über das Bildungsverständnis eines lebensweltlich orientierten Unterrichts anzustellen und über die curriculare Verfasstheit phänomenologischer Philosophie in den bundesrepublikanischen Lehrplänen nachzudenken.

I. Zum Verhältnis von Phänomenologie und Pädagogik

Ausgehend von der unmittelbaren Lebenserfahrung und Anschauung, nimmt eine Phänomenologie der Erziehung die Aufgabe wahr, den Schüler als erlebendes und erfahrendes Subjekt zu begreifen, wenn er im direkten und lebendigen Kontakt mit der Sache, die gerade anliegt, seine Einsichten reflektierend und beschreibend gewinnt. Um die unmittelbare Anschauung und Erfahrung der Welt als

Methode der Wesenserkenntnis zu gewährleisten, muss es der phänomenologische Erkenntnisweg ermöglichen, »von allen vorgegebenen und vorgefaßten Begriffen, Theorien und Wertungen abzusehen«.[1] Das methodische Ziel des phänomenologischen Weges besteht somit darin, unter Einklammerung von vorgegebenen Theorien
und Urteilen zur selbstgegebenen Anschauung der Phänome zu
kommen und sie von theoretischen Modellen unseres Denkens frei-
zuhalten. Es ist der Weg »zurück zu den Sachen selbst«[2], der als
Methode der Wesenserkenntnis das Ziel phänomenologischen Vorgehens in einer Erkenntnisweise sieht, die aus der unmittelbaren,
originären Anschauung und Erfahrung der Erscheinungen ihre Bedeutsamkeit für die Erziehung und Bildung der Schüler ableitet. Auf
dem Boden der sinnhaft-gegenständlichen Anschauung und der ursprünglichen Erfahrungen und Erlebnisse, wird es darum gehen, den
Vorgang des Sehens und Einsehens sowie der Aufmerksamkeit sowohl für die bildungstheoretischen als auch besonders für die didaktischen und methodischen Konsequenzen eines phänomenologisch
ausgerichteten Unterrichts praktisch werden zu lassen.

Dieser Unterricht ist nicht dadurch gekennzeichnet, dass Resultate durch abstrakte, diskursive Denkverfahren oder anhand von
vorgegebenen Theoriemodellen, Vorstellungen und Begriffen erarbeitet werden. Der methodische Weg wird vielmehr darin bestehen,
die gewünschten Zusammenhänge durch den Schüler selbständig erschließen zu lassen, so dass die Erziehungsarbeit zunächst darum
bemüht ist, aus seiner eigenen Anschauung und Erfahrung, seinem
originären Erleben, das Phänomen deskriptiv sichtbar zu machen.
Dazu müssen dem Schüler Situationen bereitgestellt werden, die ihm
dieses ursprüngliche Erlebnis ermöglichen. Der Schüler seinerseits
wird zunächst unter Ausklammerung eines bestimmten Wissens
über den zu erschließenden Gegenstand diejenigen Elemente oder

---

1   Gerhard Kiel, »Phänomenologie und Pädagogik«, in: *Pädagogische Rundschau*
    (*Erziehungswissenschaftliche Monatsschrift für Schule und Hochschule*) 20
    (1966), Bd.1, Ratingen bei Düsseldorf, 530.
2   Edmund Husserl, *Ideen zu einer reinen Phänomenologie und phänomenologi-*
    schen Philosophie, 1, § 24, in: ders., *Gesammelte Werke, Husserliana*,
    Bd. III/1, neu hg. v. Karl Schuhmann. Den Haag 1976, 51.

Assoziationen beschreibend zur Darstellung bringen, die in seinem Erleben als gesicherte originäre Erfahrungen gegeben sind.

Die Beschreibung als Methode der zur Erschließung anstehenden Erscheinungen für die Phänomenologie ist deshalb bedeutsam, weil die Phänomene anschaulich sind und die phänomenologische Beschreibung die Bewusstseinsvorgänge evident machen soll, mit denen sich der Mensch wahrnehmend zur Welt dieser Phänomene verhält. Die sprachliche Formulierung dieser vielfältigen Sachverhalte wird die komplexen Reflexionsebenen über den Bewusstseinsgegenstand anschaulich zur Darstellung bringen und damit individuellen und intersubjektiven Sinn gewinnen. Phänomenologische Beschreibung will die intentionalen Erlebnisse des Subjekts, also Antriebe und Gefühle, Vorstellungen und Gedanken, Urteile und Absichten evident machen und ihnen durch den Prozess der Beschreibung Sinn einlegen. Somit wird die Einlegung von Sinn zu einem operativen Begriff der phänomenologischen Methode auf dem Weg zur Wesensintuition des Phänomens. Das Wissen, das der Schüler im Rahmen dieses deskriptiven Erkenntnisganges erarbeitet, ist ein »Schöpfungswissen«[3], das sich aus einem kreativen Interesse motiviert, mit dem er sich in der Welt und die Welt in ihm konstituiert. Menschliche Subjektivität wird in diesem Rahmen als »Modus des Könnens«[4] bzw. als »Subjekt der Vermögen«[5] verstanden. In diesem Sinne gehört die phänomenologische Beschreibung zu den *poetischen Leistungen*«[6] des Menschen, mit denen reflexiv die theoretischen Betrachtungen und Erklärungen des Gegenstandes sowie die auf Praxis gerichteten Handlungen zu Wort kommen. Dabei liegt die Bedeutsamkeit der Beschreibung darin, dass ich mir bewusstmache, wie die Dinge in meiner Umgebung liegen und teile meiner Umgebung mit, was ich in meinem Bewusstsein intendiere; es ist eine »neuschaffende Anschauung«. Deshalb wird jede subjektive Intention menschlichen Verhaltens, die man durch Beschreibung zum

---

3 Werner Loch, »Phänomenologische Pädagogik«, in: Dieter Lenzen u. Klaus Mollenhauer (Hg.), *Enzyklopädie der Erziehungswissenschaft*, Bd 1: *Theorien und Grundbegriffe der Erziehung und Bildung*, Stuttgart 1983, 159.
4 Ebd.
5 Ebd.
6 Ebd.

Phänomen und durch Gespräch allgemein verbindlich gemacht hat, zu einem intersubjektiv nachvollziehbaren Verhalten, das jedermann sich zu eigen machen kann. Was als Intention beschrieben zum Phänomen geworden ist, wird dann zur Regel, der man folgen kann, die man als hypothetischen Imperativ wirkungsvoll anwenden und als Maxime zur Richtschnur seines Handelns machen kann.[7]

Als weiteres Element einer phänomenologisch zu begründenden Pädagogik ist auf die Bedeutung von Erfahrung für den vorwissenschaftlichen Erkenntniszugang zur Welt hinzuweisen. Hierbei geht es um die Rehabilitierung von Erfahrungen, die noch nicht durch ein Theoriegebäude der Wissenschaft vorgeprägt sind und sich von daher als »Logik nicht-naturalistischer Erfahrung«, als eine »Logik, die nicht im Banne naturwissenschaftlich orientierter, methodisch organisierter Konstitution von Welt steht«[8], auffassen lassen. Nicht-naturalistische Erfahrung sieht unter Rückbezug auf *Husserl*s Analyse der Kultur- und Wissenschaftskrise der Neuzeit[9] den Verlust der lebenspraktischen Bedeutung empirischer Methoden der Quantifizierung und Mathematisierung, da mit ihnen die Entqualifizierung und Entsinnlichung der Erfahrung einhergeht. Im Rahmen dieser objektivierenden Methoden verlieren die Erfahrungen des Subjekts und ein für die Alltagspraxis relevantes Wissen ihre Bedeutung. Die Konsequenzen zentrieren sich in der »Lebensweltvergessenheit«, mit der auf der einen Seite die Entfremdung des Menschen und auf der anderen Seite der Reflexionsverlust der Wissenschaften über ihre Konstituierung in den sinnlich-leiblich vermittelten, gelebten Weltbezügen festzustellen ist. Nun sind gerade auch die sinnlich-leiblich gebundenen Erfahrungen als Grundlage des Reflexionsvermögens, inklusive des wissenschaftlichen, über das Verhältnis von Mensch und Welt anzuerkennen. Das bedeutet für das Subjekt, dass es in seinem Pragmatismus, seiner Sozialität und Leiblichkeit, sei-

---

7   Ebd., 165.
8   Wilfried Lippitz, »Überlegungen zu einer phänomenologisch-hermeneutisch begründeten Pädagogik«, in: Helmut Danner u. Wilfried Lippitz (Hg.), *Beschreiben – Verstehen – Handeln. Phänomenologische Forschungen in der Pädagogik*, München 1984, 82.
9   Vgl. *Edmund Husserl, Die Krisis der europäischen Wissenschaften und die transzendentale Phänomenologie*, Hamburg 1982. Vgl. ders., *Die Krisis des europäischen Menschentums und die Philosophie*, Weinheim 1995.

nen Sprach- und Traditionsformen wahrgenommen werden muss, um diese Existenzbedingungen als Konstitution subjektiven Bewusstseins in alle Formen reflexiver und damit auch der wissenschaftlichen Vernunft einzubeziehen.

Überträgt man den hier skizzierten nicht-naturalistischen Erfahrungsansatz in die pädagogische Praxis, so heißt dies für schulisches Lernen, zielorientiertes Wissen, mit dem objektive, wissenschaftliche, zumeist am Maßstab der Erwachsenen ausgerichtete Erkenntnisse vermittelt werden sollen, dahingehend zu revidieren, dass der Vollzug des Lernens und der damit verbundene Erfahrungsprozess im Mittelpunkt des Unterrichts steht. Routinisierungen können vermieden und Umgestaltungen ermöglicht werden, wenn sich der Unterricht nicht an Zielhierarchien orientiert, die aus einer zuvor fixierten Planungsrationalität entstammen. Das Ziel des Lernens wird nicht in der Befähigung zum Umgang mit Erklärungs- und Produktwissen unter pädagogisch-technischer Verfügbarkeit gesehen, sondern liegt vielmehr in der Forderung, die vorwissenschaftlichen Erfahrungen im Erziehungshandeln zu rehabilitieren, um den unthematisch-vorobjektiven Erfahrungsweisen der Schüler über die Welt Raum zu geben und somit das Umlernen von bereits Vertrautem zu ermöglichen.

II. Didaktische Grundfiguren im phänomenologisch ausgerichteten Unterricht

1. Die Bedeutung der Rationalität

Phänomenologisch verstandene Rationalität ist das Ergebnis eines Selbstverständnisses, mit dem sich Distanz zu Theorien, Modellen und Methoden ausdrückt, die ihren wissenschaftlichen Anspruch auf der Grundlage rein formal-quantitativer Verfahren erschließen. Das bedeutet, dass sich das Interesse der phänomenologisch orientierten Vernunft nicht primär auf den technizistischen, faktischen Zugang zur Wirklichkeit, sondern auf deren sinnlich-leibliche Erfahrbarkeit richtet. Diese »Rationalität des Leibes« bewegt sich jenseits von zweckorientierter, experimentell überprüfbarer Objektivität. Sie ist

vielmehr eine lebensweltliche Rationalität, aus der sich kein Bescheidwissen über die Sachen, wie sie sind, ableiten lässt, denn der
Raum ihrer Praxis ist nicht das Messbare, sondern die Erlebnissitua-
tion, in der das Nichtnormierbare, Fragmentarische und Regellose
zu finden sind. Rationalität, wie sie die Phänomenologie versteht,
vermittelt keine Eignungsvoraussetzungen für etwas; ihr Ziel ist
nicht die allgemeine Kenntnis bestimmter Bereiche. Ihr Anliegen ist
jedoch das Schöpfungswissen, das den poetischen Lebensraum er-
schließt, in dem die Subjekthaftigkeit kreativ zur Entfaltung kommt.
Anthropologisch verstanden entwirft das phänomenologische Denken damit ein Rationalitätskonzept, in dessen Vollzug das Objekt reflexiv in seinem Verweis- und Erscheinungscharakter entdeckt wird.
In der Genese, die auf die »Intersubjektivität des Subjekts« gerichtet
ist, kommen die Anlagen zur Entfaltung, die sein Grundvermögen,
nämlich nach sich selbst und dem Wesen seiner Lebenswelt zu fragen, ausmachen. Phänomenologische Rationalität meint somit das
Vermögen, vom Tatsachenwissen des Objektivismus zur Wesenser-
schließung der Sachen durch die genetisch-kontingente, von der in-
strumentellen Verfügbarkeit befreite, Rationalität zu kommen.

Erfahrungen im Unterricht fruchtbar zu machen, geschieht von
daher nicht im Sinne einer empirischen Vernunftverfügung über die
Schüler, sondern sie realisiert sich als eine Vernunft, die als Struktu-
rierungsprozess aufzufassen ist, der in der Erfahrung selbst wirkt
und »den Sinn der Welt in statu nascendi«[10], also entfaltend und damit fragmentarisch thematisiert. Das phänomenologische Interesse
richtet sich somit auf die Erfahrung in ihren konkreten Vollzügen,
ihren kontingenten und intersubjektiven Situationen; es orientiert
sich nicht an vorkonstruierten Modellen. In der Konsequenz eines
phänomenologischen Erfahrungsverständnisses kann somit gesagt
werden: »*Vor* der Erklärung von Ursache-Wirkung-Zusammenhän-
gen […] liegt die lebensweltliche Erfahrung und der noch nicht
theoretisch reduzierte Umgang mit der Welt der Menschen und der

---

10 Wilfried Lippitz u. Käte Meyer-Drawe, »Einige Bemerkungen zur Aktualität
    und Geschichte phänomenologischen Fragens in der Pädagogik«, in: dies.
    (Hg.), *Lernen und seine Horizonte. Phänomenologische Konzeptionen mensch-
    lichen Lernens – didaktische Konsequenzen*, Frankfurt/M. 1984, 11 (Monogra-
    phien Pädagogik, 32).

Natur. Wissenschaftliche Erkenntnisse als hochspezialisierte Erkenntnis- und Umgangsweise sind *vorwissenschaftlich* ermöglicht, indem nämlich der jeweilig Forschende auf der Grundlage seiner leiblich-sinnlichen Verankerung in der Welt immer schon Erfahrung mit der Welt und mit sich selbst macht.«[11] Wenn nun diese Erfahrungen im Rahmen eines wissenschaftlichen Modells einer idealisierten Konstruktion unterzogen werden, über die sich von jedermann – im Sinne einer objektiven Brauchbarkeit – verfügen lässt, wird diese methodisch beherrschte Wirklichkeit zu einer Welt, deren wissenschaftlicher Echtheits- und Wahrheitscharakter schließlich den alleinigen Realitätsgehalt eben dieser Welt ausmacht. Dass aber im Zuge des Objektivierungsprozesses, wie ihn die wissenschaftliche Rationalität in Gang gesetzt hat, der Mensch mit allen Mängeln und Möglichkeiten seiner Subjektivität keine Rolle mehr spielt, ist auf die »Lebensweltvergessenheit«[12] dieser Vernunftabsolutierung zurückzuführen, so dass sich aus phänomenologischer Sicht sagen lässt: Um dieser Entfremdung durch Vernunft entgegenzuwirken, sollen die »lebensweltlichen Voraussetzungen aus ihrer selbstverständlichen Vertrautheit bzw. aus ihrer Vergessenheit herausgenommen und thematisiert werden«.[13]

2. Das Lernverständnis im phänomenologisch ausgerichteten Unterricht

Wenn unterrichtliches Handeln auf sinnerschließende und -verwirklichende Ziele gerichtet sein soll, dann reicht es nicht aus, Lernen als die Verfügung über berechenbare, mathematisierbare Gesetze zur Verfügung zu haben, die ein Bescheidwissen suggerieren. Das Wesen einer Sache oder eines Zustands zu erfassen, setzt voraus, durch ein kreatives Interesse Intuitionen und Phantasien entwickeln zu können, die zur Grundlage von Sensibilisierungen für das Unnormierbare werden. Wege zum Schöpfungswissen, zur poetischen Phantasie, wie sie in Mythos, Ästhetik oder Religion vorliegen, kön-

---

11 Ebd., 11 f.
12 Ebd., 12
13 Ebd.

nen hier weisend sein. Lernen heißt, Aufmerksamkeit zu erwecken
für das Unbekannte im Bekannten, für das Befremdliche im Selbstverständlichen. Gerade in dieser Irritation des Genormten liegt die
Möglichkeit zur Horizonterweiterung auf das Unfertige und Fehler-
hafte, das aus der subjektiven Erkenntnisweise zur humanen Veränderung, also zur erkennend-lernenden Wahrnehmung von Brüchen,
Krisen, Befremdlichem und anscheinend Banalem findet.

Soll der Beitrag phänomenologischen Denkens für das Phänomen des Lernens herausgestellt werden, dann geschieht dies folge-
richtig in Rückbindung an eine Reflexionsweise, mit der die Phänomenologie als Philosophie der Erfahrung sowohl auf lebensweltlich-
alltägliche als auch wissenschaftliche Sichtweisen menschlicher
Existenz verweist. Dieser Erfahrungsbezug einer phänomenologisch
orientierten Pädagogik leitet sich ab von dem phänomenologischen
Motto des Rückgangs auf die »Sachen selbst«. Mit dieser Rück-
Wendung soll es möglich werden, auf eine Wirklichkeit Bezug zu
nehmen, die gleichsam aller Welterkenntnis vorausliegt, sie folglich
begründet. Da die Phänomene, die wir in unserer täglichen Umwelt
wahrnehmen, durch Vor-Einstellungen, Theorien, Modelle und
Ideologien verstellt sind, muss ein »Einstellungswechsel«[14] diese
zur Routine verkommene Wahrnehmung rein vordergründiger
Denk- und Handlungsmuster durchbrechen und mit neuer Aufmerksamkeit auf die originären, aller Erkenntnis zugrundeliegenden lebendigen Erfahrungen, verweisen.

Damit stellt sich die pädagogische Phänomenologie die Aufgabe, bereits den Erfahrungshorizont der Lernenden als ein Vorwissen zu begreifen, der den Verlauf des Lernens bestimmt und somit
einen »Verständnishorizont«[15] für diejenigen Informationen und
Mitteilungen eröffnet, auf den die weiteren Lernvorgänge zurück-
führbar sind. Lernen ist dann vor diesem Hintergrund als Neu- oder
Umstrukturierung der lebensweltlichen, durch die Sinneswahrnehmungen konstituierten Erfahrungen zu verstehen. Lebensweltlich
orientiertes Lernen setzt sich damit zugleich auch vom Intellektua-
lismus und Rationalismus kognitivistischer Lerntheorien ab, nach
deren Selbstverständnis menschliche Entwicklung ausschließlich

---

14 Ebd., 10.
15 Ebd., 13.

durch den Zugewinn an intellektueller Leistungsfähigkeit zu messen ist. Lernen, das sich durch Sinneswahrnehmungen und Erlebnisvollzüge konstituiert, entzieht sich diesem Blick. Phänomenologisch thematisiertes Lernen hingegen, das auf die Lebenswelterfahrungen der Menschen gerichtet ist, thematisiert vielmehr das *Gelingen* als auch die *Gefährdungen* und *Behinderungen* menschlichen Lernens.[16] Das phänomenologische Erkenntnisinteresse richtet sich hier nicht auf ein Lernverständnis, das nach »Produktionsgesetzen linearer Progressivität«[17] zu betrachten ist. Lebensweltlich-phänomenologisches Lernen ist vielmehr am »konkreten Vollzug«[18], seinem Prozess, am »Wie des Lernens«[19] interessiert. Lernen lässt sich vor diesem Ansatz folglich als ein *Umlernen* auffassen, da der Blick nicht auf die verwertbaren Resultate, sondern auf den Verlauf des Lernens gerichtet ist. Diese Perspektive impliziert zugleich auch eine veränderte Anthropologie, da der Mensch als Lernender hier nicht an den vorgegebenen Zielen eines wissenschaftlich-psychologischen Modells gemessen wird. Es stehen ihm vielmehr Handlungsfreiräume zur Verfügung, in denen ihm sowohl das Recht auf gelingende als auch misslingende, auf geradlinige als auch »krumme« Wege seines Lernverhaltens nicht vorenthalten werden kann.

Lernen erweist sich somit weder als eine operationalisierte Reaktion auf einen physikalischen Reiz noch als ein linear verlaufender Entwicklungsgang auf ein zu erreichendes Ziel hin. Menschliches Wahrnehmen und Handeln eröffnen vielmehr Perspektiven und Horizonte, die den Lernenden Bewegungsfreiheit geben, so dass sie sich handelnd und denkend »ein *Feld* von Möglichkeiten«[20], das das Eigentliche des Lernens ausmacht, erschließen. Da der Mensch in »der gegenständlichen, objektiven erkennbaren *Welt* und der ›mitständigen‹, subjektiven, erlebbaren *Umwelt*«[21] lebt, hat seine Existenz ambiguosen Charakter. Für das Lernen ist damit gesagt, dass

---

16 Ebd., 16.
17 Käte Meyer-Drawe, »Lernen als Umlernen«, in: W. Lippitz u. K. Meyer-Drawe (Hg.), *Lernen und seine Horizonte. Phänomenologische Konzeptionen menschlichen Lernens – didaktische Konsequenzen*, a.a.O., 21
18 Ebd.
19 Ebd., 22.
20 Ebd., 28.
21 Ebd., 29.

Menschen in offenen Erfahrungszusammenhängen lernen, denn
Wahrnehmung und Erkenntnis von Gegenständen finden statt in
»Verweisungsbezügen«[22], in Horizonten von Vertrautheit und unterschiedlichen Graden von Bekanntheit, also auf präobjektivem und
vorwissenschaftlichem Wissen, niemals jedoch in der Eindimensio-
nalität kognitiven Erschließens allein. Ein lebensweltliches Verständnis von Lernen ist darum bemüht, Lernen durch ein Vor-Wissen zu fundieren, das als vortheoretisches, vorobjektives Wissen aller wissenschaftlichen Erkenntnis vorausliegt, ohne es in irgendeiner
Hinsicht überflüssig machen zu wollen, das jedoch als Fundierung
jeder weiteren Erkenntnis zu betrachten ist. Die Konsequenzen aus
diesem theoriefreien Blick auf Lernen und Wissen ergeben, dass
Lernen als ein Erfahrungsprozess in einer geschichtlich-konkreten
Haltung zur Welt aufzufassen ist, der nicht linear verlaufen kann,
sondern sich in der Korrelation von Vor-Wissen und neuer Erfah-
rungs- und Handlungsmöglichkeit bewegt: Lernen und Wissen entstehen in genetischen Vollzügen, so dass die Bedingungen des Ent-
stehens, die sich in immer neuen Situationen und Horizonten bewegen, seinen Gehalt ausmachen. So kann der Leitsatz lebensweltlich
orientierten Lernens lauten: »Lernen ist Umlernen«.[23]

Dass jedes Lernen eingebunden ist in ein Vorverständnis, einen
Horizont »vorgängiger Vertrautheit«[24], der sich aus unseren Wahrnehmungen und Handlungszusammenhängen konstituiert, macht
deutlich, dass Lernen fundiert ist in der Art und Weise, wie wir im
Alltag mit unserer Wirklichkeit umgehen. Hier wird jeder Lernvorgang von Erwartungen und Verweisungen auf neues Wahrnehmen,
Erkennen und Handeln motiviert, mit dem das erworbene Vorverständnis Wandlungen ausgesetzt ist und damit Lernen als Umlernen
ausweist. Ein Lernvorgang, durch den Umstrukturierungen und
Wandlungen vorgängiger Erfahrungen erfolgen, verändert die Haltung des Lernenden zur Welt, seinen Wahrnehmungen und Handlungen sowie zu seinem Denken: Diese Negativität oder Verfremdung des Lernens setzt den Wandel des Vertrauten durch die Konfrontation mit dem Neuen in Gang und führt so zu einem neuen Ver-

---

22 Ebd.
23 Ebd., 34.
24 Ebd., 35.

ständnis der Sache, aber auch zu neuen Erfahrungen des Lernenden mit sich selbst. Die Meinungen und Erwartungen des vorwissenschaftlichen Bewusstseins werden *ent-täuscht* in dem Sinne, dass sich nun ein Feld weiterreichender Erfahrungen im Bewusstsein aufbaut. Es handelt sich hier also um ein Lernverständnis, das Lernen als die Entfaltung und Veränderung eines Vorverständnisses versteht, in dessen Erfahrungshorizont sich jedes weitere Wissen erst entfalten kann. Von daher konzentriert sich phänomenologisch verstandenes Lernen nicht auf die Absicherung der messbaren Resultate, sondern auf den Verlauf des körperlich-sinnlichen Lernvollzugs. Geht es also beim Lernen, das sich als lebensgeschichtliche Identitätsstiftung versteht, darum, mit neuer Wahrnehmung für bisher Gewohntes und Gesehenes eine veränderte Sichtweise zu entwerfen, so muss diese Art des Lernens auch mit einer Aufmerksamkeitshaltung verknüpft sein, der es gelingt, bei der anstehenden Sache für längere Zeit zu verweilen, wenn sie sinnstiftend wirken soll.

3. Aufmerksamkeit im phänomenologisch orientierten Unterricht

Phänomenologiedidaktisch und unterrichtspraktisch geht es um Aufmerksamkeit für das Willkürliche und Zufällige des Daseins, mit dem das Subjekt vor der allzu schnellen Übernahme »objektiver« Ergebnisse bewahrt bleibt. Es ist die Aufmerksamkeit für eine Lebendigkeit, die noch den Blick frei hat für das Befremdliche der Wirklichkeit. Fehler und Schwächen sind vor diesem Hintergrund nicht als intellektuell-instrumentelle Mängel zu betrachten, sondern als Resultate von Erfahrungen, die mit Brüchen und Unbekanntheiten behaftet sind. Also muss Lernentwicklungen so Rechnung getragen werden, dass über ihrer kognitiven Seite die Sinnlichkeit von Irritationen gleichermaßen Beachtung findet.

Im institutionellen Rahmen der Schule gilt die Aufmerksamkeit somit besonders den subjektiven Prozessen und Leistungen, mit denen die Individuen sich der Welt nähern und sie ordnen. Dem Expertenwissen, das von seiner rezeptiven Akzeptanz lebt, stehen solche Lernprozesse gegenüber, die in subjektiven Vermutungen, Hoffnungen und Fraglichkeiten ambivalentes Leben beschreiben. In der

phänomenologischen Reflexion richtet sich der Lernprozess auf die
subjektiven Zugänge zur Lebenswelt als Gegenkraft zu einer Objek-
tivierung, die in Gefahr steht, eine Atmosphäre der Gleichgültigkeit
gegenüber dieser Welt, in der bereits alles bekannt und geordnet ist,
zu stimulieren. Das Lernverständnis der Phänomenologie ist gerichtet auf das Anliegen der »Entselbstverständlichung«.[25] Hinter diesem recht holprigen Begriff verbirgt sich das Verfahren der »imaginativen Variation« oder des »freien Umphantasierens«.[26] Als angewandte Methode stellt es das Ungeregelte und Unordentliche den
normierten Unterrichtsverfahren gegenüber. Wissen, das sich im
Rahmen dieses Vorgehens gegen Sicherheits- und Souveränitätsge-
wissheiten wendet, problematisiert angeblich Selbstverständliches
und die Ausrichtung des Lernens auf das Bescheidwissen. Das Zuta-
geliegende zu hinterfragen, heißt dann, sich Irritationen auszusetzen,
die Aufmerksamkeit motivieren für die Bereitschaft, den Erkenntnisweg vom Scheinbekannten über das Unbekannte ins Neubekannte
zu gehen. »Das philosophische Denken wäre dann nicht mehr bloß
Sache einer reflektierenden Nachhut, die erntet, was andere gesät
haben, sondern entspräche auf seine Weise der Forderung Nietzsches, nämlich Gesetze zu geben, das heißt Ordnungen zu stiften
und nicht nur Vorhandenes nachzubeten.«[27]

Die Aufmerksamkeit richtet sich auf die vermeintlichen Selbst-
verständlichkeiten, um die Illusion zu durchbrechen, dass man das
Alltägliche bereits kenne. Lernen findet nicht in abstrakten Zusammenhängen statt, sondern im Vollzug des genauen Hinschauens und
Beschreibens derjenigen Erscheinungen, die sich den Sinnen mit-
teilen. Das ist es, »was passiert, wenn Menschen zu spüren bekommen, dass sie nur zu kennen *glaubten*. Sie verlieren die Souveränität,
sie schauen hin, sie denken nach. Phänomenologisch ausgedrückt –

---

25 Horst Rumpf, »Die Fruchtbarkeit der phänomenologischen Aufmerksamkeit
    für Erziehungsforschung und Erziehungspraxis«, in: Max Herzog u. Carl F.
    Graumann (Hg.), *Sinn und Erfahrung. Phänomenologische Methoden in den
    Humanwissenschaften*, Heidelberg 1991, 318.
26 Bernhard Waldenfels, »Verfremdung des Alltäglichen«, in: ders., *In den Netzen
    der Lebenswelt*, Frankfurt/M. 1985, 53.
27 Ebd., 53 f.

sie werden auf die Erscheinung aufmerksam als auf einen Nieder-
schlag ihrer eigenen Sinnes- und Bewußtseinsleistungen«.[28]

Die Aufmerksamkeit gehört der Verwirklichung der sinnlichen
Vollzüge und der leiblichen Welteinbindung vor den kognitiven
Operationen. Wirklichkeit ist also primär leiblich-affektive Realität.
Um diese Sinnlichkeit erfahrbar zu machen, wird das Gespräch über
die affektiven Wahrnehmungen als Beschreibungsmodus sowohl des
zu erklärenden Objekts als auch der subjektiven Empfindungen bedeutsam. In Abgrenzung zur physikalistischen Widergabe der Dinge
ermöglicht ein affektiv-beschreibender Zugang zur Welt auch die
Öffnung zum Denken und Wahrnehmen von Kulturen, denen der ab-
strakt-rationalistische Lebensbezug fremd ist.

Phänomenologisch verstandene Sinnbildungsprozesse gehen von
der selbstkonstruierten Wirklichkeitswahrnehmung des Individuums
aus, mit der das Altvertraute, Offensichtliche, irritiert und aus seinen
bekannten Zuordnungen gelöst wird. An dieser Stelle kann vorerst
nur summarisch auf Möglichkeiten verwiesen werden, mit denen
dieses Herausnehmen aus den gewohnten Deutungsmustern methodisch gelingen kann. Aufmerksamkeit wird erweckt durch: Frag-
mentierung und Kontextentzug, Variierung der Perspektiven, Trans-
formierung in ein anderes Medium, Umakzentuierungen der Bedeutungsdimensionen, Wahrnehmungsaufrauhung durch Widersprüche und Brüche, Neukomposition und Interlinearversionen, um un-
konventionelle Gedanken zum Tragen zu bringen. Mit diesen Methoden kann Aufmerksamkeit durch künstlerisch-ästhetische Welt-
bezüge aus Konventionen gelöst werden, indem das, was bisher als
Nebensächlichkeit und Bagatelle galt, neu gesehen und wahrgenommen wird, also einen unverbrauchten Sinn bekommt. Unter diesem interpretierenden Zugang zu den Sachen und Inhalten, dem Interesse an ihren »Gegebenheitsweisen«[29], erschließen sich phänomenologische Wirklichkeit und phänomenologisches Lernen.

---

28 H. Rumpf, »Die Fruchtbarkeit der phänomenologischen Aufmerksamkeit für
    Erziehungsforschung und Erziehungspraxis«, 323.
29 Ebd., 330.

4. Wahrnehmung als Erkenntnishaltung im Unterrichtsverlauf

Wahrnehmung wird phänomenologisch im Kontext der Lebenswelt, im Verhältnis von Wirklichkeit und Fiktion, als Leibgebundenheit und als Befähigung zur Wahrnehmung des anderen Menschen, diskutiert. Um die Bedeutung der Wahrnehmung für den Unterricht in didaktischer und methodischer Hinsicht darstellen zu können, ist zuvor ein skizzenhafter Exkurs in die genannten Beziehungen notwendig.

In der *Lebenswelt* verläuft die Existenz der Menschen in vielfältig gelebten Bezügen sowohl zur Sinnbildung als auch zum Sinnlosen, sowohl zum Ordentlichen als auch zum Unordentlichen, wie zum Eigenen so auch zum Fremden, zu Krisen und Brüchen. So wird der Alltag der Routinen und fixierten Rationalität überstiegen auf neue kreatürliche Möglichkeiten und Wirklichkeiten, die aus der Irritation des Selbstverständlichen erwachsen. Alltagskulturelle Phänomene entfalten in der Lebenswelt ihre subjektorientierten Relativierungen als Überschreitung normierter *Fest-Stellungen*, also einem Prozess von Transzendierung in der Immanenz. Wahrnehmung, die ihren Blick auf diesen lebensweltlichen Alltag richtet, kann damit nicht auf die eindimensionale Perspektive des Ansehens oder Zuhörens fixiert bleiben.

Wird die Wirklichkeit vielmehr durch *Fiktion*, durch Imagination und Phantasie angereichert, richtet sich die Aufmerksamkeit auf die Suchbewegungen des Subjekts. Denn die Wahrnehmung der Wirklichkeit generiert in der Lebenswelt dadurch zu einem schöpferischen Prozess, in dessen Verlauf sich die Wirklichkeit entschränkt, dass sie die Wirklichkeit des Subjekts im Prozess der imaginativen Variation »mit anderen Augen« als Natur *und* Geist sieht und von daher auf den Lebensprozess des Anderen antwortet. Wahrnehmung geschieht hier vor einem Horizont, der nicht mehr von einer einheitlichen Vernunft, von formalisierter oder konstruierter Wirklichkeit ausgehen kann, sondern vielmehr von einer variablen Wirklichkeit mit unabschließbaren, vieldeutigen und offenen Erfahrungsgehalten. Eine Wirklichkeit, die imaginativ angereichert wird, entfaltet ihre Aufmerksamkeit für das Unvorhergesehene, Überraschende und Regellose. Der Blick wird frei für neue Möglichkeiten des Handelns und der Erarbeitung neuer Ordnungen, die an der Umstrukturierung der gewohnten Erfahrungen mitwirken.

Die Wirklichkeit dieser Ordnungen lässt sich nicht dinglich fixieren und definieren, denn in der äußeren Wahrnehmung von Erscheinungen gerät mehr in den Blick als das Faktische. Was sich dem Bewusstsein zeigt, indiziert die Vielfältigkeit der Erscheinungsformen, die weit über das Gegebene hinausweisen, so dass der Wahrnehmungsvorgang gekennzeichnet ist durch ein Mitbewussthaben, durch Abschattungen und Leerhorizonte, die im Vorgang der Kenntnisnahme von Gegenständen und Menschen auf neue Wahrnehmungsmöglicheiten verweisen, denn »der Prozess der Wahrnehmung ist ein Prozess beständiger Kenntnisnahme, der das in Kenntnis Genommene im Sinn festhält und so einen immer neu gewandelten und immer mehr bereicherten Sinn schafft. Dieser Sinn ist während des fortdauernden Wahrnehmungsprozesses zugeschlagen zu dem vermeintlich in Leibhaftigkeit erfassten Gegenstand selbst«.[30] Wahrnehmung verweist in diesem Sinne über das, was sich darstellt, hinaus; sie ist mehr als das, wovon wir gerade Erkenntnis erlangen. Sie entwirft ein »plus ultra«[31] des wahrgenommenen Gegenstandes, der damit nicht mehr eine verfügende, sondern eine zur freien Verfügung stehende Wirklichkeit meint, in der die Erscheinung einen neuen, nämlich transzendenten Sinn annimmt.

Wirklichkeit kann mithin weder konstruiert noch konstituiert werden, weil die Welt und deren Wirklichkeit keinem unwiderruflichen Urteil unterliegen. Geschieht die Wahrnehmung der Weltwirklichkeit vielmehr »in statu nascendi«[32], wobei unser *Leib* die »Ausdruckseinheit«[33] ist für die Erfahrungen mit der Welt, erschließen wir also die Welt leibhaft, so treten wir in ein neues Verhältnis zu unserem Leib und zur Welt ein. Wahrnehmung ist somit als »Urmo-

---

30 Edmund Husserl, »Analysen zur passiven Synthesis« (1925/1926), § 3: »Die Möglichkeit der freien Verfügung über das zur Erkenntnis Kommende«, in: Peter Sloterdijk (Hg.), *Husserl*, ausgew. u. vorgest. v. Uwe C. Steiner, München 1997, 267.

31 Ebd., 276.

32 Maurice Merleau-Ponty, *Phänomenologie der Wahrnehmung*, Berlin 1966, 18.

33 Maurice Merleau-Ponty, »Die wahrgenommene Welt«, § 1: »Die Theorie des Leibes als Grundlage einer Theorie der Wahrnehmung«, in: ebd., 242.

dus der *sinnlichen Anschauung*«[34] zu verstehen, mithin als Grundlage aller theoretischen Handlungen, als Basis, von der aus sich der
Mensch auf den wahrgenommenen Gegenstand bezieht. Das Wahrgenommene wird in einem bestimmtem Sinn aufgefasst, es ist »*etwas als etwas*«[35], etwas, worauf sich der Mensch beruft. Unser
Wahrnehmen spielt sich also nicht punktuell ab, sondern vollzieht
sich in zeitlichen und räumlichen Horizonten; es sind »Horizonte
des Mitgegebenen und Gebbaren«[36], »Abschattungen« und »Ränder«, die ein »Wahrnehmungsfeld« bilden.[37] In diesem Feld sind Erfahrungen und Prozesse möglich, die Räume öffnen für nicht-me-
chanische, sondern neuartige Wahrnehmungen. Hier entfaltet sich
eine Freiheit, mit der die Wirklichkeit der Welt für den Menschen
leibhaftig gegeben ist, denn »die Vorgegebenheit der Welt hat nämlich ihr Korrelat in der leiblichen Selbstvorgegebenheit des Ich; sie
ist nie ganz fertig, weil wir als leibliche Wesen nie ganz mit uns fertig sind.«[38] Und das schon allein deswegen, weil das persönliche
Wahrnehmungsfeld leibhaft situiert und der Mensch durch seinen
Blick auch dem Blick des Anderen ausgesetzt ist.

Es geht demnach um menschliche Erfahrungen, die ihre Ausdrucksmittel, phänomenologisch gesprochen, über das Verhalten
sichtbarer Leiber finden, mit denen sich die Menschen auf die Welt
zubewegen und in dieser Welt ihren Stützpunkt finden »und eben
daher vermag es für mich den Blick eines Anderen zu geben, kann
jenes Ausdrucksmittel, das wir ein Gesicht nennen, Träger einer
Existenz sein, so wie meine eigene Existenz getragen ist von dem
Erkenntniswerkzeug, das mein Leib ist.«[39] Evident wird der Andere,
wenn weder sein noch der eigene Leib auf Objekte des Wahrneh-
mungsfeldes reduziert erscheinen, sondern eine exzentrische Perspektive in das Feld des Anderen einzeichnen. Das fremde, anonyme

---

34 Bernhard Waldenfels, »Wahrnehmung«, in: *Handbuch Philosophischer Grund-
    begriffe*, Band 3, 1669-1678, München 1974, hier: 1670.
35 Ebd., 1671.
36 Ebd., 1673.
37 Vgl. ebd.
38 Ebd., 1675.
39 M. Merleau-Ponty, *Phänomenologie der Wahrnehmung*, § 46: »Die Ent-
    deckung des Wahrnehmungsbewusstseins als Möglichkeitsgrund der Koexi-
    stenz«, 403.

Subjekt tritt durch die Vergegenwärtigung seines Leibes in die persönliche Eigenheitssphäre. Im Prozess dieser Mitwahrnehmung gehen der fremde und der eigene Leib eine assoziierende Funktionsgemeinschaft ein, denn Fremd- und Selbsterfahrung treten mithin in Koexistenz, wenn sich die Realitäten des fremden und eigenen Ich in einer gemeinsamen Zeit vergegenwärtigen und so eine gemeinsame Welt formieren.

Anstelle der Vermittlung von Stoffmengen geht es im *Unterricht* um die Schärfung des Wahrnehmungsvermögens, damit die Erfahrungen und Gefühle der Schüler zum Sprechen kommen, die sie aus ihrer lebensweltlichen Biographie mitbringen. Dieses Ziel kann nicht durch vorab geplante und organisierte, zur Bemächtigung des Schülers neigende Lernprozesse erreicht werden. Vielmehr sollen aus der Distanz zu zweckrationalen Verfahren lebenspraktische Erlebnisse und sinnlich-leibliche Methoden zur Erschließung der Wirklichkeit beitragen. Erfahrungen, die auf diese Weise gemacht werden, fördern die Überschreitung ichfixierter Wahrnehmungen. Es geht also um eine Identitätsbildung, mit der die Verantwortung für den anderen Menschen und die Fragmentarität des persönlichen Ich bewusst werden sollen. Das Vermögen zur Einfühlung in das Fremde kann nicht operationalisiert werden, sondern es unterliegt der Unabschließbarkeit des wahrnehmenden, intersubjektiven Verstehens. Der Unterricht soll demgemäß dazu beitragen, Aufmerksamkeit auf die Wahrnehmung von gesellschaftlichen Widersprüchen und die Fragmentarität des Lebens zu richten. Unterricht, der zu einer Wahrnehmungsschule generiert, verschiebt die Horizonte von der Zielfixierung auf den Prozess und von einer Bildung, die über alles Bescheid weis, auf die *Ein-Bildung* und *Ein-Fühlung* als Weg zur Erkenntnisgewinnung.

5. Die pädagogische Bedeutung der Lebenswelt

Die Orientierung an der Lebenswelt[40] gründet im phänomenolgischen Sinn in der lebensweltlichen Kritik an der Absolutsetzung von

---

40 Edmund Husserl, »Die Wissenschaften und die Lebenswelt«, in: ders., *Die Krisis der Europäischen Wissenschaften und die Transzendentale Phänomenolo-*

Vernunft- und Wahrheitsansprüchen und der Skepsis gegenüber wissenschaftlichen Erkenntnisleistungen, mit denen Objektivismus und Positivismus das alleingültige Erklärungsmodell menschlicher Wirklichkeit ausmachen. Lebensweltliche Handlungen und Erfahrungen richten ihre Kritik somit gegen gesellschaftliche Mechanismen, die die Autonomie der Menschen entfremdenden Modellen unterwerfen. Mit der Ausrichtung an der Lebenswelt erlangt vielmehr die Praxis alltäglicher Handlungen als Prozess der Menschwerdung gegenüber gesellschaftlichen Bemächtigungen an Bedeutung.

Für den Unterricht ist damit gesagt, dass Schülerorientierung stattfindet unter Bezug auf die alltäglichen Erfahrungen und Meinungen, mit denen die Schüler den Daseinsdeutungen über ihre Wirklichkeit Ausdruck verleihen. Auf diese Weise stellen sie ihre subjektiven Erkenntnisleistungen als einen Bewusstseinsprozess dar, der in ihren biographischen Lebenszusammenhängen verankert ist. Phänomenologisch verstandener Philosophieunterricht muss zur Artikulation dieser vorobjektiven Erfahrungen im Sinne einer »gelebten Philosophie« auffordern, um Raum zu geben für Sinnbildungen, die aus den Naherfahrungen kontingenter, alltäglicher Lebenspraxis erwachsen. Es geht also darum, subjektive Erfahrungen aus dem Alltag in den Unterricht einzubringen, um mit diesen natürlichen Haltungen und Weltsichten die Linearität objektiver Ansprüche zu durchbrechen.

Hier deutet die Orientierung an der Lebenswelt bereits ihr kritisches Potenzial an, denn als Philosophie, die den vorobjektiven und vorprädikativen Kontext menschlicher Handlungen und Einstellungen aus der Vergessenheit ans Licht holen und wieder in sein Recht einsetzen will, ist dem lebensweltlichen Ansatz ein Menschen- und Wissenschaftsbild immanent, mit dem die Absolutsetzung der Vernunft als Sinn- und Orientierungssystem in Frage gestellt wird. Menschen leben ihren Alltag vielmehr mit einer Vielzahl an Ver-

---

gie, §§ 9 f, g, h, 34, Gesammelte Werke, Husserliana, Bd. 6, hg. v. Walter Biemel, Den Haag ²1976, 42-54, 126-138. Vgl. ders.,»Die Lebenswelt als vergessenes Sinnesfundament der Naturwissenschaft«, in: ders., *Die Krisis der europäischen Wissenschaften und die transzendentale Phänomenologie*, Hamburg 1982, 52-58

nünften, mit der Sorge um die Sicherung des Daseins, den Momenten von Glück und Trauer, Hoffnung und Schmerz; sie leben in Handlungsformen, die sich tagtäglich ändern und in Räumen, deren Gestaltung die Herausbildung ihrer Identität mitbestimmt. Der Alltag kennt somit die Natürlichkeit des Menschen, seine intersubjektiven Sozialbeziehungen und die Zeitlichkeit seiner Handlungen sowie letztlich die Begrenzung der individuellen Existenz. Jede Art von Theoriebildung, auch die philosophische, ist nach phänomenologischer Lesart in diesen lebensweltlichen Kontext eingebunden.

Für den Philosophieunterricht ist damit gesagt, dass Schüler ihre Welt und Wirklichkeit nicht aus der Perspektive von Philosophen betrachten, dass sie aber primär in ihr nach philosophischer Orientierung suchen. Die Erkenntnisansprüche durch eine einheitliche Vernunft sollten demgemäß im Unterricht vor der Offenheit pluraler lebensweltlicher Erfahrungen und Haltungen ins Gespräch kommen. Mit den Fragen nach den letzten Gründen unserer Existenz kommt der phänomenologisch ausgerichtete Unterricht aus der konkreten Praxis des kulturell-gesellschaftlich gelebten Lebens und bleibt sich damit über die lebensweltliche Gebundenheit der Rationalität bewusst. Aber er betrachtet es auch als seine genuine Aufgabe, diesen Alltag philosophisch anzureichern, so dass neue, erweiternde Sichtweisen, auf ihn und in ihm möglich werden. Von daher muss der Entfaltung der Wahrnehmungsfähigkeit besondere Aufmerksamkeit zuteil werden.

6. Die Lebenswelt als fächerverbindendes Phänomen

Dasjenige Element, mit dem sich die Phänomenologie zur Grundlage der Pädagogik macht, ist der Anspruch, die Gegenstände, Erscheinungen, Handlungen und Sachverhalte so zu sehen, wie sie tatsächlich gegeben sind. Indem sie somit den gemeinsamen Boden von Erziehung und Bildung aufzeigen will, entwirft sie sich zum verbindenden Fundament der schulischen Unterrichtsfächer. Vor dem Hintergrund ihrer Kritik, dass nämlich vor dem Ideal der Objektivierbarkeit aller Erkenntnis die Lebenswelt und die in ihr handelnden Menschen vergessen worden seien, will die pädagogisch ausgerichtete Phänomenologie den Lebensweltbezug der Wissenschaften und der Menschen wieder in ihr Recht einsetzen. Für schulische Belange heißt das, dass jeder Unterricht sich auf die Wahrnehmungen, Erlebnisse und Erfahrungen der Schüler, die sie in der Lebenswelt ihres Alltags machen, Bezug nehmen soll. Denn in der Korrelation zur Lebenswelt erwirbt der Schüler die primären Erkenntnisse über die Welt. Seine Erziehung und Bildung haben hier ihre Quelle. Seine natürliche Wahrnehmung ist auf die Wirklichkeit dieser Welt entworfen, und hier entwickelt er die ersten Merkmale seiner Persönlichkeit. Der lebensweltlich orientierte Unterricht könnte so ein Versuch sein, die unterschiedliche Wissenschaftsorientierung der Fächer miteinander in Beziehung zu bringen und den Schüler zum selbstverantworteten, kontinuierlichen Bezugspartner von Unterrichtsverläufen zu machen.

7. Die Lebenswelt als fächerübergreifendes Phänomen

So wie die Lebensweltorientierung als verbindendes Element zwischen den Fächern fungieren kann, so kann auch der Bezug zur Lebenswelt zum Weg für außerschulisches Lernen werden. Die Öffnung der Schule in den Alltag des Gemeinwesens, von dem sie ein Teilbereich ist, ermöglicht Wahrnehmungen und Handlungen in realen Zusammenhängen. Es sind ursprüngliche und authentische Erfahrungen, die die Schüler auf diese Art und Weise machen. Lernen wird zu einem Handlungs- und Erlebnisprozess, der sich in dialogischen Originalbegegnungen formt und sich damit entscheidend von der Sekundärvermittlung durch unterrichtsabhängiges Lernen unterscheidet. Sachnahes Lernen in lebensweltlich-alltäglichen Kontexten ereignet sich in der Korrelation zu den Primärerfahrungen der Schüler, weil sie am ursprünglichen Leben teilnehmen. Im Rahmen der Öffnung von Schule für Alltags- und Lebensweltbezüge begeben sich sowohl Schüler als auch Lehrer in die Begegnung mit bisher Fremdem. Beide Seiten werden untereinander und in ihrer Haltung zu den neuen Lernorten und sozialen Umfeldern ihre Beziehungen neu bestimmen müssen, um die Schule mit ihren Aufgaben zukunftsfähig zu machen. Ein Impuls dafür kann von der Verwirklichung lebenswelt- und alltagsorientierten Lernens ausgehen.

III. Mit welchen Methoden arbeitet der lebensweltlich ausgerichtete Philosophie- Unterricht?

1. Methoden zur Wahrnehmung

1.1 Reflexionsübung zur Wahrnehmung des Anderen

Emmanuel Lévinas, »Die Sprache und das Sinnliche«:

»Die Wahrnehmung ist Nähe des Seins […]. In der ethischen Beziehung zum Wirklichen, d.h. in der Beziehung der Nähe, welche das Sinnliche herstellt, gibt sich das Wesentliche zum Unterpfand. Hier ist das Leben. Gewiß ist das Sehen Öffnung und Bewußtsein, und alle Sinnlichkeit, die sich zum Bewußtsein entfaltet, heißt Sehen. Aber das Sehen, auch wenn es der Erkenntnis untergeordnet ist, bewahrt die Berührung und die Nähe. Das Sichtbare liebkost das Auge. Man sieht und man hört, wie man berührt.

Die Liebkosung des Sinnlichen im Kontakt und im Berührten – die Zärtlichkeit, d.h. die Nähe – erwacht erst wirklich im Ausgang von einer menschlichen Haut, von einem Antlitz, bei der Näherung des Nächsten. Die Nähe der Dinge ist Poesie; an sich selbst offenbaren sich die Dinge, bevor sie nahegebracht werden. Schon bei der leichten Berührung eines Tieres verhärtet sich das Leder in der Haut. Aber die Hände, die die Dinge berührt haben, die Orte, auf die die Seienden ihren Fuß gesetzt haben, die Dinge, die sie gehalten haben, die Bilder dieser Dinge, die Zusammenhänge, in die sich diese Fragmente einordnen, Beugungen der Stimme und die Worte, die in diesen Beugungen artikuliert werden, die immer sinnlichen Zeichen der Sprache, die niedergeschriebenen Buchstaben, die Spuren, die Relikte – über alle Dinge ergießt sich vom menschlichen Antlitz und von der menschlichen Haut her die Zärtlichkeit; die Erkenntnis kehrt zur Nähe zurück, zum reinen Sinnlichen. Die Materie, die in der Welt als Objekt und Werkzeg auftritt, ist durch das Menschliche zugleich die Materie, von deren Nähe ich besessen bin. Die Poesie der Welt

ist untrennbar verbunden mit der Nähe par excellence oder
mit der Nähe des Nächsten par excellence. Und daß gewisse
kalte und ›steinerne‹ Berührungen zu reinen Informationen
gerinnen, hat nur privativen Charakter; darin liegt so etwas
wie ein Verweis auf den Ursprung im Anderen – Verweis, der
sich als apriorische Struktur des Sinnlichen aufzudrängen
scheint.«[41]

1.2 Methodische Erschließungsmöglichkeiten zu Texten von Emmanuel Lévinas

Für eine immanente Behandlung der Texte von E. Lévinas im Unterricht ist es grundlegend, zu ihrer Erschließung auf die Stilmittel vorobjektiver bzw. vorprädikativer Ausdrucksformen hinzuweisen und
deren Bedeutung oder Absicht zu erörtern. Denn mit der Verwendung einer vorthematischen Sprache begründet Lévinas seine Absicht, die komplexen Weisen menschlichen Seins in ihre Selbsttran-
szendierung zu überführen. In der Art und Weise, wie er Sprache
verwendet, nimmt er die Möglichkeit wahr, vom Sein jenseits des
Seins, vom Anderen oder von Exteriorität zu sprechen. Nicht nur
thematisch kreist er um die Andersheit des Anderen, sondern bereits
in der Sprache selbst holt er diese Andersheit in den sprachlichen
Ausdruck, um der begrifflichen Verdinglichung des Anderen zu
wehren.[42]

Bietet es sich von daher zunächst an, die Frage nach der *Bedeutung der Sprachformen* in den Texten von E. Lévinas zu erörtern, so
können weitere Themen zum Verständnis von *Humanität* unter den
Überlegungen: Was heißt für Lévinas Menschsein? Wie erfährt der
Mensch sein Da-Sein?, angesprochen werden. Zur *Ethik* lassen sich
bei Lévinas durch die Besprechung seines Verständnisses von Zeit,
Bewusstsein, Verantwortung und Subjektsein Antworten finden. Mit

---

41   Emmanuel Lévinas, »Die Sprache und das Sinnliche«, in: ders., *Die Spur des
     Anderen. Untersuchungen zur Phänomenologie und Sozialphilosophie*, Frei-
     burg, München 1992, 279 f.

42   Bernhard H.F. Taurek, »Lévinas sprachbezogene Wende«, in: Bernhard H.F.
     Taurek, *Emmanuel Lévinas. Zur Einführung*, Hamburg 1997, 60-79.

seiner Auffassung von *Subjektivität* bzw. Person-Sein kommen Überlegungen zu Sinnlichkeit und Verletzlichkeit zur Sprache, wobei die Beziehung zwischen Subjektwerdung und Sehnsucht sowie die Verantwortung für den Anderen auf das Unendliche im Endlichen verweisen und von daher für den Unterricht Fragen zur Erfahrung des Transzendenten im Immanenten möglich machen.[43]

Sprechen die Texte von E. Lévinas Themenkreise wie Humanität, Verantwortung, Identität, Sein, Immanenz und Exteriorität, Das Selbe und das Andere als Kategorien menschlichen Seins an, so können mit den folgenden Übungen Wahrnehmungsweisen im Unterricht praktiziert werden, die sich auf Gegenstände beziehen. Hierbei ist es das grundlegende Prinzip, im vermeintlich Banalen und Selbstverständlichen neue Wahrnehmungsmuster zu entdecken, neue Erfahrungen mit der Erfahrung zu machen, und somit Lernen als Horizonterweiterung durch das genaue Hinschauen und Beobachten zu verstehen, im phänomenologischen Sinn Leervorweisen und Abschattungen als das »plus ultra« unseres Bewusstseins wahrzunehmen und dadurch letztlich eine höhere Sensibilität, bzw. Verantwortung, gegenüber den Dingen zu bewirken, wodurch der ethische Gehalt und Anspruch der Alltagsobjekte erfahrbar wird.

2. Methodisches Vorgehen zur Wahrnehmung von Gegenständen

Die folgenden Übungen sind am besten in Kleingruppen durchführbar. Die Schüler betrachten einen Tisch, oder sie gehen um ihn herum. In der anderen Gruppe betrachten die Schüler einen Würfel, in der dritten Gruppe ein Dreieck. Die Schüler beschreiben anschließend nicht nur, was sie gesehen haben, sondern vor allem, wie sie die Gegenstände wahrgenommen haben. Dann liest der Lehrer oder ein Schüler, jeweils gruppenspezifisch, die unten wiedergegebenen Texte vor und veranlasst ein vergleichendes Gespräch zu den

---

43 Auf Möglichkeiten, die Texte von E. Lévinas leiblich zu erschließen, habe ich unter dem Titel: »Alltag und Lebenswelt. Perspektiven einer didaktischen Phänomenologie«, in: *Zeitschrift für Didaktik der Philosophie und Ethik* 22, Heft 2 (2000), 110-116, hingewiesen.

Schilderungen über die Wahrnehmungen der Schüler. Es sollte möglichst der Eindruck vermieden werden, dass es der Autor der Texte »besser weiß«, denn es kommt vielmehr auf die Erkenntnis an, dass es notwendig ist, Selbstverständliches aus der Selbstverständlichkeit zu lösen, wenn man Neues erkennen will, das über das Wohlbekannte hinausführt, es transzendiert. Dabei ist die Unterscheidung zwischen geometrischer und körperlicher Wahrnehmung maßgebend, wie sie in den folgenden Texten angesprochen wird.

2.1   Texte zur Wahrnehmung von Gegenständen

2.1.1 Die erste Wahrnehmungsübung: Der Tisch

Edmund Husserl:

> »So gehört zum Urwesen der Korrelation äußere Wahrnehmung und körperlicher »Gegenstand« diese fundamentale Scheidung von eigentlich Wahrgenommenem und eigentlich Nichtwahrgenommenem. Sehen wir den Tisch, so sehen wir ihn von irgendeiner Seite, und diese ist dabei das eigentlich Gesehene; er hat noch andere Seiten. Er hat eine unsichtige Rückseite, er hat unsichtiges Inneres, und diese Titel sind eigentlich Titel für vielerlei Seiten, vielerlei Komplexe möglicher Sichtigkeit. Das ist eine sehr merkwürdige Wesenslage. Denn zu dem eigenen Sinn jeder Wahrnehmung gehört ihr wahrgenommener Gegenstand als ihr gegenständlicher Sinn, also dieses Ding: der Tisch, der gesehen ist. Aber dieses Ding ist nicht die jetzt eigentlich gesehene Seite, sondern ist (und dem eigenen Sinn der Wahrnehmung gemäß) eben das Vollding, das noch andere Seiten hat, Seiten, die nicht in dieser, sondern in anderen Wahrnehmungen zur eigentlichen Wahrnehmung kommen würden. Wahrnehmung, ganz allgemein gesprochen, ist Originalbewußtsein. Aber in der äußeren Wahrnehmung haben wir den merkwürdigen Zwiespalt, daß das Originalbewußtsein möglich ist in der Form eines wirklich und eigentlich original Bewußthabens von Seiten und eines Mitbewußthabens von anderen Seiten, die eben nicht

original da sind. Ich sage mitbewußt, denn auch die unsichtigen Seiten sind doch für das Bewußtsein irgendwie da, »mitgemeint« als mitgegenwärtig. Aber sie erscheinen eigentlich nicht. Es sind nicht etwa reproduktive Aspekte als darstellende Anschauungen von ihnen da, wir können nur jederzeit solche anschaulichen Vergegenwärtigungen herstellen. Die Vorderseite des Tisches sehend, können wir, wenn wir gerade wollen, einen anschaulichen Vorstellungsverlauf, einen reproduktiven Verlauf von Apekten inszenieren, durch den eine unsichtige Seite des Dings vorstellig würde. Was wir dabei aber tun, ist nichts anderes, als uns einen Wahrnehmungsverlauf vergegenwärtigen, in dem wir von Wahrnehmung zu neuen Wahrnehmungen übergehend, den Gegenstand von immer neuen Seiten in den originalen Aspekten sehen würden. Das geschieht aber nur ausnahmsweise. Es ist klar, daß, was die wirklich gesehene Seite als bloße Seite charakterisiert und es macht, daß nicht sie als das Ding genommen wird, sondern daß etwas über sie Hinausreichendes bewußt ist als wahrgenommen, von dem gerade nur das wirklich gesehen ist, in einem unanschaulichen Hinausweisen, Indizieren besteht. Das Wahrnehmen ist, noetisch gesprochen, ein Gemisch von wirklicher Darstellung, die das Dargestellte in der Weise originaler Darstellung anschaulich macht, und leerem Indizieren, das auf mögliche neue Wahrnehmungen verweist. In noematischer Hinsicht ist das Wahrgenommene derart abschattungsmäßig Gegebenes, daß die jeweilige gegebene Seite auf anderes Nichtgegebenes verweist, als nicht gegeben von demselben Gegenstand. Das gilt es zu verstehen.[44]

---

44 Edmund Husserl, »Analysen zur passiven Synthesis«, § 1: »Originalbewußtsein und perspektivische Abschattung der Raumgegenstände«, 258 f.

2.1.2 Die zweite Wahrnehmungsübung: Der Würfel

Maurice Merleau-Ponty:

>»Im Raume selbst und ohne die Gegenwart eines psychophysischen Subjekts gibt es keine Richtung, kein Innen, kein Außen. Ein Raum ist ›eingeschlossen‹ in die Seiten eines Würfels wie wir es in die Wände eines Zimmers sind. Um den Würfel denken zu können, nehmen wir Stellung im Raum, bald an seiner Oberfläche, bald in ihm, bald außer ihm, und so sehen wir ihn in Perspektive. Ein Würfel mit sechs gleichen Seiten ist nicht nur unsichtbar, sondern undenkbar: es ist der Würfel, wie er für sich selbst wäre; doch der Würfel ist nicht für sich selbst, da er ein Gegenstand ist. Ein erstes Dogma, dessen uns schon die reflexive Analyse entledigt, ist die Behauptung des absoluten An-sich-seins des Gegenstandes, ohne die Frage zu stellen, was er denn ist. Doch ein zweites Dogma ist die Behauptung einer präsumtiven Bedeutung des Gegenstandes, ohne die Frage zu stellen, wie sie denn in unsere Erfahrung Eingang findet. Die reflexive Analyse ersetzt die absolute Existenz des Gegenstandes durch den Gedanken eines absoluten Gegenstandes, doch indem sie diesen Gegenstand zu überfliegen und gesichtspunktlos zu denken sucht, zerstört sie seine innere Struktur. Wenn es für mich so etwas wie einen Würfel mit sechs gleichen Seitenflächen gibt und ich zu diesem Gegenstand Zugang finde, so nicht dadurch, daß ich ihn innerlich konstituiere, sondern dadurch, daß ich wahrnehmend- erfahrend eintauche in die Dichte der Welt. Der Würfel mit sechs gleichen Seitenflächen ist nichts anderes als die Limes-Idee, in der ich die leibhafte Gegenwart des Würfels zum Ausdruck bringe, wie er da ist, unter meinen Augen, unter meinen Händen, in seiner perzeptiven Evidenz. Die Seiten des Würfels sind keine Projektionen, sondern eben Seiten. Sie nacheinander in ihrer perspektivischen Erscheinung erfassend, konstruiere ich kein Geometral, das diesen Perspektiven zugrunde läge, sondern der Würfel ist je schon da, vor mir liegend, und enthüllt sich selbst in diesen Perspektiven. Ich muß nicht erst von meiner eigenen Bewegung ein objektives Bild

gewinnen und diesem Rechnung tragen, um hinter den Erscheinungen die wahre Form des Gegenstandes zu rekonstituieren: die Rechnung ist schon fertig, je schon hat jede neue Erscheinung sich der erlebten Bewegung verbunden und als Erscheinung des Würfels dargeboten. Ding und Welt sind mir gegeben mit den Teilen meines Leibes, nicht dank einer ›natürlichen Geometrie‹, sondern in lebendiger Verknüpfung, vergleichbar oder vielmehr identisch mit der, die zwischen den Teilen meines Leibes selbst herrscht.«[45]

2.1.3 Die dritte Wahrnehmungsübung: Das Dreieck

Maurice Merleau-Ponty:

»Ich denke an ein Dreieck, den dreidimensionalen Raum, dem es zugehören soll, eine Verlängerung einer der Seiten des Dreiecks, eine Parallele zu einer der Seiten gezogen durch den ihr gegenüberliegenden Eckpunkt, und ich sehe, daß die von diesem Punkt ausgehenden Linien eine zwei rechten Winkeln gleiche Winkelsumme bilden, die andererseits der Summe der Winkel des Dreiecks gleich ist. Ich bin dieses Ergebnisses, das ich als bewiesen betrachte, gewiß [...]. Ich ›betrachte‹ das Dreieck, es stellt sich mir dar als ein System orientierter Linien, und Worte wie ›Winkel‹ oder ›Richtung‹ haben für mich ihren Sinn, insofern ich mich selber situiere an einem Punkt und von ihm aus einem anderen Punkt zustrebe, insofern das System der räumlichen Positionen für mich ein Feld von möglicher Bewegung ist. Und so erfasse ich das konkrete Wesen des Dreiecks nicht als eine Gesamtheit objektiver ›Charakte-re‹, sondern als Formel einer bestimmten Haltung, als Modalität meines Anhalts an der Welt, als eine Struktur. Die Konstruktion vollziehend, engagiere ich diese in eine andere Struktur, die Struktur ›Sekante und Parallelen‹. Wie ist das

---

45 Maurice Merleau-Ponty, »Die Theorie des Leibes als Grundlegung einer Theorie der Wahrnehmung«, in: ders., *Phänomenologie der Wahrnehmung*, a.a.O., 240 f.

möglich? Dadurch., daß meine Wahrnehmung des Dreiecks
schon von Anfang an keine gleichsam erstarrte und tote ist;
die Zeichnung des Dreiecks auf dem Papier ist bloß eine Hül-
le, das wahrgenommene Dreieck selbst aber von Kraftlinien
durchzogen, die nach allen Seiten nicht ausgezogene mögliche
Richtungen aufkeimen lassen. Als impliziert in meinen Anhalt
an der Welt überhaupt ist das Dreieck erfüllt von endlosen
Möglichkeiten, deren eine die vollzogene Konstruktion nun-
mehr verwirklicht. Ihre beweisende Kraft schöpft diese daher,
daß ich sie entspringen lasse aus der Bewegungsformel des
Dreiecks. Sie ist Ausdruck meines Vermögens, die sinnlichen
Wahrzeichen dieses meines bestimmten Anhaltes an den Dingen zur Erscheinung zu bringen, welcher selbst die Wahrnehmung einer Struktur: Dreieck ist. Sie ist ein Akt der produktiven Einbildungskraft, nicht Rückgang auf die ewige Idee des
Dreiecks.[46]

3.   Allgemeine methodische Schritte im Unterrichtsprozess

3.1 Die Beschreibung

Hier werden die Schüler aufgefordert, biographische Erfahrungen,
Erlebnisse, Eindrücke und Gefühle etc. zu beschreiben, wie sie
ihnen aus ihrer Lebenswelt, ihrem Alltag, vertraut sind. Diese Beschreibungen haben das Ziel, auf die ursprünglichen, vorobjektiven
Erfahrungen, zurückzugehen. Damit werden Erkenntnisweisen bewusst, die möglichst nahe an unverstellten, natürlichen Erfahrungen,
liegen und so ihr Potenzial gegen Vereinnahmung entfalten. Gespräche über den anliegenden Gegenstand bzw. des jeweiligen Themas
müssen für Variationen, also vielfältige Perspektiven offen sein, um
dem Wesen der besprochenen Sache nahezukommen.

---

46 Maurice Merleau-Ponty, »Das cogito«, § 7: »Cogito und Idee. Die Ideen der
    Geometrie und das Wahrnehmungsbewußtsein«, in: ebd., 437 u. 440.

3.2 Einsatz und Herstellung von ästhetischen Materialien

Mit der Besprechung von Kunstwerken (Malerei etc.) soll es möglich werden, die Kräfte der Imagination freizusetzen, um zur Entschränkung der Rationalität zu kommen. Die Wahrnehmung von ästhetischen Materialien ermöglicht eine affektive Horizonterweiterung, da sie dingliche und normierte Erkenntnisweisen überschreitet. Mit der Herstellung von Zeichnungen, Photos, lyrischen oder erzählenden Texten, von Musikstücken oder kurzen, dramatisierten literarischen Szenen, werden Gestaltungsmöglichkeiten zum Ausdruck von Bewußtseinsinhalten oder als ›Kommentare‹ zu Texten wahrgenommen.

3.3 Wahrnehmungsübungen

Übungen zur Wahrnehmung von Menschen und Gegenständen, wie sie unter Einbeziehung der oben wiedergegebenen Texte möglich sind, dienen besonders der Schärfung des Seh- und Aufmerksamkeitsvermögens. Wahrnehmungsübungen fordern unsere Leiblichkeit, den Einsatz unseres Körpers mit seinen Sinnen heraus. Wie wir uns auf die Dinge leiblich-sinnlich ausrichten, ist im phänomenologischen Sinn entscheidend dafür, wie wir die Welt im Bewusstsein wahrnehmen und in der Welt handeln. Von daher ist unser Wahrnehmungsvermögen grundlegend für die Art und Weise unseres sozialen Umgangs mit Dingen und Menschen. Phänomenologisch gesprochen, geht es um die Entfaltung humaner Intersubjektivität und Interaktion.

3.4 Verwendung von jugendspezifischem Alltagsmaterial

Unter der Prämisse des Alltags- und Lebensweltbezugs geht der phänomenologisch orientierte Unterricht kritisch-distanziert mit vorgegebenen Theorien, Modellen, Systemen und Institutionen um. Diese Haltung erwächst aus dem methodischen Vorgehen der Phänomenologie, dass man Haltungen und Meinungen, die im Laufe der Geschichte an einen Gegenstand herangetragen wurden, auf sich be-

ruhen lassen will, um sein Wesen zu erkennen. Eine gewisse Annäherung an dieses Anliegen kann durch die Suche nach philosophischen, ethischen und religiösen Spuren in der Werbung, in Comics,
in der Pop-Musik und Video-Clips, in Computerspielen sowie im
Internet[47], in Jugendzeitschriften und der Selbstdarstellung Jugend-
licher durch Kleidung und Modeaccessoires, erfolgen.

3.5 Die Behandlung lebensweltlich-phänomenologischer Texte

Zu den phänomenologisch orientierten Autoren, deren Texte im Philosophieunterricht besprochen werden können, gehören Emmanuel
Lévinas mit seinem Buch *Die Spur des Anderen* und Bernhard Waldenfels mit der Aufsatzsammlung *In den Netzen der Lebenswelt*. Zur
Besonderheit der Texte beider Autoren ist zu rechnen, dass sie sich
sowohl sinnlich-leiblich als auch immanent erfahrbar machen lassen. Die leibliche Seite der Texte ist erschließbar durch die Anfertigung von Fotos, Videoaufnahmen, Zeichnungen, Collagen zu The-
menaspekten der Texte und durch Wahrnehmungsübungen innerhalb
und außerhalb der Schule. Zur immanenten Erschließung ermöglichen die Texte von E. Lévinas Bezüge zur Bedeutung vorobjektiver
Sprachformen, zur gelebten Humanität und praktischen Ethik. Mit
der Verwendung der Texte von B. Waldenfels können die Erfahrungen der Schüler im Nahbereich ihrer Lebenswelt zu den Themen
Alltag, Landschaft, Heimat und Fremdes zur vertieften Erschließung
ihrer subjektiven Erfahrungen hilfreich sein.

3.6 Öffnung des Unterrichts

Alltag und Lebenswelt sind die Orte gelebter Lebenspraxis und Lebenswirklichkeit, in denen die Menschen auf dem Boden ganz unterschiedlicher Vernunftformen ihre Orientierungen und Sinnbildungen
vornehmen. Was liegt also näher, als nach Spuren des Philosophi-

---

47 »What's cool? – Interessante Adressen«, Kap. 4, Abschn. 3: »Philosophie/
Ethik«, in: Andreas Mertin, *Internet im Religionsunterricht*, Göttingen 2000, 6.

schen in der gelebten Alltagswelt der eigenen Lebensumwelt, z.B.
der Heimatstadt zu suchen? Hier bieten sich Möglichkeiten, eine
»Gelebte Philosophie« zu praktizieren für das Thema »Mensch und
Raum« z.B. unter der Frage nach der Art und Weise des Bauens und
Wohnens in der Stadt; zum Thema »Arbeit und Technik« unter dem
Blickwinkel technischer Errungenschaften und deren kritischer
Wahrnehmung in der Umgebung der Schule oder des Wohnortes;
zur Reflexion über »Fremd-sein – Selbst-sein« die Wahrnehmung
und Beschäftigung mit Menschen aus fremden Kulturen; zum Thema »Übergänge-Schwellen und Passagen« Untersuchungen zu Veränderungen der Lebensformen, wie sie im Nahbereich wahrzunehmen sind; das Verhältnis von »Natur und Mensch« kann unter öko-
logisch-philosophischem Blickwinkel durch Spaziergänge, Ausflüge
in Landschaften erfahrbar gemacht werden. Diese philosophischen
Erkundungen sollten von phänomenologisch orientierten Texten be-
gleitet sein.[48]

IV. Lebenswelt und Bildung

Bildung im lebensweltlichen Sinn ist auf die Herausformung der
Identität des Subjekts in dessen Gegenwart und Zukunft gerichtet.
Deshalb ist mit diesem Bildungsanliegen der Erwerb von intersub-
jektiver Handlungsfähigkeit verbunden, die Bildung zu einem Modus kreativ-praktischen Verhaltens macht, mit dem sich die *Subjektwerdung*[49] des Menschen im Bewusstsein des mitverantwortli-
chen Lebens gestaltet. Deshalb kann Bildung nicht nur Wissen um
Fakten und Funktionszusammenhänge sein. Im Sinne der ästhetisch-
lebensweltlichen Erziehung werden vielmehr Wirklichkeiten entworfen, aus denen neue Möglichkeiten des menschlichen Selbstverständnisses handelnd erwachsen. Literarische, philosophische und

---

48 Vgl. Bernhard Waldenfels, *In den Netzen der Lebenswelt*, a.a.O.; ders., *Topo-
graphie des Fremden*, Frankfurt/M. 1997; ders., Der *Stachel des Fremden*,
FrankfurtM. 1990; ders., *Ordnung im Zwielicht*, Frankfurt/M. 1987
49 Peter Biehl, »Religionspädagogik und Ästhetik«, in: ders. u. Hans-Günter
Heimbrock (Hg.), *Jahrbuch der Religionspädagogik*, Neukirchen-Vluyn 1989,
42.

religiöse Texte sowie Werke der bildenden Kunst stellen solche Entwürfe vor.

Pädagogisch-ästhetisches Bildungshandeln versteht menschliches Sein als künstlerisch-produktives Verhalten, das auf die *Erneuerung der Einbildungskraft*[50] als transformatorische Kraft gerichtet ist. Die Einbildungskraft weist den Menschen als exzentrisches Wesen aus, mit der er sich in das Unverfügbare des Universums hinausversetzt und die Objektivität seines Verstandes überwindet. Mit dem, was er in der Kunst wahrnimmt und empfindet, verlässt er den Bereich der reinen Gegenständlichkeit. Die bloße Darstellung des Vorfindlichen erweitert sich durch ihren ästhetischen Verweischarakter in eine Dimension, in der neue Räume entworfen werden. In der damit einhergehenden Entgrenzung der Rationalität kommt es zur Erfahrungserweiterung von rein begrifflich-gegenständlich Wahrgenommenem zu einer Sinnfindung in existenziellen Räumen, die Erkenntnisformen von Wahrheit über jegliche normativen Verengungen hinaus offenhalten. Ästhetische Empfindung und Kreativität transzendieren das Rationale und Begriffliche in einen Kommunikationszusammenhang, der auf eine identitäts- und sinnstiftende Intentionalität ausgerichtet ist, so dass Erziehungsprozesse, in denen ästhetische Gestaltungen die angestrebten Inhalte und Ziele formen, ein Bildungsanliegen vertreten, die dem Individuum Räume erschließen, in denen es in vollkommener Unverfügbarkeit und Freiheit seine Lebensformen entwirft.

In der Imagination werden Wirklichkeitserfahrungen aus dem Herkömmlichen gelöst und in etwas Neues verwandelt. Das Gewohnte bricht auf und stellt plötzlich etwas Unbekanntes vor Augen, das zunächst irritiert, weil es unabhängig von vorgegebenen Erfahrungen und Ideen in Erscheinung tritt. Zugleich wirkt es antizipierend, indem es vorgreift auf neue Erfahrungsräume. An diesen neu erschlossenen Orten kommen existenzielle Befindlichkeiten ins Spiel, die – im Gegensatz zur behauptenden Rede der Wissenschaft – Bedürfnisse artikulieren, deren Mehrdeutigkeit kognitive und normative Verfahren innovativ verändert. Dort, wo die ästhetischen Gestaltungen diese Erfahrungen in den Erziehungsprozess einbrin-

---

50 Ebd., 43.

gen, intensiviert sich ein Bewusstsein, durch das sich die Wirklichkeit verwandelt. Im Sinne ästhetisch verstandener Bildung wäre Bildung hier als ein emphatisches Element der Verwandlung von Wirklichkeit zu verstehen, das Verfügungen über das Subjekt ausschließt, denn nur so kann es Gestalt annehmen aus einem *Bild-Sein*, dessen Charakter die Offenbarung einer über die Verfügbarkeit hinausweisenden Dimension ist.

Die Lebenskunst, die hier gefragt ist, wird von einem Bildungsanspruch geleitet, der sich in der Lebensalltagspraxis gegen Bemächtigungen und Verfügungen wehrt. Bildung ist hier die Macht, die Befremdungen durchbricht. Sie »entbirgt« die Brüche und Krisen der Gegenwart im eigenen und fremden Selbst und hilft sie zu bewältigen und zu gestalten. So verstandene Bildung maßt sich nicht die Aneignung von Begriffen, Bedeutungen und Verfügungen an. Vielmehr ist sie intersubjektive Begleitung und Hilfestellung beim Erschließen von Subjekt- und Weltverständnis als der gemeinsamen Sache zwischen mir und dem Anderen. Bildung erhält nach diesem Verständnis humanisierende Funktionen, die handelnd und gestaltend ethisch-phänomenologisch an prägnanten Orten und Räumen für diesen Anderen eintritt.[51]

Somit kann wissenschaftliches Denken allein das Bildungswesen und das Wirklichkeitsverständnis einer Kultur und Zivilisation nie im ganzen bestimmen. Über einzelwissenschaftliche Modelle und Raster hinaus muss Wirklichkeit in ihrer Mehrdeutigkeit erkennbar werden, zu deren metaphysischer Verfasstheit hinführen. Erst wenn die Wirklichkeit von ihrer Außen- und Innenseite, sowohl ihrer physischen Gestalt als auch ihrer metaphysischen Tiefe nach »erfahrbar« wird, kann schulische Bildung als ästhetischer Akt im Sinne von Wahrnehmungskompetenz mit Blick auf das eigene und fremde Menschsein gestaltend gelingen.

---

51 Vgl. Wolf-Eckart Failing, »Bildung. Lebenshilfe statt Lebensdeutung«, in: *Religion heute*, Heft 3 (1996), 4 ff.

V. Ausblick: Die Lebenswelt im Curriculum

Folgende Elemente sollten in ein zu erstellendes Philosophie-Curriculum aufgenommen werden:
Lebensweltlich orientierter Philosophieunterricht

- gründet auf den praktischen Erfahrungen und Erlebnissen der Schüler, wie sie ihnen aus ihrem lebensweltlichen Nahbereich vertraut sind,
- bindet die ursprünglichen, natürlichen Einstellungen und Haltungen aus dem Alltagsleben der Schüler kontinuierlich in den Unterrichtsprozess ein, um größtmögliche Anschaulichkeit zu erreichen,
- folgt einem Rationalitätsverständnis, das sich dem Wesen und dem Anspruch der Sache durch reflektierendes, nicht-objektivistisches, Eindenken, nähert,
- weckt die Aufmerksamkeit der Schüler durch vorwissenschaftliche Denk- und Sprachfomen in philosophischen, speziell phänomenologischen, Texten,
- gibt Freiraum für kontingente Lernformen, in dem Umwege, Variationen, Zweifel, Abbrüche und Neuanfänge möglich sind,
- ermöglicht sinnlich-leibliche Wahrnehmungsaktivitäten,
- zielt auf die Akzeptanz einer nicht-linearen Identitätsentwicklung, mit der Subjektwerdung prozesshaft verstanden wird, weil sie das Ungeregelte und Überraschende, die Brüche und Krisen in der Perönlichkeitsentwicklung als bedeutsam betrachtet,
- gibt philosophische Hilfestellung bei der Personwerdung und reichert die Lebensorientierungen philosophisch an,
- versteht Bildung als Befähigung zur Wahrnehmung des Anderen und will produktiv-praktische Erfahrungen mit der Wirklichkeit fremder Menschen und Kulturen ermöglichen,
- geht fächerverbindend und fächerübergreifend vor.

* * *

Themen, mit denen sich der Anspruch des vorliegenden Konzepts einlösen lässt, sind »Übergänge – Schwellen und Passagen«; »Schmerz – Trauer und Hoffnung«; »Mensch und Raum«; »Arbeit und Technik«; »Ich und der Fremde«.

Ich plädiere für die Aufnahme der lebensweltlichen Didaktik und Methodik in das Curriculum Philosophie und die fächerverbindende Ausarbeitung der genannten Themen für Philosophie-Ethik-Religion im Rahmen des *Forums für Didaktik der Philosophie und Ethik.*

Zu den Autoren

Helmut Engels, Studiendirektor, geb. 1937, Studium der Philosophie und Germanistik in Köln, Gymnasiallehrer und Fachleiter für Philosophie in Krefeld, Moderator und Fachberater für Philosophie bei der Bezirksregierung Düsseldorf, Mitverfasser der Richtlinien für das Fach Philosophie in Nordrheinwestfalen (1981). Veröffentlichungen: Aufsätze zur Methodik und Didaktik des Philosophieunterrichts; Thematik: Umgang mit Begriffen, Textarbeit, Funktion von Beispielen, Möglichkeiten des Gedankenexperiments, Bedeutung des Fragens, Problemorientierung, grafische Darstellung, Schreiben von Primärtexten; fiktionale Literatur, praktische Naturphilosophie, Kybernetik, Perspektivität, Bedeutung des Unbewussten, Sittlichkeit, Sprache u.a.

Christian Gefert, geb. 1967; Studium der Philosophie, Geschichte und Erziehungswissenschaften; Promotionsstipendiat des Graduiertenkollegs *Ästhetische Bildung* der Universität Hamburg; Regietätigkeit in unterschiedlichen Theaterprojekten; Lehrtätigkeit in schulischen und außerschulischen Bildungsprozessen mit Kindern, Jugendlichen und Erwachsenen; Entwicklung und Erprobung des *theatralen Philosophierens* im Rahmen philosophiedidaktischer Forschung; stellt zur Zeit seine Dissertation zu einer *Didaktik theatralen Philosophierens* fertig.

Volker Pfeifer, Dr. phil., Studium in Göttingen, Münster und Freiburg i.Br., Studiendirektor und Fachberater (Ethik) am Oberschulamt Freiburg i.Br., Lehraufträge am Studienseminar Freiburg und an der Universität Freiburg, Philosophisches Seminar II, Vorstand des *Bundesverbandes Ethik e.V.* Arbeitsschwerpunkte: Lehrerfortbildung, Erstellen bzw. Revision von Curricula (Ethik) – Didaktik des Philosophie- und Ethikunterrichts – Argumentationstheorie – theoretische und praktische Ethik. Veröffentlichungen: Lehrbücher für den Ethikunterricht in der Sekundarstufe I und II (zuletzt: *Projekt Leben – Ethik für die Oberstufe*, Leipzig 2001); *Pluralismus – politisch und kulturell*, Leipzig 1996; *Was ist richtig, was ist falsch? – Ethisches Argumentieren anhand von aktuellen Fällen*, Bühl 1997; »Analytische Philosophie und ethisches Argumentieren«, in: *Zeitschrift für Didaktik der Philosophie und Ethik* 22, Heft 2 (2000).

Lothar Ridder, geb. 1953; Studium der Mathematik, Philosophie und Pädagogik in Bonn, Münster und Düsseldorf. Seit 1984 Gymnasiallehrer. Promotion (1989) in Philosophie an der Universität Düsseldorf. Von 1995-1998 Arbeit an einem Habilitationsprojekt zur Mereologie als Forschungsstipendiat der *Deutschen Forschungsgemeinschaft*. Habilitation (1999) in Philosophie an der Universität Düsseldorf; lehrt dort seitdem als Privatdozent. Arbeitsschwerpunkte: Logik, Ontologie, Erkenntnistheorie, Sprachphilosophie, Philosophie der Mathematik und Didaktik der Philosophie. Veröffentlichungen: *Die Ontologie des Logischen Atomismus*, Frankfurt/M. 1989; *Mereologie. Ein Beitrag zur Ontologie und Erkenntnistheorie*, Frankfurt/M. (vorauss.) 2001; Aufsätze zu Themen aus den genannten Arbeitsgebieten.

Volker Steenblock unterrichtet am Kant-Gymnasium in Münster Philosophie, Deutsch und Geschichte und ist Privatdozent für Philosophie an der Ruhr-Universität Bochum. Veröffentlichungen vor allem zur Geschichtsphilosophie, Theorie der Kulturwissenschaften und zur Philosophiegeschichte. Derzeit Arbeit an Projekten zur Philosophie der Bildung und der Kultur. Engagement in der Philosophiedidaktik: Mitarbeit an der Entwicklung des neuen Schulfaches »Praktische Philosophie« in Nordrhein-Westfalen und Moderator in der Lehrerqualifikation für dieses Fach im Regierungsbezirk Münster. Fachdidaktikseminare »Praktische Philosophie« für Studenten und Lehrer an der Universität Münster, Mitarbeit in Schulbuch-Projekten, Mitherausgeber der *Zeitschrift für Didaktik der Philosophie und Ethik*. Einschlägige Veröffentlichung: *Philosophische Bildung. Einführung in die Philosophiedidaktik und Handbuch: Praktische Philosophie*, Münster 2000.

Dittmar Werner, geb. 1949 in Kassel. Lehrer für Englisch, Philosophie, Ethik und ev. Religion am Prälat-Diehl-Gymnasium in Groß-Gerau. Veröffentlichung von Unterrichtsmaterialien für die gymnasiale Oberstufe: *Erziehung* (Diesterweg), *Frau und Mann - Ein Kapitel feministischer Theologie* (Klett), *Glaube und Naturwissenschaft* (Stark); *Alltag und Lebenswelt: Perspektiven einer didaktischen Phänomenologie* (*Zeitschrift für Didaktik der Philosophie und Ethik* 22, Heft 2 , 2000). Zur Zeit Arbeit an der Fertigstellung einer Dissertation zum Thema »Phänomenologische Grundlagen religionspädagogischer Bildungstheorien und ihre schulpraktische Ausrichtung«.

Dresdner Hefte für Philosophie

Hg. von Thomas Rentsch und Johannes Rohbeck

Heft 1:
Johannes Rohbeck (Hg.)

Philosophie und Weltanschauung

Der Titel ist durchaus provokativ gemeint, bilden doch Philosophie und Weltanschauung nach dem gegenwärtigen Verständnis Gegensätze.
Während sich mit dem Begriff Philosophie der Anspruch auf methodischen Zweifel, Reflexion und Kritik verbindet, bedeutet Weltanschauung traditionell ein starres und scheinbar fertiges Gesamtschema. Dadurch entstehen sowohl der Verdacht auf totalitäres Denken als auch der Vorwurf einer unzulässigen Relativierung von Geltungsansprüchen. Zwischen diesen Polen bewegen sich die Beiträge dieses Sammelbandes, der aus einer Ringvorlesung des Instituts für Philosophie der TU Dresden hervorgegangen ist.

Mit Beiträgen von Ulrich Baltzer, Christoph Demmerling, Hanna-Barbara Gerl-Falkovitz, Bernhard Irrgang, Karl-Siegbert Rehberg, Thomas Rentsch, Johannes Rohbeck, Gerhard Schönrich, Hans-Ulrich Wöhler und Rüdiger Zill.

Thelem 1999. Kt., Gr.-Okt., 196 S.
DM 36,–
ISBN 3-933592-07-0

Heft 3:
Hanna-Barbara Gerl-Falkovitz (Hg.)

Zeitenwende – Wendezeiten

Hanna-Barbara Gerl-Falkovitz: »*Ante Christum natum – post Christum natum*«. *Anmerkungen zum christlichen Zeitbegriff.* Matthias Klinghardt: *Zeitenwende, Zeitenende und Millennium: Apokalyptisches Zeitverständnis im frühen Christentum.* Gert Melville: *Auf dem Weg zur Erfüllung der Zeit. Mittelalterliche Deutungen des geschichtlichen Wandels.* Karl-Siegbert Rehberg: *Dynamische Stagnation als säkularisierte Überbietung von Endzeitvisionen.* Thomas Rentsch: *Wo stehen wir heute? Philosophische Reflexionen zur Jahrtausendwende.* Johannes Rohbeck: *Postmoderne, Zweite Moderne oder Radikalisierung der Moderne.*

Thelem 2000. Kt., Gr.-Okt., ca. 160 S.
DM 36,–
ISBN 3-933592-17-8

erscheint im Sommer 2001

Thelem | Bergstr. 78 | 01069 Dresden

Dresdner Hefte für Philosophie

Hg. von Thomas Rentsch und Johannes Rohbeck

Heft 5:
Thomas Rentsch (Hg.)

Heft 6:
Thomas Rentsch, Johannes Rohbeck (Hgg.)

Sprache, Erkenntnis, Verstehen

Anthropologie und Ethik

Grundfragen der theoretischen
Philosophie der Gegenwart

Grundfragen der praktischen
Philosophie der Gegenwart

Thelem 2001. Kt., Gr.-Okt., ca. 200 S.
DM 36,–
ISBN 3-933952-18-6

Thelem 2001. Kt., Gr.-Okt., ca. 200 S.
DM 36,–
ISBN 3-933592-19-4

erscheint im Herbst 2001

Erhältlich im Buchhandel oder direkt über unseren Versand:

Thelem
Universitätsverlag und Buchhandel
Bergstr. 78   Tel.:   0351/4 72 14 63
01 069 Dresden   Fax: 0351/4 72 14 65

Thelem | Bergstr. 78 | 01069 Dresden

Jahrbuch für Didaktik der Philosophie und Ethik

Hg. von Johannes Rohbeck

noch lieferbar
Band 1 (2000):

Methoden des Philosophierens

Mit Beiträgen von Norbert Diesenberg, Helmut Engels, Eckard Nordofen, Johannes Rohbeck, Volker Steenblock, Andreas Siekmann und Frank Witzleben.

Thelem 2000. Kt., Gr.-Okt., 183 S.
DM 36,– im Fortsetzungsbezug DM 29,80
ISBN 3-933592-11-9

Anfang 2002 erscheint
Band 3 (2002):

Denkstile der Philosophie

Monika Sänger: *Analytische Verfahren im Unterricht.* Ekkehard Martens: *Pragmatismus als Methode.* Gisela Raupach-Strey: *Diskurstheorie und Sokratisches Gespräch.* Silke M. Kledzik: *Der dialogische Konstruktivismus als Ausgangspunkt und Grundlage einer Didaktik methodenbewußten Philosophierens.* Torsten Hiß: *Studien zu Hermeneutik, Strukturalismus und Dekonstruktion.* Thomas Rentsch: *Phänomenologie als methodische Praxis.* Johannes Rohbeck: *Verkehrte Welt – Dialektik als Methode der Kritik.*

Thelem 2002. Kt., Gr.-Okt., ca. 200 S.
DM 36,– im Fortsetzungsbezug DM 29,80
ISBN 3-933592-29-1

Thelem | Bergstr. 78 | 01069 Dresden

Zeitschrift für Didaktik
der Philosophie und Ethik

PHILOSOPHIE
ETHIK

Herausgegeben von
Ekkehard Martens (Hamburg), Johannes Rohbeck (Dresden),
Monika Sänger (Stuttgart), Volker Steenblock (Münster)

Die *Zeitschrift für Didaktik der Philosophie und Ethik* ist die Fachzeitschrift für Lehrerinnen und Lehrer in den Fächern Philosophie und Ethik. Sie erscheint vierteljährlich. Jede Ausgabe ist thematisch gebunden. Neben einer grundlegenden Einführung in die fachphilosophische und fachdidaktische Relevanz des jeweiligen Themas bietet sie Praxisberichte aus dem Unterricht der S I und II. Daneben informiert sie regelmäßig über Entwicklungen und allgemeine Diskussionen, die die beiden Fächer betreffen. Jedes Heft enthält mit dem »Philosophischen Meisterstück« einen Originaltext mit unterrichtspraktischem Kommentar. Ein reichhaltiger Rezensionsteil gibt einen Überblick über neue Veröffentlichungen.

Themen des 23. Jahrgangs 2001:

Heft 1/2001: Martha C. Nussbaum
              oder: Die Frage nach dem guten Leben
Heft 2/2001: Philosophische Kompetenzen
Heft 3/2001: Individualität und Gemeinsinn
Heft 4/2001: Hermeneutik

Bezugsbedingungen:
Jahresabonnement DM 71,00,
Einzelheft DM 21,00,
jeweils zuzügl. Versandkosten

Bestellungen an:
Abonnentenverwaltung Oeding
Druck GmbH,
Postfach 3311, 38023 Braunschweig

Siebert Verlag, Namedorfstraße 1, 30359 Hannover